现代外语教学与研究

（2016）

北京市高等教育学会研究生英语教学研究分会

主　编　吴江梅　彭　工　鞠方安

副主编　张永萍　罗凌志　程子姝

中国人民大学出版社

·北京·

前言

2016年的论文集有论文39篇，其中教学研究与管理9篇，教学模式与测试9篇，翻译11篇，语言、文学与文化10篇。除我们北京市高等教育学会研究生英语教学研究分会会员单位投稿外，还有一篇为云南大学的稿件。

从文章内容看，最为突出的是一定数量文章的视角紧追全国教育改革的大方向和技术的新进展。教师们结合各自的教学实践，为研究生的英语学习和英语技能训练积极探索翻转教学的功能、信息技术为教学服务的途径、大数据思维与技术对教学研究的优势、网络环境下多模态化语言技能训练的策略、多种媒体手段融会贯通的教学模式，总结出一定的经验，在一定程度上丰富了研究生英语教学理论，产生了生动、高效的教学效果。

另一个比较突出的内容是综述类文章，从双语教学、二语习得、语言产出焦虑、听力策略等方面对国内外理论和教学的研究进程作了较全面的总结，同时指出存在的问题并预测今后发展的方向，为研究生外语教学提供了有益的参考。

更有许多文章在外语教学和语言、文学的研究和翻译中，运用新的理论和研究方法，得出令人信服甚至耳目一新的结果和结论，使读者了解和体会新理论的力量，进一步深化教学内容，引导读者做进一步的探索。同时以传统的理论研究教学和语言、文学的新问题，也进一步拓展了我们的眼界，给予我们新的启示。

教学评估一直是论文集的一个组成部分，一些教师坚持不懈地系统分析教学的各种因素，更客观冷静地对待教学，使我们看到论文集中另一个重要的组成部分。

从论文集中还可以看到研究生英语教学工作的发展，从教师团队的科学管理，到三语研究生的教学启动，到电子手册文档本地化的探讨，教师的教学内容随着世界的变化、教学手段的更新在日益扩展，掌握的技术不断增加，教学的能力不断提高。

这就是我们北京市高等教育学会研究生英语教学研究分会创办论文集的初衷。与分会的青年教师基本功比赛、研究生演讲比赛、教学观摩、年会教师学术报告等活动一起，我们有了互相交流心得体会的园地，展示小小成绩的空间，呈示各级科研项目成果的平台。

我们也向中国人民大学出版社外语分社的编辑们表示衷心的感谢。近几年，他们不仅热心帮助我们出版这套论文集，还积极推荐外省相关稿件丰富论文集，并尽量安排时间，尽快出版、邮寄论文集。他们不仅是学会的合作伙伴，还是学会的朋友。

最后，我们对论文集的热心作者和读者，也就是我们分会所有的会员学校的教师们道一声辛苦，你们为了北京市研究生英语的教学呕心沥血，将智慧、感情、身心都投入到这项伟大的项目工程中。作为同行，我衷心地祝愿你们创造更大辉煌，也衷心地祝愿你们幸福、快乐、安康！

北京市高等教育学会研究生英语教学研究分会

彭　工

2016 年 6 月 26 日

Contents

目录

第一部分　教学研究与管理

第二部分　教学模式与测试

第三部分　翻译

第四部分 语言、文学与文化

第一部分

教学研究与管理

关于我国高校双语教学的研究综述

首都师范大学 王 悦 王 志

摘 要：近年来，越来越多的高校开设了双语教学课程，也有许多针对双语教学的研究。本文就双语教学的课程、课程建设、教师和学生三个方面对 2004—2014 年发表在中国知网的学术论文进行文献综述，并且讨论以往研究的贡献和不足，以期对以后的双语教学有所帮助。

关键词：双语教学 课程设置 课程建设 教学效果

一、研究背景

2001 年教育部下发的《关于加强高等学校本科教学工作提高教学质量的若干意见》提出："积极推动使用英语等外语进行教学，本科教育要创造条件使用英语等外语进行公共课和专业课教学。对高新技术领域的生物技术、信息技术等专业，以及为适应我国加入 WTO 后需要的金融、法律等专业，更要先行一步，力争三年内，外语教学课程达到所开课程的 5% ~ 10%。"此后，各类型关于双语教学的研究逐渐开展，研究成果也逐渐报告和发表。2007 年，教育部下发的《关于进一步深化本科教学改革全面提高教学质量的若干意见》鼓励开展双语教学工作，有条件的高等学校要积极聘请国外学者和专家来华从事专业课程的双语教学工作，鼓励和支持留学回国人员用英语讲授专业课程，提高大学生的专业英语水平和能力。该项意见的公布，更加促进了学者对于双语教学的研究。可以从以下一组数据看出对于双语教学的研究力度。从 2001 年至今，在中国知网博硕士学位论文库中，2001 年共发表关于双语教学研究论文 1 篇，2002 年 8 篇，2003 年 26 篇，2004 年 36 篇，2005 年 48 篇，2006 年 52 篇，2007 年 82 篇，2008 年 77 篇，2009 年 59 篇，2010 年 80 篇，2011 年 80 篇，2012 年 93 篇，2013 年 77 篇。从 2001 年到 2013 年，博硕士共发表文章 719 篇，其中从 2008 年至今所发表的文章占全部此类文章总数的 64.8%。由此可见，双语教学受到越来越多研究者的关注。

二、相关研究

现在，关于双语教学的研究主要集中在以下几个方面。第一，关于各个学科或基于某个院校的研究，这说明已经有不少学校开设了双语课程或者十分关注双语课程。第二，关于双语教学课程建设本身的研究，例如教材选用、教师培训、双语教学发展等。第三，关于学生和教师对双语教学的影响。

2.1 基于各个学科或特定院校、系别的研究

这一类型的研究主要根据学科本身的特点进行研究，大多集中在理工农医和金融外贸

等科目。例如，张静等 (2004) 在急救护理学课上进行了双语教学的实践和研究。该研究事先发给学生相应的英语讲义进行预习，下课后进行问卷调查。得出结论，约有 10% 的学生认为双语教学可以丰富专业知识。而其他大部分结论，都是双语教学可以提高英语水平，或者受教师英语水平影响较大等语言方面的结论。宋璐等 (2013) 做了关于电工电子实验课的双语教学研究设计。学生对于这类课程的兴趣不高，但通常喜欢学习英语，因此两者相结合可以激发学生的学习兴趣。贾睿等 (2014) 在分子生物教学中，进行了相关的双语教学研究。该研究论述了该学科进行双语教学的重要性和必要性，制定了进行双语教学的方法，确定实施并且进行了效果分析。他们认为双语教学可以促进学生的学习兴趣、激发学习热情。王金霞和王吉春在应用心理学课程中，进行了双语教学的问卷调查，包括学生对双语教学的认知情况，影响双语教学的因素等等。他们认为应着重在师资、教材和教学资源等方面下功夫，提高双语教学的可行性和教学效果。马逸萱 (2014) 对幼儿双语教学进行了探讨，认为适当的双语教学可以为以后的语言学习打好基础。王海春 (2013) 从师资、教材等方面对资产评估专业进行了研究调查。

2.2 双语教学课程建设

这一部分的研究一般是关于课程建设方面的。对师资、教材、课程设置和政策等方面进行了论述。马亦农等 (2007) 在学校管理和课程建设两方面对我国高校开展双语教学的现状进行总结。他们认为，在学校管理层面上应从双语教学资源的规划、师资培训、教学效果评估等方面进行总结；在双语课程建设层面上，应从双语课程教学大纲制定、教材建设、学习资源和助学平台建设、教学方法探索等方面进行比较分析。他们从以上这些方面系统地总结适合我国高校双语教学的经验，以期对双语教学进一步大范围推进并持续发展有所帮助。吴平 (2007) 则从不同的角度分析了整个双语教学的优缺点，着重分析了双语教学产生的背景、教学模式、师资、教材、适用范围等方面的问题。文章认为，当下的双语教学流于形式的较多，真正符合双语教学定义者甚少，并且教师的英语水平并不满足学生对于双语教学的期待。同时，没有适合中国国情的双语教材也成为掣肘双语教学的重要客观条件。而主观上，一部分学者反对一窝蜂一刀切的双语教学，认为应该谨慎对待、徐而图之，并且应根据中国国情仔细研究、认真论证。龙国智 (2011) 则从教学质量方面分析了中国双语教学存在的问题：开设双语教学的课程少，适合的教材不多，师资力量不足。对于这些问题，他提出了相关的解决方法：挑选或者编写合适的教材，培养师资力量，培养学生的主观能动性和在相关政策上进行扶持。

2.3 学生和教师对双语教学的影响

这个方面的研究主要关于教师和学生是如何影响双语教学的。徐恒戬 (2009) 通过问卷调查分析了学生对双语教学的态度。一般来说，学生对双语教学是十分支持的，也很愿意上课，对课堂内容的理解和学生自身的英语水平成正比。每学期开设一到两门双语课程比较合适。董春颖等 (2013) 则讨论了学生应具有怎样的英语水平，才能有效地进行双语课程的学习。通过 SPSS 分析，他们得出结论：如果学生的英语水平达到大学英语四级 450 分以上，那么就能较顺利地进行双语课程的学习。韩建侠等 (2007) 也做过类似的研究，也得出相似的结论。曹东云 (2009) 的研究结果表明教师的态度都较为积极主动，能认识到开展双语教学的必要性和好处，并对学校未来的双语教学充满期待；教师目前提高双语教学能力主要依靠自己的摸索与努力；大部分教师对学校培训的效果基本满意，并且希望今后可接受双语教学技能技巧和英语知识与文化方面的培训。但总体而言，学校现有双语教师的来源单一，在数量和质量上都难以满足目前双语教学的需要。学生也能够认识到双语教学的好处，但是在落实上，受到自身主观能动性和客观英语水平的影响。

三、讨论与分析

综上所述，我们可以看出现在对于双语教学的研究，在学生方面，主要集中在学生是不是能够听懂教师用英语讲的内容，是不是愿意进行双语学习。在教师方面，则主要关注是不是能够开设双语课程，教师的英语水平和课程水平如何。在教材方面，大部分研究者都认同，现在还缺乏符合我国特色的双语教材，应结合我国国情和相关领域外国已有教材进行编写。在课程设置方面，大部分双语课程还处于起步阶段，没有形成一定的规则体系，往往是任课教师有能力开课的时候就进行双语教学，没有条件就暂时不开设。

通过分析，以下两方面的问题显现出来。第一，缺乏相关的理论研究。双语教学的教学模式是否和普通的中文教学一样？是否可以使用相同的教学理论？可供查阅的研究文献少之又少。第二，关于学生的反馈。以往的研究大多是关于学生能够听懂英语，这样使得双语教学变成了英语课。而很少有研究致力于调查在进行双语教学以后，在工作或阅读相关英语资料时是否会更顺利。如果缺少这两方面的研究，则双语教学既没有足够的理论支撑，也没有相应的实际意义。因此，笔者认为应该加强这两方面的研究，教育主管部门要大力扶持，高等院校积极改革，促进我国教育尽快与国际接轨，培养出更多符合我国发展要求的人才。

参考文献

1. 曹东云．影响高校双语教学效果的学生、教师因素调查研究 [J]. 科技信息，2009, (3): 37-40.
2. 董春颖，杜春慧．双语教学效果和学生英语水平关系探讨 [J]. 教育教学论坛，2013, (5): 128-130.
3. 韩建侠，俞理明．我国高校进行双语教学学生应具备的英语水平 [J]. 现代外语，2007, (2): 65-72.
4. 贾睿，蔡春尔，何培民．双语教学在分子生物学教学中的探索和应用 [J]. 教育教学论坛，2014, (1): 201-202.
5. 龙国智．我国高校双语教学的现状评析 [J]. 教育论丛，2011, (2): 173-174.
6. 马亦农．中国高等学校双语教学现状观察 [J]. 北京大学学报，2007, (5): 66-67.
7. 马逸萱．幼儿双语教学初探 [J]. 基础教育，2014, (2): 251.
8. 宋璐，王红霞．电工电子实验双语教学的可行性分析和探讨 [J]. 中国电力教育，2013, (11): 115-116.
9. 王海春．资产评估专业双语教学的现状与思考 [J]. 金融商务，2013, (12): 78-79.
10. 王金霞，王吉春．应用心理学专业双语教学情况调研报告 [J]. 长春教育学院学报，2014, (3): 88-89.
11. 吴平．五年来的双语教学研究综述 [J]. 中国大学教育，2007, (1): 37-45.
12. 徐恒戬．从学生视角对普通高校双语教学的调查研究 [J]. 教育学术月刊，2009, (3): 39-41.
13. 张静，陶红，桂丽．急救护理双语教学的尝试与思考 [J]. 中华护理杂志，2004, (1): 48-49.

《中国文化概论（英）》课程的“翻转教学”设计和功能 ①

中央财经大学外国语学院　曲　亮　吴新云

摘　要：“翻转教学”是美国近年来流行的创新性教学法，《中国文化概论（英）》课程按照“翻转教学”的要求设计——丰富数字化资料库、完善课程控制系统、精确课堂学习任务，能更好地帮助学生收获信息，加强课堂学习中思辨力的培养，形成科技条件下老师与学生、学生与学生平等互动的新型人际关系。

关键词：《中国文化概论（英）》翻转教学　思辨力培养

事关国家文化战略和学生需求，我校先是面向英语专业大三学生开设了《中国文化概论（英）》，后拟开发其为公共英语的选修课以拓展大学生、研究生的英语运用能力和文化素养，并拟作为通识课开设给外国留学生。该课程多年的教学实践证明，要上好这门课，教师要不断更新教学理念，探索新的教学方法。我们认为，新时代新世纪，要用批判教育学的理念把学生培养成为具有批判性、民主性的“公民”(彭丽 2008: 41)，在具体课堂教学中开发学生的主体性，引导其不畏权威，消除偏见，独立而开放地思考问题。如今比较受人关注的“翻转教学”的方法非常有助于我们强化这个目标：按照“翻转教学”的要素去设计教学改革——丰富数字化资料库、完善课程控制系统、精确课堂学习任务，能更好地帮助学生收获信息，加强课堂学习中思辨力的培养，形成科技条件下让老师与学生、学生与学生平等互动的新型人际关系。

一、简说“翻转教学”

传统的教学方式多是教师课堂讲解，学生记笔记，这样的方式多培养出被动的学习者不说，而且学生一旦走神或缺课，就可能无法跟上正常的学习进度。美国科罗拉多州一所山区学校——林地公园高中的两位化学教师乔纳森·伯尔曼和亚伦·萨姆斯于 2007 年将录制好的讲课内容上传网上，让学生在家看，以便缺课学生自我补习；后来他们据此重新建构了学习流程，让所有学生先在家看教师的视频讲解，节省下来课堂的时间开展其他活动——小组项目、实验、讨论等 (Bergman & Sams 2012)，他们也因此被视为“翻转课堂”教学的创始者。

近年来，“翻转课堂 / 教学”作为一种创新教学模式在美国日渐流行，研究者和实践者甚多，但“翻转课堂应该是什么样没有定则”(Egbert，Herman，and Lee 2015: 3)，从多数以举例子为主的相关报告来看，翻转教学的要素有以下几点：数字化讲座、课程控制

① 中央财经大学外国语学院教育教学改革 2014 年度立项资助课题“批判教育学视角下的《中国文化概论（英）》课程改革”阶段性成果。

系统、课本与数字化讲座相互辅助或者课本被取代、小组讨论和任务、微型课堂（就学生自学或讨论产生的问题重讲）、学生差异化学习进程和学习时间 (Egbert，Herman，and Lee 2015: 4)。这些不是所有的翻转课堂都包含的要素，而是各位教育工作者各有侧重的实践总结，后来者得以学习、继承，也可以修正、变化以便为己所用。

二、《中国文化概论（英）》课程的“翻转”设计

在实践翻转教学的诸多要素中，《中国文化概论（英）》课程的“翻转”设计的重点在三处：把“数字化讲座”扩展为讲座和丰富的数字化资料库；把“课程控制系统”完善成学习社区和跟踪记录平台；把“小组讨论和任务”及“迷你课堂”精确成“具体的课堂学习任务”。

数字化讲座视频和其他资料是组成翻转教学的关键要素。“一门课程的知识结构决定了学生为了学会该课题所需要的策略以及教师为教授该课题可以使用的方法”(Donald 1983: 31)，所以早期的翻转课堂的数字化资料多是原讲台授课的录像，以此来宣讲结构化知识（Bergman & Sams 2012）。目前这类宣讲结构化知识的视频可以由教师、学生或请他人创作，或从网上找来，根据需求略加改动或原封不动，在授课中给学生指定在线地址，让学生易于在课外使用。我们的《中国文化概论（英）》课程面向中国学生时，学生的结构化基本知识在中学时候有一定基础，我们所要培养他们的一是得体准确的英文表达能力，二是对熟悉现象从不同视角审视的能力，即思辨力。为前者，我们收集整理各种中国典籍的英译本和译介文章；为后者，我们收集整理汉学家探讨中国问题的论文等；我们还将与两者相关的电视节目、纪录片、电影等分类集中。在丰富的资料库情况下，授课老师的视频主要针对学习资料的要求、提出思考的问题等。

“课程控制系统”（Course Management System）是辅助学生教育课程的管理，由于“翻转教学”很大程度上是依赖网络的“数字化生存”，那么教学大纲、当下的课程预告、教师和学生的往来邮件、教师和学生各自视频的粘贴、作业的在线提交、平时学习态度的监督和考察等都是重要的教学环节。对《中国文化概论（英）》这门课而言，课程管理系统需要重点建设，用于管理、分类前面提到的丰富数字化资料库，跟踪记录学生的浏览学习情况，将之完善成学习社区和发展的平台，也为教师推动教学改革提供真实、有效的数据和实证研究基础。特别的设想是，课程管理系统中我们拟引进英文“在线作文”“学习日志”环节，并安排教师的适时点评。做法是，教师把《中国文化概论（英）》中涉及的那些有趣的，甚至有争议的话题用“思考题”形式列举出来，让学生用英语预写思考结果，课堂讨论后再写，这样“思考—讨论—再思考”符合培养学生思辨力的规律，而付诸文字更是对思辨和逻辑思维能力的强化。

“翻转教学”中具体的课堂学习发生了较大变革，传统上“老师讲学生记”的消极教学法被“学生中心”的积极教学法所取代。《中国文化概论（英）》的课堂教学实践中我们已经注重让学生积极地学习：在授课过程中，通过利用“知识匹配”原则，激发学生的学习兴趣；利用中西文化比较，引发学生思考；利用新的视角和观念引导学生“重审”那些所谓天经地义的问题，通过此“开心、启智、展胸怀”的教学手段，最终达到培养学生的探索意识、思辨能力和创新理念的目的。“翻转教学”中，我们把教师讲授环节基本替换为小组研讨、小组作业、小组展示等形式，将原来那些生动有趣的话题交给学生自行探讨，要求学生把与讲座相关的问题带入课堂，教师抽出较少时间进行“微型课堂”活动，对学

生学习进行点评、总结、发挥等，启发学生进一步思考、探索。特别注意的是，此环节要求任课老师写“教学日志”观察每次课堂授课的得失，改进“翻转教学”各个环节相应的问题。

至于“翻转教学”中的其他常见要素，例如课本问题、学生差异化学习进程和学习时间的问题，其实是没有办法进行“设计”的。尽管由于数字化资源的极大丰富，在一些“翻转课堂”中课本被彻底替换掉 (Strayer 2007)，然而，我们认为描摹详尽的高质量课本可以帮助学生形成结构化的基础知识体系。为达到课程目标，好课本可以作为提供给学生的学习资源之一，以实体存在的形式弥补视频的不足，和视频等资源一起供学生为上课做准备。学生的差异化学习进程和学习时间不易受教师控制，但是教师可以通过“课程控制系统”来追踪、记录学生的这些情况，考察差异化学习进程和时间对最终学习成果的影响，研究如何帮助后进学生，修改“翻转教学”中的一些问题导向，让学生都能更好受益。

三、《中国文化概论（英）》课程“翻转教学”的功能

“翻转教学”之所以备受推崇是其功能性，众多进行了“翻转教学”实践的教育工作者看到了成效。有人从正式出版的研究报告和非出版物（诸如博客、在线教师论坛、视频、教学实践网页）中收集数据，将“翻转教学”的益处总结为：学生能更好、更有效地学习；由于以学生为中心的学习机会更多，学生成绩等级提升；学生学习更加投入，课堂捣蛋行为相应减少；学生在更侧重于理解力的测试中分数提高；学生需求和学校的资源得以对接 (Egbert，Herman，and Lee 2015: 5)。《中国文化概论（英）》的“翻转教学”之功能除具有上述事关分数、成绩的效果外，还具备有助于批判教育学理论所期待的能面对不同信息、能思辨地处理信息、能形成平等人际关系的功能。

《中国文化概论（英）》的“翻转教学”使得学生在课前获得有价值的丰富信息成为可能。传统的课堂上，无论教师如何努力给予信息，也不得不受限于时间和空间的局促性；如今数字化时代，我们利用网络空间翻转课堂，给予学生的信息几乎是无限的，此时教师面对的不是信息量如何增大的难题，而是如何进行信息筛选来帮助学生拓宽视野的同时形成思辨力的问题。我们《中国文化概论（英）》的“翻转教学”设计就很重视信息的分类，特别是重视布置对信息甄别的思考题，这样学生所面对的丰富信息就更有意义、更有价值，而不是被信息所吞没。

提供信息化事实的教学“不足”以泛化到实践，教师应该促进学生“在行动中思考”(Loughran 2012: 15)。《中国文化概论（英）》的“翻转教学”的课堂设计围绕小组活动和小组讨论、微型课堂的形式进行，可有利于课堂学习中学生乃至教师思辨力的培养。小组讨论和小组活动为学生合作性学习和解决问题提供机会，学生分享其观点、获得洞察力，他们独自一人时往往做不到这点；而微型课堂中，要使经历不同、兴趣各异的学生及时接受到思辨的真谛，教师不仅要有学科的深入知识，还要有灵活的理解，将之与日常生活联系，才能更好地传道授业解惑，这样教师的思辨力也是不可或缺的素质。

《中国文化概论（英）》的“翻转教学”的课堂内外设计有助于形成科技条件下老师与学生、学生与学生平等互动的新型人际关系。翻转教学的过程中，教师的角色已经发生了重大变化，由“传授者”转变为“促进者”，由“管理者”转变为“参与者”，由“执行者”转变为“创造者”，由“组织者”转变为“开发者”，师生关系据此成为学习中的合作者和

伙伴；翻转教学强调小组活动、网际互动也给学生提供了与同龄人“合作性学习”的环境，学生与学生彼此促进、相互分享，在较为平等的互动关系中共同进步。

总之，《中国文化概论（英）》的“翻转教学”使得传统教学被资源丰富、以学生为中心的学习方式所取代，教师给学生提供课外接触的学习资源之途径，因而在课堂上大家可进行以探究为基础、经验式的学习。这种教学变革可帮助学生更好地面对海量信息，培养思辨力，增加教师与学生、学生与学生之间的互动，形成新型人际关系，也将成为未来教学改革的新方向。

参考文献

1. Bergmann, J., and A. Sams. *Flip Your Classroom: Reach Every Student in Every Class Every Day* [R]. International Society for Technology in Education, 2012.
2. Donald, J. G. *Knowledge Structures: Methods for Exploring Course Content* [J]. The Journal of Higher Education, 1983: 31-41.
3. Egbert, J. Herman, D. and Lee, H. *Flipped Instruction in English Language Teacher Education: A Design-Based Study in a Complex, Open-Ended Learning Environment* [J]. TESL-EJ, 2015, 19(2): 1-23.
4. Loughran, L. *Being a Teacher Educator* [A]. In M. Ben-Peretz Ed. Teacher Educators as Members of an Evolving Profession [C]. Plymouth, UK: Rowman & Littlefield Education, 2012: 9-24.
5. Strayer, J. F. *The Effects of the Classroom Flip on the Learning Environment: A Comparison of Learning Activity in a Traditional Classroom and a Flip Classroom That Used an Intelligent Tutoring System* [D]. Doctoral Dissertation, The Ohio State University, 2007.
6. 彭丽．“公民”与“解放”——批判教育学两个重要主题的研究 [J]. 比较教育研究，2008, (10): 41-45.

信息服务理论与英语教学

中国农业科学院研究生院　中国农业科学院农业信息研究所
赵轶洁　潘淑敏

摘　要：从信息服务理论角度来看，英语教学是指为满足英语学习需求、提高外语水平的信息（知识）的搜集、整理、加工、传递的信息服务。运用信息服务理论指导英语教学可以明确英语学习过程的真正主体与中心，实现学习者需求与信息服务的最大耦合度和教学效果的最优化。

关键词：信息服务　用户需求　信息素养　英语教学

数字信息时代引发的社会全面变革，对外语学习的影响也日益凸显。如何提高英语学习的效率成为教育工作者要考虑的重要议题。运用现代信息服务理论，透彻分析学习者需求与信息素养，可以真正做到以学习者需求为中心，以期达到学习者需求与信息服务的最大耦合度和教学效果的最优化。

一、信息服务理论

信息服务是以信息为内容，以满足社会信息需求为目的的服务活动(胡昌平，柯平 2005)，泛指以产品或劳务形式向用户提供和传播信息的各种信息劳动，包括信息的搜集、整理、存储、加工、传递以及信息技术服务和信息提供服务等(颜端武，王曰芬 2010)。从信息服务理论角度来看，英语教学是指为满足英语学习需求、提高外语水平的信息（知识）的搜集、整理、加工、传递的信息服务。具体而言，学习者即是信息用户；教师或管理人员作为信息服务人员，提供英语学习的信息资源与服务，以满足学生提高英语水平的信息需求；教学中信息服务的最终目标是通过信息服务人员，即教师，最大限度地利用教学资源，并依据学生自身的英语水平和学习动力、学习目标等对教学内容、教学材料和教学方式进行选择，为不同学生量身打造不同难度等级的学习资源，不断满足学生的学习需要，达到教学效果最大化，并以此为推力，实现信息服务的学科化与个性化。

信息用户是信息服务活动的主要服务对象。信息服务理论强调以用户需求为中心。科恩将用户的信息需求分为信息需求的客观状态与表达状态。信息需求的客观状态是由用户所进行的活动及其所处的社会环境和知识结构等客观因素决定，不以用户的主观意志为转移。通过用户活动与交往，用户认识的信息需求将得以表达，这便是信息需求的表达状态，这一状态与用户的实际体验和表示有关。信息行为产生于信息需求，有了需求，用户才能通过各种途径和方式来获得满足(胡昌平 2008)。

信息素养是指具有认识到何时需要信息，并有效地搜索、评估和使用所需信息的能力(《美国高等教育信息素养能力标准》)。在学习的高阶阶段，学习者需要具有较强的搜集、获取信息的能力，即较强的信息素养，以便更好地进行自主学习、实现自主发展。学习者信息素养的培养是教学改革的关键，也是学习者适应独立学习、终身学习、个性化学习，实现自我能力可持续发展的能力保证 (钟志贤 2006)。

二、英语教学中的信息服务用户分析

在英语教学中，用户分析是信息服务的基础，是信息服务的原动力，表现为有怎样的信息需求就应有怎样的信息服务 (胡昌平 2008)。学习者需求是教学改革的驱动力与核心所在。学习者对学习内容、学习方式、教学活动的需求、满意度不仅是衡量英语教学效果的重要依据，还是教育管理者、教师进行教学改革的重要依据。用户分析对于提高信息服务的效率和水平、提升用户满意度、研究应用信息资源开发利用的新方法和技术等均有重要意义 (颜端武，王曰芬 2010)。具体而言，英语教学中对信息服务用户的分析包括用户需求客观状态、表达状态和用户信息素养三方面。

1. 用户需求客观状态

外语学习中用户需求的客观状态是指学习者的真实语言水平及社会环境的预期和要求，不以学习者的主观意志为转移。也就是 Hutchinson 与 Waters 划分的“目标场合的客观需求（necessities）”，即学习者将来语言使用的客观需要，也就是为了在目标场合（即未来市场环境中）有效使用语言，学习者应该掌握的语言知识和技能 (Hutchinson & Waters 2002)。

外语水平测试的方法，可以是传统的纸笔考试（pan-and-paper test），也可以是借助信息化手段，采用机适性（Computer Adaptive Testing）原则设计的测试。机适性测试的优点是系统根据学生英语阅读水平分配题目，实现测试个性化，提高测试的效度。

针对不同水平、不同学能的学生，建议采取分级教学，根据学生水平设置不同的教学目标，提供不同难度的信息资源、不同形式的信息服务，避免出现好学生吃不饱、差学生跟不上的矛盾。运用现代化教学手段，建设符合学生专业要求与水平的英语资源平台与资源库，充分利用现有社会化教学资源，如大型开放式网络课程（MOOC，慕课）、批改网、听力资源网等，形成课堂教学与自主学习并重的立体化学习体系，满足不同层次学生对英语学习的具体需要，提高学生的英语实际应用能力 (钟志贤 2006)，使学生能在各自不同的起点上共同进步，使学力不足的学生能巩固加强基础训练，鼓励和支持学有余力的学生实现跨越式进步 (陶全胜 2014)。

2. 用户需求表达状态

外语学习中用户的信息需求的表达状态是指学习者在课堂学习和自主学习过程中认识到、表达出的对信息资源、信息服务形式的需求。也就是 Hutchinson 与 Waters 划分的学习者知识与能力的实际水平与理想水平之间的差距及对此的主观看法（lacks and wants）(Hutchinson & Waters 2002)。具体而言，是学习者通过反思、交流表达出的对学习材料、学习内容和学习方法的需求，与学习者的认识有关。可以通过对学习者进行问卷调查与访谈得知。

面对学习者对信息服务的内容和形式提出的新要求，应该综合考虑现代信息技术的优势，运用网络技术，充分利用网络资源，实现信息资源利用的最大化，摆脱教师是信息资源唯一提供者的现状，对课内课外时间如何运用进行重新安排，从而把学习主动权从教师转移到学生。使用计算机辅助外语教学，实现对信息资源、信息用户的分项分层系统性，达到在线使用便捷性，体现题型编排新颖性，同时可以巧妙设置学习内容与方式提高学习激励性与计分定位准确性，从而体现个体学习灵活性。在信息化时代，英语学习的资源和方法发生了质的变化，需要学习者和教师及时转变自身的角色认知，改变传统的教师进行信息资源选择、传递的单向信息服务，转变为教师与学习者共同进行信息资源选择、反馈与传递的双向交流。

高效的外语学习模式的基本特点是强调以学生为中心，不仅要求学生由外部刺激的接受者和知识的灌输对象转变为信息加工者、知识意义的主动建构者，而且要求教师由知识的传授者、灌输者转变为学生主动建构意义的帮助者、促进者 (何克抗 1997)。

3. 用户信息素养

外语学习中对学习者信息素养的要求是如何在广阔的数字网络资源中查找、选择、评价并利用信息资源和信息服务的能力，与学习者自主学习能力紧密相关，包括学习前制订学习目标、学习计划；学习中选择材料、方法，监控学习过程；学习后评估学习成果等方面，也包括对学习过程中其他主体，如教师、同伴等的态度和看法。这些可以通过对学习者进行问卷调查和访谈得知。现阶段学习者信息素养的普遍状态是：虽然具有一定的自主信息获取意识，但是信息搜集、评价、使用等具体操作能力较弱，自主学习能力与意识之间存在一定差距，需加强自主学习实践。有必要对学习者进行有针对性的信息素养培训，依托现代化多媒体网络技术，学习过程中培训学习者掌握一系列的方法或策略，促进学习者发展成为语言善学者（Good Language Learner），提升学习者信息素养，提高学习者信息选择与信息深度加工的能力，达到促进学习者发展的目的。

三、结语

信息时代人们更清楚地认识到在外语学习过程中“以用户需求为中心”的重要意义。本文分析了英语学习中用户需求的客观状态、表达状态和用户信息素养三个方面，信息时代下英语教学呼唤信息服务内容与服务形式等多方面改革。应该加强英语学习，采用分层教学，满足不同语言水平、语言学习能力的学习者的需求；充分利用计算机数字化教学平台与社会网络资源，提供符合信息时代要求的信息服务内容与服务形式；培养学习者信息素养，增强信息时代自主搜集、评价、利用信息的能力，促进学习者自主能力培养。运用信息服务理论指导英语教学可以明确真正主体与中心，改变教学与学习的思维模式，提高用户满意程度，提高信息服务效率，增大信息用户需求与信息资源、信息服务形式的耦合度，为教学改革研究提供新的有益的研究思路。

参考文献

1. Hutchinson, T. & Waters, A. *English for Specific Purpose* [M]. 上海：上海外语教育出版社，2002.
2. 何克抗．建构主义——革新传统教学理论的基础 [J]. 电化教育研究，1997.
3. 胡昌平，柯平．信息服务与用户研究 [M]. 北京：科学技术文献出版社，2005.
4. 胡昌平．信息服务与用户 [M]. 武汉：武汉大学出版社，2008.
5. 美国高等教育信息素养能力标准 [S/OL].

6. 乔爱玲，托娅．当前大学英语教学改革对非英语专业研究生英语教学改革的影响 [J]. 学位与研究生教育，2004, (9).
7. 陶全胜．研究生英语课程分级教学改革的现状与思考——基于全国 10 所高校有关研究生英语教学管理规定的调查 [J]. 学位与研究生教育，2014, (5):28-31.
8. 颜端武，王曰芬．信息获取与用户服务 [J]. 北京：科学出版社，2010.
9. 钟志贤．信息化教学模式 [M]. 北京：北京师范大学出版社，2006.

学术英语教学中要引导学生进行批判性思维

中国政法大学外国语学院　王立平

摘　要：多年来，为了适应现代社会发展的需要和学生毕业求职的需要，英语教学改革一直没有停止过，从最初作为高等学校的一门普通课程，发展到后来不仅仅是一门课程，还是一种工具，一种提升国力、与世界展开竞争的重要手段。而近年来以内容为依托的教学实践正逐渐取代以语言学习为目的的外语教学。这一改变带来了一个新的理念"学术英语"——侧重学术技能和学术范式的培养与训练，除了包括听说读写能力的培养外，还包括调研能力（research skill)、批判性思维能力（critical thinking skills）和创新思维能力（creative thinking skills）。学术英语教材所采用的素材一般与学科专业相关，但不涉及深奥的专业知识，从而确保教学兼顾语言能力和学术技能的培养，开发学生的批判性思维，为学生的终身学习打下基础。

关键词：学术英语　批判性思维　终身学习　教学模式　教师角色

前言

现代教育的目的是教授学生终身学习的技能。中国教育的特点因受传统教育模式的影响，早期的教育主要是信息输入的过程，并不强调对信息评判能力的培养。作为人文学科的外语教学，长期以来也无法摆脱这单一的教学模式。

如今，随着社会的不断发展，世界各国的交往不断加深，传统的英语教育理念和教学方法越来越不能满足个人的需要和社会对人才的需求，英语教学改革势在必行。大学英语教学应创新教育理念，调整课程体系，恰当选择教学内容，重视学生非智力因素的开发，合理设计教学活动，革新考核方式，提高教师的综合素质，从而提升大学英语教学的效果，加强对学生的批判性思维能力培养，最终实现培养学生终身学习的技能。

近年来，"学术英语"已成为中国大学英语教学语境中的一个高频词。"学术英语"课程侧重学术技能和学术范式的培养与训练，除了包括听说读写能力的培养外，还包括，调研能力（research skill)、批判性思维能力（critical thinking skills）和创新思维能力（creative thinking skills）。学术英语教材所采用的素材一般与学科专业相关，但不涉及深奥的专业知识，从而确保教学兼顾语言能力和学术技能的培养。这一做法也打破了长期以来英语教学中教材单一的格局，各个院校开始根据各自学校学科的特点编写与本院校联系密切的学术教材。中国政法大学就是最早实施学术英语教学的院校，根据其法律学科的特点，编写与之相关的教材，同时大胆提出并开始实行以培养学生批判性思维为目的的教学模式。

一、什么是批判性思维

批判性思维（critical thinking），也有翻译成“思辨能力”的，是一种带有批判态度的清晰、理性的思考。根据 Beyer（1995 年）的观点，批判性思维就是对事物做出明确、理性的判断。在批判性思维的过程中，想法的阐述应该是理性且经过深思熟虑的。有权威机构将批判性思维定义为智力训练过程中积极和巧妙的构思、应用、分析、综合，和 / 或评估信息收集，或生成的观察、经验、思考、推理或交流，从而作为信仰和行动的指南。

1. 批判性思维的起源

批判性思维是 1941 年作为美国教育改革的一个主题由美国学者 Edward Glaser 提出来，但其后因为美国出现了麦卡锡主义思潮，所以批判性思维没有得到足够的重视。到 20 世纪 70 年代，批判性思维再次成为美国教育改革运动的焦点。这期间，美国洛克菲勒基金会还曾在一项美国生活人文研究报告中强调：美国教育部门应该把批判性思维作为个人的一项基本能力加以训练和培养。又自 20 世纪 80 年代开始美国与苏联展开太空竞赛而大力推动科学研究，因此批判性思维大受推崇。1994 年，美国总统克林顿签署《美国教育法案》，正式将批判性思维（critical thinking）列入全国性的教育教学目标。

2. 批判性思维的讨论

经过多年的争议和讨论，最终 The Critical Thinking Community（研究批判性思维的一个重要组织）给出一个目前比较权威的定义：批判性思维是关于任何主题、内容或问题的一种思维方式。在这个过程中，思考者要通过技巧性地分析、评估和重建这种思维方式来提高自己的思维品质。批判性思维是自我导向、自我约束、自我监督、自我校正的思考。它的前提是要遵循严格的杰出标准和对这些标准的审慎使用。它需要有效的沟通和解决问题的能力，以致力于克服自我中心主义和群体中心主义。

二、中国的批判性思维

1. 历史文化传统影响

由于儒家思想影响根深蒂固，古往今来中国社会教育倡导的就是“仁义礼智信、温良恭俭让、忠孝勇恭廉”并且还要无条件服从的君子。“两耳不闻窗外事，一心只读圣贤书”是中国教师和学生千百年来默默遵循的校训。而且，孔夫子的“君臣父子”之说，虽始于治理国家的政治理念，但很大程度上影响着中国各个领域，包括教育。“圣贤”之说不得更改、不容置疑。也就是我们常说得所谓“尊重”历史，“尊重”古训，“尊重”先人。

2. 批判性思维在中国的现状

批判性思维的提法在社会上虽然早已有之，但频繁出现在大学英语教学理念中还是近几年的事。尤其是作为教学目的应用在课堂中更是少有出现。中国的应试教育，很大程度上禁锢了学生的思维，面对异常严峻而又与未来命运相关的全国高考，即使学生们头脑中出现了批判性思想、即使老师们也赞同这样的看法，但仍然不敢冒险鼓励学生们发挥他们的新思想。这种尴尬的局面造成当今中国大学英语教学面临不少问题，如学生的语言综合应用能力不足、学术英语表达力差、自主学习英语的习惯未得到充分培养、教师的知识结构单一，不能很好地满足复合型人才的培养需要，单一的英语教学方式等等。

学生们升入大学初期，思维大多依然停留在高中学习所培养的思维习惯上，需要时间对他们进行批判性思维的培养。以大学英语的教材为例，最初是些名著节选、实时报道、科研结论、趣闻杂事等，很少出现思想冲击力强的文章。

而中国政法大学现在所用教材本身的编排就是利于学生们进行辩论、评判，而且都是些社会热点问题，比如：涂鸦、家暴、学术造假、医患关系和动物权利等等，很容易让学生产生讨论的冲动。

三、为什么要引导学生批判性思维

1. 思维技能需要教授

许多寻求发展思维和学习技能的原因是务实的，跟个人和社会的成功紧密相连。任何社会都具有的最重要的资源是人们的智力。一个成功的社会应该是一个有思想的社会，能够最大程度地实现其公民终身学习的能力。批判性和创造性思维需要用于任何学科领域知识的获得程序中。

另一种认为思维技能需要教授的想法来自人们日益认识到社会变化的加速度。这种加速如此之快，很难评估将来需要什么事实性的知识。这就意味着，学校应该较少侧重传授信息，更多强调学生如何自己学习和思考。

善于思考的人具备以下这些特点：

1）寻求真相。人们通过以下形式寻求真相：a) 寻求替代方案（假设、解释、结论、计划、来源、想法）；b) 通过有用信息进行判断，只有某种程度上支持某些观点；c）保持消息灵通，包括了解别人的意见。

2）诚实。表现在：a) 清楚他们要表达的意思；b) 保持对这一问题关注；c) 寻求和提供理由；d) 考虑所有有关的环境因素；e) 清楚自己的观点；f) 认真考虑其他观点。

3）尊重他人。表现在：a）专心倾听他人意见；b) 避免轻蔑或恐吓他人；c) 关心他人的福祉。

2. 批判性思维形成需要培养

与西方国家教育比较可以看出，中国学生“学”得多，“思”得少，大多表现出基础知识扎实、思想依附、唯师是从、唯书是从，缺乏创新精神与批判性思维能力。中国教育采取的是初级教育打基础，注重对学生灌输知识，强调对前人知识的继承和掌握，而长期忽视了学生创造力与批判性思维能力的培养。基本上直到大学阶段才开始学做研究，注重思辨，而此时由于创造意识、创造能力和批判性思维能力没有从小得到培养，创造力和想象力匮乏，很难“思”出内容。

四、教学实践中教师的角色

随着现代信息技术的迅猛发展，大学英语教师面对多媒体网络技术易出现不知所措的情况。教师会担心失去对课堂教学的控制权，更会担心在海量信息面前失去自己的权威性。但今天教师已不再是知识的唯一拥有者，而是知识的讲解者、传递者、学习资源的组织者、学习方法的指导者。这就要求大学英语教师有能力合理使用现代信息技术，并将其与英语教学有机地结合起来，使之真正促进大学英语的教与学。

教与学的关系讨论一直是教育工作者思考的重点。对于英语教学来说，需要更加强调的是学生的主动学习，而非传统教师的强制灌输。建构主义学习理论将教学的中心由“教”转向了“学”，教学过程中强调学生的作用，学生是认知的主体，是意义的主动建构者；教师是教学过程的组织者、指导者，意义建构的帮助者、促进者。

21 世纪的教育，教师的角色变化从根本上说是从传统转向全新。传统教学中他们提供教学内容，面向全班进行详细讲解；而在全新的角色中，他们所实施的任务有利于促进终身学习，例如指导、协助研究、阐明问题和疑问，解释学生可能遇到的困难内容，通过反思的过程引导学生。

下图可以清晰地描述出教师在现代课堂中的角色：

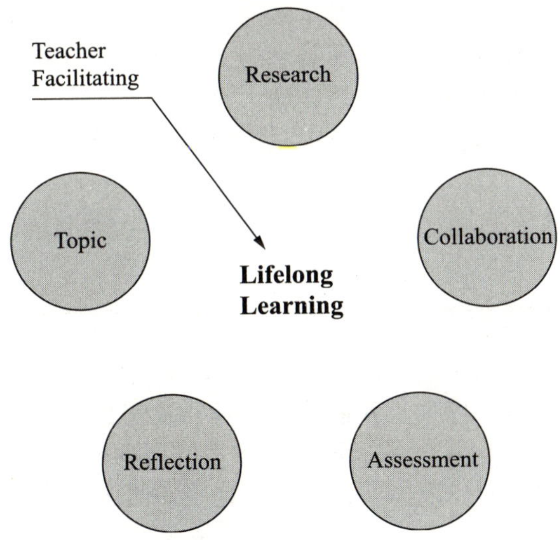

图中很形象地描述出教师不再处于课堂教学的中心，而是在学生各种活动的外围进行组织指导，突出了以学生为中心的现代教学理念。

由此可以总结出以下的结论：

1. 教师是课堂教学的组织者

学术英语教学过程中强调以学生为中心的教学方法。作为教学组织者、促进者的教师，其任务应该是：以学生为主体，充分启发和调动学生积极参与教学活动，彻底改变一讲到底的做法。同时教师应给予适当点拨，多组织一些讨论与交流，使每个学生都有展示自我的机会。首先向学生阐明课程主题（topic），分组查找资料（research），这个过程就是体现组员互相合作（collaboration）的程度，之后进行反馈（reflection）和口头报告（presentation）。口头报告之后再由其他同学为其组员分别打分（assessment）。

2. 教师是课堂教学的引导者

教师引导学生自己去研究问题、分析问题、解决问题，以提高学生的认识兴趣和求知欲望。学生虽然已进入大学，但是高中教学的模式还时刻影响着他们的学习状态，即使有自己的看法，很多人也不敢大胆表达出来，这是其一。其二，教材中的这类热点问题，以学生们自身的知识积累，大部分人用中文都难以表达清楚话题所覆盖的内容，更别说用英语了。那么课堂上就允许他们先用汉语讨论，捋顺自己的思路，而英语口语好的同学可以试着用英语表达。这期间教师一视同仁，对给出的观点可以不作任何评论，任务是鼓励学生发言，即便有人给出极端的观点也不批评指责。之后可以就某些争议点加以解释说明。例如在讲授 Animal Right 这课的时候，教师不做任何提示，首先让学生自由发表看法，学生的反应大致归纳为 1) they are equal to human, 2) they are different from human, 3) they are part of nature, we should respect them。如果再问他们原因，基本上就说不出来了。然后教师切入课文主题中作者的观点。第一篇课文 All Beings That Feel Pain Deserve Human Rights，第二篇 Why Animals Have No Right? 两篇观点完全相反的文章，为学生提供讨论的思路和支持。期间还增加一些报道的讨论，比如拦截运狗车辆、活熊取胆等争议强烈的问题。通过学习之后，学生在回答这类问题时不再是简单的“是”与“否”，而是能够客观理智地分析一些现象。也就达到了学习的基本目的。

另外，在引导学生的过程中要尊重学生的阅读感受，正确引导学生情感、态度和价值观的转变。每位学生都是具有独特情感和需求的生命个体。学生阅读后，会产生或悲或喜、或爱或恨的情感。教师要重视学生的情感体验，正确引导，让深切的情感体验变成一种深刻的思想认识，深入心灵深处，形成一种稳定持久的人生态度，逐步形成正确的世界观、人生观和价值观。

结语

21 世纪教师角色的转换让我们意识到教师需要做出巨大改变去迎接新的模式，并且摆脱可能有悖常理的传统学习序列。我们倡导教师要改变其角色的重大错误之一是，大多数情况下，我们强调他们不应该做的：就是在教室的前面较长时间地解释、讲课。然而，我们很少专注于教师不讲课时可以做些什么以及这些如何派上用场。

参考文献

1. Andrew Pollard. *Reading for Reflective Teaching in Schools*. London: Bloomsbury Publishing PLC, 2014.
2. Dianne F. Bradley, Judith Ann Pauley & Joseph F. Pauley. *Effective Classroom Management—Six Keys to Success*. London, Maryland, Toronto, Oxford, 2006.
3. Gabriel Rshaid. *The 21st-Century Classroom*. The Leadership and Learning Center, 2014.
4. http://blog.sina.com.cn/s/blog_631b937401013crx.html
5. https://en.wikipedia.org/wiki/Critical_thinking
6. http://wenku.baidu.com/link?url=kaf8patj5GZUv7ktrO_I6qsFSi35KWZCwCf_CIhzg8IDsgOY-VPWVcXKxNRt6v_rDIuipE1DeXs1ZkeEzQea_ItWVno3RBwc1nhA-YOQwXi
7. http://www.jyb.cn/Teaching/jxyj/201407/t20140722_591352.html

国内英语听力策略研究回顾与反思

首都师范大学　周华杰　王　志

摘　要：听力策略指的是学习者学习听力过程中所采取的思维或活动。听力策略是学习策略的重要分支，随着学习策略成为专门的研究领域，听力策略的研究也扩展到元认知策略、认知策略、社会和情感策略、策略训练、策略指导、策略教学等多方面。近些年来通过国内外学者的不断努力，听力策略研究在研究内容、研究领域和研究方法等方面朝纵深方向发展。本文主要对国内英语听力策略研究现状进行回顾，反思其不足，以期在有效提高学习者听力水平的同时，完善我国二语课堂的听力策略教学。

关键词：英语听力策略　策略训练　策略教学　研究现状

一、背景介绍：语言学习策略研究

学习策略在第二语言习得 (Second Language Acquisition) 中占据重要的地位。目前学术界对什么是学习策略尚未取得一致的看法。根据已有的文献资料，学者们对学习策略的定义有以下几种观点：(1) 把学习策略看成是具体的方法或技能 (Mayer 1988)；(2) 把学习策略看作学习的程序和步骤 (Rigney 1978)；(3) 把学习策略看作内隐的学习规则系统 (Duffy 1982)；(4) 把学习策略看作学生的学习过程 (Nisbert 1986) (转引自史耀芳 2001)。上述观点从不同侧面揭示了学习策略的特征。综合各家观点，学习策略就是指学习者在学习活动中有效学习的程序、规则、方法、技巧和调控方式。学习策略既是内隐的规则系统，也是外显的操作程序与步骤。

Aaron Carton (1966) 在他的“外语学习中的推理方法”一文中认为学习者所具有的善于推理以及有效、合理推理的能力不尽相同，这可以说是开了学习策略研究的先河。Aaron Carton (1971) 发表论文详细讨论了推理策略，并把推理策略划分为语内线索、语间线索和语外线索三种推理线索。他认为，语言学习是一个“解决问题”的过程，习者能够把已有的知识和经历带入这个过程 (钱玉莲 2004)。1972 年，Selinker (1972) 就语言学习策略和语言使用策略进行了区分；1975 年 Rubin 以 “What ‘the Good Learner’ Can Teach Us?” 的论文开启了正式探讨语言学习策略的序幕；同一时期，Naiman (1975) 等人也针对成功的语言学习者展开了研究；Stern (1975) 列出好的语言学习者使用最多的 10 个策略。后来，归纳总结出 4 种有效的学习策略，即主动计划策略（active-planning strategy）、深究策略（academic strategy）、社会策略（social strategy）和情感策略（affective strategy）。1974—1975 年间，Naiman 与 Stern 等人合作，进行大规模语言学习策略研究，1978 年他们合作出版了经典之作 *The Good Language Learner*（1996 年修订）。Wong-Fillmore (1979) 提出学习策略更像社会心理身份管理（social-psychological identity management），与语言学习本身并无太多直接关联，但在这些社会策略背后，认知策略在发挥实际作用。O’Malley 和 Chamot (1990) 认为在二语学习中，学习者会使用几种学习策略：元认知策略（计划、自我约束、管理等）、认知策略（所有可以帮助理解的策略，如使用以前所学的知识）、社会和情感策略（如提问和自我肯定）。20 世纪八九十年代国外还出版了关于语言学习策略的专著 (Wenden, A. & J. Rubin, eds. 1987 ; Oxford, R. 1990 ; O' Malley, J.& Chamot, A. 1990 ; Wenden, A. 1991 ; Cohen, A. 1998 等)。语言学习策略研究从此一直为学者们所关注 (江晓丽 2014)。Schramm (2001) 把"有声思维"作为语言学习策略的研究方法，丰富了学习策略的研究视角。此后语言学习策略研究在广度和深度上都得到了长足的发展，探究的热点涵盖了方方面面。

与国外相比，我国的相关研究虽然在起步上迟了 10 个年头，但发展势头迅猛。国内学者不但对国外相关理论做出了全面客观的评价，丰富和发展了学习策略理论，而且还就学习策略在促使学生语言技能提升方面进行了诸多有益的尝试和探讨。吴增生 (1994)，庄智象、束定芳 (1994)，秦晓晴 (1996)，张日美 (1998) 等分别介绍了国外的学习策略研究以及研究的意义、方法、主题、分类和成果。研究者们还对外语学习策略的方法进行了调查和描写，如王初明 (1990) 调查了我国学生的外语学习方式，文秋芳 (1995) 对英语学习成功者和不成功者的学习方法进行了个案分析。有的学者还论述了学习策略与语言学习和成绩的关系 (吴一安 1993 ; 文秋芳 1995、1996 ; 马广惠 1997)。卜元 (1992)、顾永琦 (1994)、胡晓琼 (1997)、王文宇 (1998) 描述了词汇记忆策略的第二语言学习策略研究的现状；张文鹏 (1998) 研究了外语学习动力和策略运用的关系，得出强烈的学习动机可能导致大量使用学习策略的结论 (转引自王小萍 2000)。

听力策略研究是在学习策略研究的基础上蓬勃发展起来的，国外学者 Mendelsohn (1995), MacIntyre 和 Noels (1996)、Cohen (1998) 在肯定听力策略能有效提高学习者听力水平的同时，建议在二语课堂的听力课程中开展听力策略教学 (程京艳 2009)。听力策略是语言学习策略的重要组成部分，我国听力策略研究在 20 世纪 90 年代初开始发展，随后有关听力策略研究的权威期刊论文大量出现 (王初明，元鲁霞 1992 ； 蒋祖康 1994 ； 文秋芳 1995 ； 刘绍龙 1996 ； 王宇 2000)。进入 21 世纪以来，英语听力策略的研究更是不断增加，本文在国内外英语听力策略研究的基础上，回顾了国内相关研究的发展阶段、研究现状及其发展趋势，并反思其研究存在的不足，以期引发英语教师和听力策略研究者的关注与探讨，并对我国英语听力教学有所启发。

二、国内听力策略研究的发展阶段

我国听力策略的研究从 20 世纪 90 年代起步，90 年代末快速发展。在研究深度、研究领域和研究方法等方面都有深入发展。纵观国内听力策略研究，以划分国内图式理论研究为样本 (康立新 2011)，其发展大致可分为三个阶段：

1. 理论介绍阶段 (1994—1999)。这一阶段发表文章不多，主要是对听力策略及其相关领域理论的介绍和解读。学者们引进并翻译外国著作且试图分析我国听力策略研究的可行性和前瞻性，结合我国教育领域的现状，学者们开始运用外国的听力策略理论调查分析中国师生的听力策略使用状况，为以后的实证研究打下了深厚的理论基础。

2. 理论介绍与应用并存阶段 (2000—2008)。这一阶段学者们除了继续引进和介绍理论外，已将听力策略大量地运用于二语教学，并且研究了听力策略运用与学习者年龄、性别和听力风格的相关性；策略与成绩的关系；策略训练效果；策略与其他知识的关系。同时听力策略与背景知识、语篇宏观结构、语调范式和视听材料激活图式的关系等也是学者们研究的聚焦点。

3. 理论应用阶段 (2008—现在)。这一阶段，关于听力策略实证研究和材料研究占了研究的主体，随着科学技术的发展，各种跨学科、交叉学科、学科间相互渗透、多元化视角下的听力策略研究，基于计算机二语听力语料库的听力策略研究不仅丰富和发展了听力策略理论研究，而且真正地把听力策略研究推向了应用阶段，研究朝着新的宽度、广度发展。

三、国内听力策略研究的现状

1. 研究内容

随着学习策略研究的不断深入，听力策略研究越来越受到国内研究者和语言教师的重视。张再红，朱月珍 (2002) 把听力策略的研究大致分为两类：描述性研究和介入性研究。杨坚定 (2003)，杨善江 (2007)，周慧玲 (2008)，肖飙 (1999)，王宇 (2000)，王守元，苗兴伟 (2003)，张再红，朱月珍 (2004)，陈晴 (2009) 所做的研究就属于描述性研究。早期的听力策略描述性研究多局限于调查听力高水平者所使用的策略，以便能对听力学习过程中有困难的学习者提供借鉴。然而，对听力弱者所使用的策略调查表明，听力弱者也使用策略，只是在策略使用的恰当性和策略使用的种类方面与听力高水平者之间存在差异。与描述性策略研究相比，听力策略介入性研究 (孔珊 2007 ；李斑斑 2007 ；唐晓 2009 ；刘桢，张若兰 2011 ；陈盼，董斌斌 2014 ；等) 要少得多，但出现了不少意义重大的发现。听力策略介入性研究表明：通过策略培训，学习者能明白学习策略的目的和价值，对听力策略的有效性进行评估，并自动地使用某些策略。这些研究结果为今后英语听力教学过程中如何针对不同听力能力的学习者进行策略培训提供了一定的借鉴。

杨香玲 (2012) 对听力策略的研究从听力策略与听力理解的关系和听力训练的技能技巧两个方面展开论述。从听力策略与听力理解关系上来说，学者们更倾向于认为听力策略的运用对听力理解有积极作用，并用实验来证实自己的猜想 (王宇 2000 ；苏连远 2003 ；季佩英，贺梦依 2004 ；常乐，李家坤 2009)。还有学者建议或者开始将听力策略引入课堂教学。关于听力策略和课堂教学相结合方面的研究 (周启加 2000 ；楼荷英 2004 ；李慧 2007 ；林勇 2010) 发现，对学生进行听力策略训练，教会学生如何练习听力，确实可以提高听力教学效果和学生的听力水平，同时也使学生的自主学习能力得到了提高。对于听力训练的技能技巧的提高，国内学者 (卢敏 2006 ；董广钧 2007 ；张菁，黄鹞飞 2008 ；李芃 2008) 总结出了下列方面：1）培养学生正音正调的微技能；2）培养学生的记忆技能、预测技能、联想技能和逻辑推理等认知技能；3）培养计划策略、监控策略（注意策略）和调节策略等元认知技能。不过这方面的研究大多以非材料性研究为主，今后应向材料性研究转换。

通过调查问卷或访谈录音等形式了解师生常用听力策略的文章占实证研究论文的三分之一。调查问卷的结果也不尽相同，但大多被试者常使用认知策略，其次为元认知策略，而社会情感策略较少。在探讨策略使用与成绩关系的研究中，研究者用实验的方法证实了策略使用对被试者的听力成绩有预测力，但是具体哪种策略或哪几种策略对成绩的预测力大，未得出一致意见。研究听力策略培训效果的文章发现培训能够激发学生的兴趣，有利于提高学生的英语听力水平，策略培训对中差生效果更显著 (董记华，李丽霞 2009)。

2. 研究方法

对于外语教学的研究方法国内很多专家学者 (束定芳 1995；高一虹 1999；王立非 2000) 都有所阐释，根据他们的标准，听力策略的研究方法可分为材料性研究和非材料研究两大类，材料研究 / 实证研究以系统的、有计划的材料采集和分析为特点，包括定量研究、定性研究和定性定量相结合的研究。量化研究的主要形式有实验研究、问卷调查；质化研究的主要形式为人种志、专题陈述等；而非材料 / 非实证性研究指不以系统采集的材料为基础的研究，包括个人感想、个人经验、操作描述 (对大纲、教学方法、测试方法等具体操作性描述和评价) 及理论反思 (杨香玲 2012)。在文献查阅中，笔者发现国内听力策略的研究以非材料性方法研究 (张海涛 1998；邓媛 2001；王立非，文秋芳 2003；罗立胜，白杰 2005；黄盛 2006；韩菊红 2012；姜丽 2013；殷碧雯 2015；赵国霞，桑紫林 2016) 为主，以材料研究 (王初明，元鲁霞 1992；何祖佳 2005；高新艳 2007；宫学军 2008；朱湘华 2010) 为辅。同时，高一虹 (1999) 认为，对于兼用多种方法的研究，则以主要的研究方法为依据进行划分。如果语篇分析以数字统计为主，则算量化研究；若语篇分析侧重引用文本和细致分析则为质化研究。

同时，本文参照 (李丽芳 2013) 所引用的二语研究的常用方法，按实证研究和思辨 (规范) 研究两大类进行分析。实证研究主要通过数据资料收集和实验研究的手段揭示结论，从个别到一般，归纳出事物的本质属性和发展规律 (陈艳辉 2008)。思辨研究是指没有使用数据资料或使用数据资料但未对数据资料的收集方式、特征和分析程序等进行描述的研究。思辨研究的论文 (邹爱民 1999；叶慧瑛 2002；邓媛，张文忠 2004；党争胜 2009；李川 2011；于翠红，张拥政 2014) 主要通过表达观点意见、阐释说明、二手数据阐释以及历史回顾等方法进行论证。

3. 研究对象

作者在整理文献的过程中发现，研究对象大致分为以下 6 类: (1) 研究生 (包括硕士生、博士生)；(2) 非英语专业的本科生；(3) 英语专业的本科生；(4) 高职高专层次的专科生；(5) 中学生；(6) 小学生。研究对象以非英语专业本科生和英语专业本科生居多，出现这一现象的原因为：大多研究者为在职高校教师，对本科和研究生的研究更容易获得一手的材料，也更利于指导其教学实践。以中学生为研究对象的文章较少，在本次听力策略文章回顾中未发现以小学生为研究对象的文章。由此可见，国内听力策略研究的对象以大学本科生为主。另外，也有不少研究者开始关注不同学习者的策略差异 (贺梦依，包克纪 2006)。

除了苏远连 (2003) 选择中学生作为受试以外，其余大部分实证研究对象都是成年学习者，且样本覆盖了英语学习不同层次的各种人群，有中学教师、大学教师、专科生、本科生、研究生等等。其中以非英语专业本科生作为样本的研究较多，以英语专业本科生为样本也不少，以非英语专业研究生、大学英语教师和非英语专业本科学生混合人群为样本的研究也都有所涉及。

四、国内听力策略研究的趋势

20 世纪 80 年代我国的听力策略相关研究尚属空白，到了 90 年代这种状况有所改观，外语类重要期刊上有少数相关研究论文出现，描述了学习策略与听力之间的关系，阐释了背景知识与听力策略之间的关联。随着新世纪的到来，我国的听力策略实证研究走向了兴盛，短短几年间有多篇论文发表，且研究的范畴不断扩大，“手段日益丰富”，质量一直攀升。审视上升趋势背后的原因，我们不难发现，下列因素起到了至关重要的作用：国外相关理论的推介、我国学者的投入与努力和导向性教育文件的颁布。20 世纪 80 年代我国的学习策略研究刚刚起步，理论推介成为当时和此后一段时间该领域的主流，我国学者陆续发表和出版著述，客观地展示了学习策略理论的全貌 (戴炜栋，束定芳 1994；吴增生 1994；庄智象，束定芳 1994；秦晓晴 1996；黄子东 1998；王立非 2002；文秋芳，王立非 2004)。20 世纪 90 年代末我国出版机构 (北京外语教学和研究出版社，上海外语教育出版社) 引进了剑桥、牛津语言学丛书，为我国学者进一步探讨语言学习策略提供了有力的支撑。新世纪伊始，教育部先后出台了《高等学校英语专业英语教学大纲》(2000)、《全日制义务教育、普通高级中学英语课程标准》(2001) 以及《大学英语课程要求》(2004) 等导向性文件，为深化英语教学改革规约了方向。这些纲领性文件都提倡自主学习，强调学习策略培养，从而在提升学习策略研究速度和力度的同时，也推动了相关研究的深度和广度。听力学习策略实证研究的演进和发展便是上述因素共同作用的一个最好注解和佐证(唐晓 2009)。

对查阅结果进行分析与思考后，可以预测我国未来英语听力策略研究会有以下发展趋势：(1) 研究方法逐步走向质化、质化与量化的结合、实验与分析方法不断完善；(2) 由听力策略的运用转向策略运用与篇章、任务和背景的结合，学习者风格、动机与自主学习之间的关系；(3) 随着科学技术的进步与发展，会有更多的研究者关注网络多媒体环境下听力策略的运用，各学科、领域之间的交叉发展，多元化视角下的听力策略研究会继续增多；(4) 面向不同层次学习者语料库的建设发展将推动研究对象的群体不断扩大，研究对象会延伸到教育体系内的各个部门、不同年龄、不同层次、不同听力风格的听力学习者。研究对象之间的对比研究会大幅增加。从 2000 年开始，语料库的建设和各种新型研究工具的应用促进了实证研究的发展，实证研究呈明显上升趋势，非材料性研究逐渐减少；同时质化研究有上升趋势，这比较符合国际上应用语言学研究的范式。可见，我国的听力策略研究正逐步走向正规化、成熟化 (董记华，李丽霞 2009)。

五、国内听力策略研究的不足与反思

我国英语听力策略虽然已取得显著成效，但是仍然存在以下几个方面的问题：

1. 从研究内容上看，内容单一重复，水平较低，范围较窄

关于怎样提高和培养听力策略的论述就有近 20 篇文章，关于各个年龄、年级、专业、院校的听力使用状况的调查也有十几篇。调查问卷的标准也大同小异，连分析数据的工具大都是基于 SPSS 的相关性分析和回归分析。在统计问卷中，低分组往往高估了自己的某些策略运用，而高分组由于对自己的要求比较严格，常常低估了自己的策略使用。在问卷调查中，很难给被试者确定一个固定的标准来衡量他们自己对策略的使用情况。材料研究也存在弊端，在实验设计上或缺乏随机抽样或缺乏实验前测试成绩，其可信性受到质疑，由于样本小，研究的结果和发现难以对我国听力策略教学起到实质性的推动作用。

我国听力策略研究多集中在记忆策略、认知策略这两种比较低级的策略上，而对内隐

的高级的元认知策略、资源策略、管理策略、情感策略和社会技能策略等，研究较少且深度不够。不同听力策略之间的对比研究，或同一听力策略或教学模式在不同学习主体之间的对比研究不多，关于英语听力策略的语际对比研究则更是少之又少。听力策略培训文章多以几十个学习者为实验对象，而且大都是就同一班级、同一专业的学生进行实验。“当研究对象之间存在的差异比较小，策略就失去了对成绩的预测力。”(文秋芳 2004)。现在常见的培训时间比较短，笔者在统计中发现，最长的培训历时一年。对策略的掌握和灵活应用是一个长期的系统工程。因此，策略培训后听力成绩的提高很可能是短期效应，其长期结果有待进一步验证。我国外语教学界对学习策略的训练还持观望或怀疑的态度。有些学者怀疑学习策略的训练效果和教学价值。桂诗春 (1992) 认为“国外第二语言习得者策略研究似乎过分夸大了策略的重要性。策略的使用很可能是语言能力提高的结果，而不是策略导致语言能力的提高”。这似乎也印证了 Griffith (2008: 83-98) 在他自己编辑的论文集里的观点，认为语言善学者出于不同目的、为了提高不同语言技能大量使用不同策略，而策略选择取决于学习者的年龄、动机、文化、民族等因素，不能夸大策略的作用。

2. 从研究方法上看，研究方法陈旧，缺乏连续性和动态性

Oxford (1986) 认为学习策略可以识别、可以量化，据此，编制了语言学习策略量表(以后简称“策略量表”)，用来评价语言学习策略水平。几经修订，至今仍然是重要的语言学习策略测量工具。Dornyei 认为最常用的策略量表 (SILL，Oxford，1990) 在设计方面存在严重缺陷。英语听力策略的研究多采用实证研究法，但是仍以数据材料为基础的量化研究为主，而更能如实反映学习者认知过程的语篇分析、人种志、个人叙述、专题陈述、互动分析等质化研究法为数不多。听力策略研究多为共时研究（synchronic study），该研究方法可以在一定程度上反映学习者策略使用的现状，但是学习策略受年龄、学习风格、学习动机等因素的影响，同一学习者在不同的时间采用的策略也不尽相同，这势必会对研究效果产生影响。从 20 世纪 90 年代后期已经开始重视二语能力形成和发展的动态研究，对仍处于静态研究阶段的国内研究者提出了有力挑战。相对而言，个案研究（case study）、历时研究（diachronic study）、对同一研究主体进行跟踪的动态观察研究法、内省法（introspective method）和追思法（retrospective method）能更真实准确地反映研究主体使用策略的情况和学习者在不同阶段采用的不同策略和影响因素，值得研究者借鉴采用。

虽然定性和定量研究相结合的实证研究已日益成为听力策略研究的主流方法，但是目前的研究大多是以数据材料为基础的量化研究。采用量化法的文章在数据分析时，多采用比较简单的描述性统计，只对样本本身进行描述。这样得出来的数据就会不完整、不全面。同时，国内的英语听力策略研究仍处于静态研究阶段，不能满足二语发展对动态性和连续性的能力的要求。英语听力研究是和人的大脑及思维紧密联系的研究领域，但在实验室里的科学研究（比如应用于教育学心理学领域中脑电实验和眼动实验）在国内听力策略研究中几乎没有。目前自然科学的研究方法以其客观性和可重复性越来越受青睐，因此在研究中应该注重自然科学研究方法与语言研究方法的结合。

3. 从研究对象上看，研究对象单一，缺乏研究深度

研究对象的单一体现在所研究的策略运用中。听力策略包括元认知策略、认知策略、社会情感策略。研究元认知策略和认知策略及其运用的文章占绝大多数，而研究社会情感策略的少之又少。其次，研究对象的单一还体现在研究被试方面。我国的听力策略的研究对象以大学本科生为主，对于大学本科生以外的被试群体，很少见到研究报告。其实，目

前在教材编写、大纲制定等方面急需这类研究报告的支撑。部分关于词汇、阅读、写作的文献研究(李庆 2007；姚兰，程骊妮 2005；盖淑华 2004)等也发现了相似的问题(董记华，李丽霞 2009)。

目前研究数量有了明显增加，但是只是泛泛而谈的多，得出可以应用于实践的成果少。我们从小学三年级就开了英语课，可是对于小学阶段的听力策略却很少有人研究。另外，对于一部分特殊群体，他们在中学阶段有在英语国家生活和小学学习的经历，这些人的英语听说能力相对较高，把他们和国内同龄学生的听力策略进行对比研究，也可能会得到一些启示。再者，对研究生和高职院校学生英语听力策略的研究也需要加强。

参考文献

1. Bacon, S. M. *Phases of Listening to Authentic Input in Spanish: A Descriptive Study* [J]. Foreign Language Annals, 1992, 25/4:317-333.

2. Bacon, S.M. *The Relationship Between Gender, Comprehension, Processing Strategies, and Cognitive and Affective Responses in Foreign Language Listening* [J].The Modern Language Journal, 1992, 76/2:161-178.

3. Carton A. *The Method of Inference in Foreign Language Study* [J]. The Research Foundation of the City of New York, 1966.

4. Carton A. *Inferencing: A Process in Using and Learning Language*. In Pimsleer. P. and Quinn. T. (Eds.) [J].The Phychology Second Language Learning, Cambridge. Cambridge University Press, 1971.

5. Cohen, A. *Strategies in Learning and Using a Second Language* [M]. London: Longman, 1998.

6. Cohen, A. D. *Strategies in Learning and Using a Second Language* [M]. London and New York: Longman, 1998.

7. Duffy G. *Fighting off the Alligatores: What Research in Real Classroom Has to Say About Reading Instruction* [J]. Journal of Reading Behaviour, 1982, 14(4):357-373.

8. Goh, C. *How ESL Learners with Different Listening Abilities Use Comprehension Strategies and Tactics* [J]. Language Teaching Research, 1998, 2:124-147.

9. Griffiths, C. *Strategies and Good Language Learners* [A]. In Griffiths, C. (Ed.): Lessons from Good Language Learners [C]. Cambridge, UK: Cambridge University Press, 2008.

10. Murphy, J. M. *The Listening Strategies of English as Second Language College Students* [J]. Research and Teaching in Developmental Education, 1987, (4):27-46.

11. Mayer. *Learning and Study Strategies: Issues in Assessmemt Instruction and Evaluation*. In Weinstein CEôGoetz ET & Alexander, P. (eds). Academic Press, Inc, 1988, 64: 11.

12. Mendelsohn, D.J.et al (eds.). *A Guide for the Teaching of Second Language Listening* [M]. San Diego, CA: Dominie Press, 1995.

13. MacIntyre PD & Noels KA. *Using Social-Psychological Variables to Predict the Use of Language Learning Strategies* [J]. Foreign Language Annals, 1996, (19):373-386.

14. Naiman, N. et al. *The Good Second Language Learner* [J]. TESOL Talk, 1975, (6).

15. Nisbet J & Shucksmith J. *Learning Strategies*. Routledge & Kegan Paul PLC, 1986, 24-34.

16. Oxford, R.L. *Development and Psychometric Testing of the Strategy Inventory for Language Learning* [R]. ARI Technical Report 728. Alexandria,VA: US Army Research Institute for Behavioral and Social Sciences, 1986.

17. O'Malley, J.M., A-U.Chamot, L.Kupper. *Listening Comprehension Strategies in Second Language Acquisition* [J]. Applied Linguistics, 1989, (4):418-435.

18. O'Malley, J. & Chamot, A. *Learning Strategies in Second Language Acquisition* [M]. Cambridge: Cambridge University Press, 1990.
19. Oxford, R. *Language Learning Strategies: What Every Teacher Should Know* [M]. Rowley, Mass: Newbuy House, 1990.
20. Rubin, J. 1975. *What the Good Language Learner Can Teach Us* [J]. TESOL Quarterly. (9).
21. Selinker, L. *Interlanguage* [J]. International Review of Applied Linguistics, 1972, (2) .
22. Stern，H. H. *What Can We Learn from the Good Language Learner?* [J]. The Canadian Modern Language Review, 1975, (31).
23. Schramm, K. *L2-readers in Action: The Foreign Language Reading Process as Mental Action* [M]. Munster, New York: Waxmann, 2001.
24. Thompson, I.; J.Robin. *Can Strategy Instruction Improve Listening Comprehension* [J]. Foreign Language Journals, 1996, 52/2: 200-223.
25. Vandergrift, L. *Listening Strategies of Core French High School Students* [J]. Canadian Modern Language Review, 1996, 52/2: 200-223.
26. Wong-Fillmore，L. *Individual Differences in Second Language Acquisition* [A]. In Fillmore，C.J.W.S.Y. Wang, and D.Kempler (eds): Individual Differences in Language Ability and Behavior [C]. New York: Academic Press, 1979.
27. Wenden. & J. Rubin (eds). *Learning Strategies in Language Learning* [M]. Englewood Cliffs，NJ: Prentice-Hall, 1987.
28. Wenden, A. *Learner Strategies for Learner Autonomy* [M]. New York: Prentice Hall, 1991.
29. 崔丽丽．基于认知学徒制的听力策略课件的教学设计 [D]. 中国科学技术大学，2007.
30. 陈艳辉．农业院校非英语专业学生听力学习策略的实证研究 [J]. 湖南农业大学学报 (社会科学素质教育研究)，2008, 63-65.
31. 陈晴．远程教育中师生英语听力策略研究 [J]. 湖南科技学院学报，2009, 204-207.
32. 程京艳．英语听力教学的现状及发展趋势 [J]. 外语界，2009, 51-56.
33. 常乐，李家坤．元认知策略、听力理解和附带词汇习得的相关性研究 [J]. 外语界，2009, (6):50-57, 90.
34. 陈博．试论“语言输入说”与大学英语听力策略训练 [J]. 海外英语，2011, 141-142, 169.
35. 陈盼，董斌斌．大学英语听力策略训练的实证研究 [J]. 海外英语，2014, 27-28.
36. 戴炜栋，束定芳．外语交际中的交际策略研究及其理论意义 [J]. 外国语，1994, (6).
37. 邓媛．英语听力学习策略分析 [J]. 湖南大学学报 (社会科学版)，2001, (4): 152-153.
38. 邓媛，张文忠．听力策略在英语听写中的使用特点及影响作用分析 [J]. 西安外国语学院学报，2004, (2): 61-65.
39. 董广钧．听力教学中选择性注意策略的培训 [J]. 中国职业技术教育，2007, (6): 41-42.
40. 党争胜．认知心理视角下的听力教学策略 [J]. 外语学刊，2009, 179-182.
41. 董记华，李丽霞．我国英语听力策略研究 15 年：回顾与展望 [J]. 西北农林科技大学学报 (社会科学版)，2009, 123-126.
42. 桂诗春．认知与语言测试 [J]. 外语教学与研究，1992, (3): 3-8.
43. 高一虹．中西应用语言学研究方法发展趋势 [J]. 外语教学与研究，1999, 8-16.
44. 盖淑华．近十年二语习得泛读研究文献质量调查 [J]. 外语教学与研究，2004, (2): 124- 130.
45. 高新艳．非英语专业大学生英语听力焦虑的实证研究 [D]. 山东大学，2007.
46. 宫学军．学生语言学习策略的量化研究与分析 [J]. 外语与外语教学，2008, 38- 41.
47. 甘丽华．大学英语听力低分者元认知策略培训的有效性研究 [J]. 当代外语研究，2015, (3): 36-39.
48. 顾世民，赵玉峰．语言学习策略研究回顾与思考——国外研究视角 [J]. 外语电化教学，2015: 41-49.
49. 黄子东．西方二语 / 外语听力理解策略研究述评 [J]. 外语界，1998, (2):42-46, 54.

50. 何祖佳. 英语听力教学中元认知策略培训的实验研究 [J]. 外语电化教学，2005, (2): 56-61.
51. 黄盛. 听力学习策略训练在普通高中英语听力教学中的运用 [D]. 华东师范大学，2006.
52. 贺梦依，包克纪. 重点大学与普通院校学生英语听力策略比较：个案研究 [J]. 外语研究，2006, 46-49.
53. 韩菊红. 元认知策略在大学听力教学中的运用 [J]. 中国成人教育，2012, (3).
54. 蒋祖康. 学习策略与听力的关系——中国英语本科学生素质调查分报告之一 [J]. 外语教学与研究，1994, (1): 51- 58.
55. 季佩英，贺梦依. 大学英语师生听力策略研究 [J]. 外语界，2004, (5): 40-46.
56. 姜丽. 图示理论视角下的大学英语听力策略研究 [J]. 现代交际，2013, 218-219.
57. 江晓丽. 美国大学生汉语学习策略研究 [M]. 杭州：浙江大学出版社，2014, 8.
58. 孔珊. 高职院校英语听力策略培训的实验研究 [J]. 中国成人教育，2007, 167-168.
59. 康立新. 国内图式理论研究综述 [J]. 河南社会科学，2011, (7): 180-182.
60. 刘绍龙. 背景知识与听力策略——图式理论案例报告 [J]. 现代外语，1996, (2): 42-45.
61. 楼荷英. 听力策略教学与正常课堂教学的整合研究 [J]. 外语研究，2004, (6): 43-49.
62. 罗立胜，白杰. 理工科学生英语课外听力情况调查与研究 [J]. 外语与外语教学，2005, (8): 26-29.
63. 卢敏. 选择性注意、笔录与听力理解—— 一项听力策略培训实验 [J]. 山东外语教学，2006, (5): 22-25.
64. 林莉兰. 网络自主学习环境下学习策略与学习效果研究——英语听力教学改革实验 [J]. 外语研究，2006, 39-45.
65. 刘杰. 组块对大学英语听力理解影响的研究 [D]. 东北师范大学，2006.
66. 李庆. 对我国二语词汇习得实证研究现状的思考 [J]. 外语界，2007, (6): 45-52.
67. 李慧，由立发. 基于 SPSS 的英语听力策略教学效果分析 [J]. 外语电化教学，2007, 46-49.
68. 李斑斑. 听力风格对英语学习者短文听力理解影响研究 [D]. 华中科技大学，2007.
69. 李素荣. 大学英语听力策略训练与自主听力教学模式 [J]. 时代文学（理论学术版），2007, 45-46.
70. 李芃. 大学英语听力课教学中记忆策略使用调查 [J]. 西安外国语学院学报，2008, 81-86.
71. 李晓燕. 多媒体网络环境下听力策略培训效果的调查研究 [D]. 北京邮电大学，2010.
72. 林勇. 英语听力策略教学的有效性及其影响的研究 [J]. 新课程研究（中旬刊），2010, (7): 74-76.
73. 刘桢，张若兰. 基于学习档案的英语自主听力策略培养的实证研究 [J]. 惠州学院学报（自然科学版），2011, (01): 88-91.
74. 李川. 大学英语听力理解障碍与听力策略训练 [J]. 江苏社会科学，2011, 206-209.
75. 李丽芳. 国内高校英语听力教学研究综述 [J]. 大学英语（学术版），2013, (01): 37-40.
76. 马广惠. 高分组与低分组在学习策略上的差异研究 [J] . 外语界，1997, (2).
77. 秦晓晴. 第二语言学习策略研究的理论和实践意义 [J]. 国外外语教学，1996, (4): 13-18.
78. 钱玉莲. 第二语言学习策略研究的现状与前瞻 [J]. 暨南大学华文学院学报，2004, (3): 37-43.
79. 束定芳. 当代外语教学理论研究中的几个重要趋势 [J]. 解放军外国语学院学报，1995, (3): 60-65.
80. 史耀芳. 二十世纪国内外学习策略研究概述 [J]. 心理科学，2001, (5): 586-590.
81. 苏连远. 论英语听力策略的可教性 —— 一项基于中国外语初学者的实验研究 [J]. 现代外语，2003, (1): 48-58.
82. 史晓燕，张虹然. 医学生英语听力策略运用研究 [J]. 河北师范大学学报（教育科学版），2010, 114-117.
83. 孙飞凤，王学文. 针对英语四、六级机考听力题型谈提高大学生英语听力策略 [J]. 读与写（教育教学刊），2011, 16-17, 35.
84. 谭清. 少数民族学生与汉族学生英语听力策略实证调查分析 [J]. 民族教育研究，2007, 101-107.
85. 唐晓. 国内英语听力学习策略实证研究：问题与思考 [J]. 桂林师范高等专科学校学报，2009, 90-94.
86. 王初明，元鲁霞. 外语听力策略个案研究 [M]. 湖南教育出版社，1992.
87. 吴一安 . 中国英语本科学生素质调查报告 [J]. 外语教学与研究 ,1993(1):36- 46.

88. 文秋芳．英语成功者与不成功者在学习方法上的差异 [J]. 外语教学与研究，1995, 61-66.
89. 文秋芳．英语学习策略论 [M] . 上海：上海外语教育出版社，1996.
90. 王文宇．观念、策略与词汇记忆 [J] . 外语教学与研究，1998, (1).
91. 王宇．策略训练与听力教学 [J]. 外语与外语教学，2000, 61-63.
92. 王立非．新世纪外语教学研究的方法论展望 [J]. 外语研究，2000, (3):8-9.
93. 王小萍．外语学习策略研究述评 [J]. 广东农工商管理干部学院学报，2000, (2): 47-51.
94. 王宇．关于中国非英语专业学生听力策略的调查 [J]. 外语界，2002, (6): 5-12.
95. 王立非，文秋芳．英语学习策略培训与研究在中国——记全国首届“英语学习策略培训与研究”国际研修班 [J]. 外语界，2003, (6): 49-54.
96. 王守元，苗兴伟．英语听力教学的理论与方法 [J]. 外语电化教学，2003, (4): 1-5.
97. 文秋芳．二语习得研究方法 35 年：回顾与思考 [J]. 外国语，2004, (4): 18-25.
98. 王年英．英语听力策略训练研究 [J]. 教育与职业，2006, 132-134.
99. 王菊香．听力材料对中学生英语听力理解的影响及相关对策 [D]. 华中师范大学，2007.
100. 王宏玉，孙丽．基础英语听力策略研究 [J] 教学与管理，2009, 87-88.
101. 吴增生．值得重视的“学习者策略”的研究 [J]. 现代外语，1994, (3): 22-27.
102. 肖飚．英语听力过程的三阶段及听力策略 [J]. 陕西师范大学学报（哲学社会科学版），1999, 162-163.
103. 肖婧．网络多媒体环境下如何从学习策略上提高听力自主学习效率 [J]. 中国外语，2006, 50-55.
104. 叶慧瑛．英语专业听力教学改革新探 [J]. 外语电化教学，2002, (4): 7-11.
105. 杨坚定．听力教学中的元认知策略培训 [J]. 外语教学，2003, (4): 65-69.
106. 姚兰，程骊妮．我国 20 世纪 80 年代以来英语写作研究状况之研究 [J]. 外语界，2005, (5): 2-9.
107. 杨善江．元认知听力策略在高职英语教学中的培训研究 [J]. 华中师范大学研究生学报，2007, 93-98.
108. 杨香玲．近十年来国内英语听力理解研究述评 [J]. 兰州大学学报（社会版），2012, (4): 163-169.
109. 于翠红，张拥政．中国大学生元认知意识和英语听力能力发展研究 [J]. 解放军外国语学报，2014, (6): 57-65.
110. 殷碧雯．大学英语听力记笔记策略训练模式与效果分析—— 一项听力策略培训实验 [J]. 教育教学论坛，2015, (26): 49-50.
111. 庄智象，束定芳．外语学习者策略研究与外语教学 [J]. 现代外语，1994, (3): 28-32.
112. 周启加．英语听力学习策略对听力的影响——英语听力学习策略问卷调查及结果分析 [J]. 解放军外国语学院学报，2005, 62-64.
113. 张文鹏．外语学习动力与策略运用之关系 [J]. 外语与外语教学，1998, (3).
114. 张日美．学习策略研究的发展与现状 [J]. 山东外语教学，1998, (3): 73-76.
115. 张海涛．听力策略能力及培养 [J]. 山西大学学报（哲学社会科学版），1998, (3): 89-91.
116. 邹爱民．英语听力课的目的与方法技巧 [J]. 外语电化教学，1999, (2): 13-14.
117. 张再红，朱月珍．An Overview of Listening Strategy Research [J]. 外语教育，2002, 236-241.
118. 张再红，朱月珍．论策略融合式听力教学（英文）[J].Teaching English in China. 2004, (5): 27-30, 39.
119. 张钫炜，王斌．关于非英语专业大一新生听力策略的调查 [J]. 外国语言文学研究，2006, 32-37.
120. 张文政．大学生英语听力焦虑、听力水平与听力学习策略研究 [D]. 东北师范大学，2007.
121. 张菁，黄鹚飞．英语听力预测策略及其培养途径 [J]. 福建农林大学学报（哲学社会科学版），2008, 11(1): 88 -91.
122. 周慧玲．普通高中学生英语听力问题及教学对策研究 [D]. 华中师范大学，2008.
123. 张晶．非英语专业大学生听力学习策略研究 [D]. 山东大学，2009.
124. 朱湘华．大学英语听力策略训练模式与效果分析 [J]. 外语研究，2010, 53-58.
125. 赵国霞，桑紫林．听力高水平者与低水平者策略使用差异研究 [J]. 外语教学理论与实践，2016, (1): 64-72.

关于二语习得研究的综述

首都师范大学　董丹丹　王　志

摘　要：所谓二语习得研究就是科学系统地研究人们在习得了母语后是如何学会第二语言的。第二语言习得已经发展成为一门独立的边缘交叉学科。它涉及语言学、心理学、社会学和教育学等多种学科知识，经过40多年的发展历程，逐步构建了自己的理论体系，形成了一套科学有效的研究方法。虽然二语习得本身具有多面性和复杂性，但通过国内外学者的不断努力和研究，近年来二语习得研究的领域不断扩展，各种新的理论和学说不断出现。可以说是硕果累累。本文主要对国内外二语习得研究历程进行回顾，分析整理其现状和发展趋势，以期进一步推动我国二语习得研究的发展，更好地服务于外语教学。

关键词：二语习得　研究方法　趋势　外语教学

第二语言习得主要研究人们在掌握母语后获得二语的过程和规律。作为一门独立的学科，它兴起于20世纪60年代末70年代初，其标志为中介语理论的提出，迄今已有四十多年的历史。Ellis于1994年曾将第二语言（简称二语）习得的研究内容概括为四个方面：二语学习者学到了什么；语言学习者是如何习得二语的；在学习者个人习得二语方面有哪些差异；课堂教学对二语习得有什么影响。Doughty和Long于2003年提出，广义的二语习得研究不仅涵盖了儿童和成人在自然或教学环境中习得或丧失二语的现象，而且方言的习得或丧失也在二语习得研究的视野之内。二语习得研究的领域不断扩展，各种理论和学说不断更新，研究方法和手段日益科学化和多样化。使得二语习得学科的发展日趋成熟与完善。

一、二语习得研究的回顾

1. 国外二语习得研究的回顾

二语习得作为一门独立的学科兴起于20世纪60年代末70年代初，其标志为中介语理论的提出。60年代至80年代，行为主义心理学和结构主义语言为二语习得研究的早期发展提供了必要的理论。早期学者尝试在行为主义心理学和结构主义语言学与外语学习中的问题之间建立联系，然后转到分析学习者学习过程中所犯的错误，随后侧重研究标记理论、普遍语法理论在二语中的运用。80年代后，Ellis认为二语习得在如下三个方面取得显著发展：研究范围拓宽，不再拘泥于语法研究，开始渐渐研究学习者特征，从社会文化和社会语言学角度的研究也逐渐增多；语言学理论和认知理论在二语习得中广泛应用，主要表现为Chomsky的普遍语法理论的运用和认知理论中的联结主义等；研究方法也不断创新。

二语习得研究内容大体可分为理论二语习得研究和应用二语习得研究。前者主要从社会学、心理学、语言学等角度研究二语习得的心理、认知和语言过程；后者主要研究如何运用二语习得的研究成果来改进第二语言的教学，研究课堂语言教学对语言习得的影响及第二语言学习者的差异等。二语习得是动态的非线性的复杂过程。不同学者对研究内容有不同的分类，但总体分为语言因素和学习者因素。Ellis 认为，二语习得的研究范围主要包括情境因素、语言输入、学习者个体差异、学习者的加工过程和第二语言输出。杨连瑞将国外二语习得研究的主要领域概括为普遍语法与中介语表征研究、认知机制研究、关联理论与二语习得、学习者内部因素研究、学习者外部因素研究和学习者语料库研究 (Henning 1986: 701-717)。

2. 我国二语习得研究的发展回顾

由于历史原因，国内学界接触二语习得理论和发展相关研究要比国外晚，二语习得理论引入我国，给语言与语言教学研究者极大启发。但西方现有的二语习得理论主要是以印欧语系为基础，虽然这些假说、模式具有一定的普遍意义，但汉语是离印欧语系较远的一种语言，它在语音、词汇、语法和文字以及文化内容负载方面所体现出的特点，必然给以汉语为母语的二语学习者和以汉语作为第二语言的学习者的学习过程和规律带来不少特殊的问题，所以在中国的环境下研究二语习得更有其重要的现实意义。我国的二语习得研究经历了两大阶段 (戴炜栋，周大军 2005: 62-70)。

2.1 第一阶段：理论引入与起步

20 世纪 80 年代的研究以引进、介绍或评述西方学者的研究成果为主，这一阶段，我国的二语习得研究主要还是停留在翻译国外优秀原著，但也是我国应用语言学的引进阶段，为我国的外语教学和二语习得研究提供了信息，也为后来的外语教学和研究奠定了基础;90 年代为方法意识起步并发展的阶段，我国学者结合实际，开展了一些针对性的研究。定量研究增加，定性研究起步。主要有两个研究特点：研究重点转向学习者，探讨学习者的认知、情感和策略等；研究者不再一味地引进和吸收西方理论和方法，开始对国外理论进行批判性的探讨。

2.2 第二阶段：研究发展阶段

文秋芳、王立非认为，1998—2003 年进入实证研究应用和普及阶段 (文秋芳，王立非 2004: 18-23)。90 年代后期至今的研究都表现出研究者在充分理解二语习得理论的基础上，转向以客观事实或数据取代主观的感想和判断，特别是针对我国大学生的英语习得的研究渐渐活跃起来。现在，我国的研究者致力于语料库的筹建，已取得了迅速的发展，在国际上处于先进水平。很多论文基于语料库而来。各大高校也认识到了这一学科的重要性和实用价值，开始培养这方面的专业型人才。我国每年都会举办大学外语教师的研究方法的培训班，从而促进研究方法的普及，推动了二语习得研究的发展，为研究者整体素质的提高打下了良好的基础。二语习得研究方兴未艾，研究的领域不断拓宽，研究的层次不断深入，研究的水平大幅提高，研究的队伍日益壮大。

二、研究方法

在综述二语习得研究方法的论文中，不同学者对二语习得研究方法提出了不同归类方法。Ellis 和 Barkhuizen (2005) 将学习者语言样本分为非语言使用样本、学习者口头或书面语言样本和学习者关于自己学习情况的报告，并依此介绍语言样本的收集和分析方法。Litosseliti (2010) 将二语习得研究分为观察、实验和准实验研究。Mackey 和 Gass (2012) 认为二语习得研究框架可主要分为基于语言学的、基于心理学的和基于社会学的框架。吴旭东提出根据研究目的将二语习得研究分为探索性、描述性和解释性三类(吴旭东 2002: 86-97)。文秋芳、王立非根据研究方法将二语习得研究分为定量研究和定性研究。总体来看，上述学者大致采用两种思路对二语习得研究方法进行分类：(1) 社会科学研究的普适分类，即分为定量、定性和混合研究方法；(2) 结合二语习得研究本身的特点，根据研究对象和研究视角进行方法归类。

在此，本文总结了我国二语习得研究方法的应用现状，并相应提出了研究方法的发展建议。(1) 二语习得定量研究占多数，定性研究逐渐增加，有机结合两者的研究欠缺(尹丽雯 2011: 147-148)。定性研究和定量研究都有其不完善之处，在今后二语习得研究中，研究者可根据具体研究问题和研究对象灵活选择和组合运用不同研究方法，开展多方验证以推进二语习得研究的科学化发展。(2) 不少二语习得研究设计都缺少试测环节。语言样本的采集计划和工具会有疏漏之处。为严谨起见，研究者在开始正式研究之前，可通过小规模试测考察研究方案的可行性和恰当性，并进行相应调整和修改，以便顺利开展客观、科学的研究。(3) 复制性二语习得研究尚不多见。由于研究方法和研究条件的不同，二语习得研究有时会得出截然相反的结论，使得某些研究问题无法形成明确的答案。当然，这与二语习得研究问题本身的复杂性有关，但也不能排除研究方法等因素。由此可见，二语研究领域需要进行重复性验证，这样才能找到令人信服、普遍认同的答案。(4) 许多二语习得研究方法和测验量表都取自国外研究设计，它们对我国外语学习者的适用性，还需慎重对待。国内二语习得研究领域更需要基于我国学习者实际情况设计和创建合适的测验量表，构建符合我国国情的二语习得研究方法和理论，这是我国二语习得研究者今后相当长时期的努力方向和目标。

三、研究现状

国外二语习得主要从以下几个方面展开研究：(1) 中介语研究：着重研究学习者的错误、习得次序和发展顺序、语言变异性和二语交际的语用特征；(2) 影响二语习得的外部因素研究：二语的输入环境、输入的质与量、各种外部因素的相互作用、二语输出等；(3) 二语习得的认知机制研究：二语习得的心理认知过程、母语迁移过程、认知构建过程、语言共同性的运用和克服交际障碍的心理过程等；(4) 二语学习者内部因素研究：包括个体差异与导致差异的心理、认知、生理、情感、跨文化等因素；(5) 学习者语料库研究：学习者语料库不仅可以用来检验研究的假设，而且还可以用以产生新的假设，从而帮助研究者发现更多的事实；(6) 关联理论的研究：为什么交际双方各自的谈话意图会被对方识别？为什么交际双方配合得非常自然，既能产生话语，又能识别对方的话语？

国内二语习得研究的现状主要从研究队伍、研究成果、研究内容这几个方面进行介绍。

首先，国内二语习得的研究人员主要集中在国内高等院校和语言研究机构。高校外语教师和对外汉语教师是研究队伍中的主力。

其次，近年来，由于中国二语习得研究者的不断探索，中国在二语习得研究方面取得了显著成果，有了自己的学术期刊、专著和论文集。目前比较公认的国内二语习得研究核心期刊主要有：《外语教学与研究》《外国语》《现代外语》《外语学刊》《外语界》《外语与外语教学》《外语教学》《外语研究》《语言教学与研究》《语言文字应用》等。专著主要有：《第二语言习得与外语教学》(丁言仁 2004),《语言迁移与二语习得》(俞理明

2004),《二语习得重点问题研究》(文秋芳 2010),《二语习得研究与中国外语教学》(杨连瑞 2007) 等。二语习得研究的论文集主要有:《英语学习策略实证研究》(文秋芳 2003),《中国的语言学研究与应用》(董燕萍,王初明 2001),《当代语言学探索》(陈国华,戴曼纯 2004) 等。

最后,国内关于二语习得的研究内容涉及学科理论建设的研究、中介语、二语习得的认知研究、学习者个体差异研究、二语习得与外语教学研究等内容。蔡金亭 (2000) 认为,虽然语言习得与多种学科联系密切,但它与语言哲学之间的关系往往被忽视,因此当前亟需从哲学角度对语言习得进行解释。宁春岩 (2001) 在对二语习得主流理论进行深刻反思的基础上,从 Chomsky 的语言观和方法论出发,从理论语言学的高度对二语习得研究中具有全程意义的理论问题提出了系统全面的批评,对我们重新审视二语习得研究颇具启发。戴曼纯 (1997) 从构建理论的出发点和目的、研究方法和途径以及理论的评估等制约理论发展的关键方面,对第二语言习得理论的建设进行了论述。王初明 (1989) 在若干有影响的二语习得理论模式启发下,根据我国外语学生的学习特点和学习环境,尝试设计了一个中国学生外语学习的理论模式。刘润清 (1993) 认为,正规授课间接提供的一种语言环境,对达到更高的语言水平是有利的,因为只有注意到语言形式才能开始加工和习得语言;胡壮麟等 (1994) 认为,在目前我国大学英语学习仍以课堂教学为主的情况下,英语习得应持灵活态度,即可分为完全习得、指导性习得和自学性习得。教师要引导学生的自学性习得,这样才有助于提高学习者的英语水平。

四、发展趋势

国外研究趋势可以概括为社会环境、教师教育和语言政策等更宏观的外部因素对二语习得的影响开始得到关注,语言形式教学、词汇教学依然是课堂教学的重点,对显性知识和元语言知识等内容习得的关注度明显上升,学习认知过程的动态性特点越来越受重视,对口语和写作产出能力的研究较为薄弱。在研究方法方面,实证研究依然是主流范式;以实验研究和语料库研究为代表的定量方法占主导地位;语料库二语习得研究、二语话语分析的跨学科方法开始呈现增长趋势;个案研究、有声思维等定性研究方法呈现上升趋势。

国内二语习得研究的发展趋势主要体现在以下几个方面。一是二语习得多学科性的前景使得二语习得研究和其他学科合作的领域得到扩大。二语习得研究已与哲学、语言学、心理学、教育学、社会学、认知心理学等社会科学进行交叉融合,今后存在着和神经系统科学、神经生物学等自然科学融合的趋势,二语习得研究的视角和领域将得到进一步扩大。学者们应更加敏锐地捕捉二语习得研究跨学科的融合方向,将各学科中有价值的成分借鉴吸收、纳入体系,使二语习得研究有更大的突破和发展。二是二语习得研究问题逐渐深入发展。从二语习得过程来看,研究的重点已侧重到学习者接受的输入语的话语分析,研究问题深入到语言迁移、输入语、语言变异等。从二语学习者来看,由对学习者诸因素与学习成绩的简单相关研究,向这些因素在二语习得过程中如何起作用方向发展;从研究语言能力的习得过程,向研究学习者语用和跨文化交际能力的习得过程方向发展。三是中国的二语习得研究将逐步融合到国际性研究当中,在研究领域和研究范式上进一步和国际接轨,从而在整体上接近国际研究水平,与全球范围二语习得研究的发展潮流同步,并在不久的将来有望在许多重要研究课题上站到本学科的前沿,取得更加令人瞩目的成就。

五、二语习得研究与我国外语教学

虽然我国在二语习得研究领域取得了很多成就，但是还有不足。二语习得研究虽然不能为教学提供直接可资借鉴的、便于操作的成果，但是能加深我们对学习活动和教学活动的理解；二语习得研究与语言教学实践是一种相辅相成的关系，前者为后者提供原则和理论，后者为前者提供实践园地、进行行动研究并提供实证，从而得出更科学的研究结果。

二语习得研究被引进国内的时间不长，国外的理论还需在我国的外语教学环境中不断地验证。其次，英语教师应清醒地认识到存在的差距与不足，要密切结合中国学习者的特点提高自身的理论水平，然后要根据语言学习的规律和学生的不同语言能力水平，制订合适的教学计划和目标，引导他们更加积极有效地学习英语，最终达到提高教学质量、改善教学效果的目的。只有适合中国学习者的二语习得研究，才有助于认识中国学生外语学习的客观规律，有助于解决我国外语教学中普遍存在的诸多问题，从而整体上提高我国外语教学水平，发展我国的外语学习理论和外语教学理论。

英语教学既不等同于语言知识技能的传授，也不等同于纯语言技能课。英语课程不仅仅是语音、词汇、语法的综合，也不仅仅是听说读写几项技能的综合；英语教学应该是通过语言表达的某种文化的教学。英语作为第二语言，由于语言与文化思维的不可分割性，以及学习者个性对语言学习的影响，它应该是一门学生学习文化知识、开发思维能力、培养人格个性和人文精神的课程。

重视理论学习与理论研究更为重要。改革开放以来，虽然我们的英语教学历经大规模的改革、创新与实践，但是真正能够代表我国英语二语习得的理论很少，与社会的要求还有很大差距。因此，我们要尽快形成人人重视理论的局面，人人注意学习、引用国内外教学理论，人人重视结合自己的教学实际开展研究，重视数据化的科学研究，尽快积累并形成适合我国国情的二语习得理论，从而有效指导我国的英语学习与教学。

参考文献

1. Doughty, C.J. & M.H. Long (eds.). *The Handbook of Second Language Acquisition* [C].Oxford: Blackwell, 2003.
2. Ellis, R. *The Study of Second Language Acquisition* [M].Oxford: Oxford University Press, 1994.
3. Ellis, R. & Barkhuizen. G. *Analyzing Learner Language* [M]. Oxford: Oxford University Press, 2005.
4. Henning, G. *Quantitative Methods in Language Acquisition Research* [J]. TESOL Quarterly, 1986, (4): 701-717.
5. Litosseliti, L. *Research Methods in Linguistics* [M]. London: Continuum International Publishing, 2010.
6. Mackey, A. & Gass, S. *Research Methods in Second Language Acquisition: A Practical Guide* [M]. Oxford: Wiley-Blackwell, 2012.
7. 蔡金亭．对语言习得的语言哲学解释 [J]. 解放军外国语学院学报，2000, (2).
8. 戴炜栋，周大军．中国的二语习得研究：回顾、现状与前瞻 [J]. 上海外国语大学学报，2005, (6): 62-70.
9. 戴曼纯．第二语言习得研究中的理论建设问题 [J]. 国外语言学，1997, (4).
10. 胡壮麟，封宗信，罗郁．大学英语教学中的习得 [J]. 外语教学与研究，1994, (4).
11. 刘润清．第二语言习得中课堂教学的作用 [J]. 语言教学语研究，1993, (1).
12. 宁春岩．对第二语言习得研究中的某些全程性问题的理论语言学批评 [J]. 外语与外语教学，2001, (6).

13. 王初明．中国学生的外语学习模式 [J]. 外语教学与研究，1989, (1).
14. 文秋芳，王立非．二语习得研究方法 35 年——回顾与思考 [J]. 外国语，2004, (4): 18-23.
15. 吴旭东．二语习得实证研究评估方法 [J]. 现代外语，2002, (1): 86-97.
16. 尹丽雯．国内二语习得研究方法十年回顾 [J]. 海外英语，2011, (12): 147-148.

应用知识管理打造军事后勤研究生英语教学团队

解放军后勤学院外派留学生系翻译室　高　波　边菲斐

摘　要： 将知识管理合理地应用在军事后勤研究生英语教学活动中能够发挥教师个体的知识能力，促使教师应用知识，提高教学质量，提升军事后勤研究生英语教学组可持续发展能力。军事后勤研究生英语教学组在英语教学活动中对知识的管理包括教师个人才能、内部构造和外部构造三方面的内容；在管理策略上应采用编纂和个性化两种方式促进知识交流；同时，在知识管理上存在着管理和技术两种类型的基础构造。

关键词： 知识管理　军事后勤研究生英语　队伍建设

知识管理是近年来学校管理中的一个热门话题。许多高等院校正试图将知识管理引入学校的信息资源和教师队伍管理之中。知识管理是一门新兴科学，兴起于 20 世纪 90 年代，目前还没有标准、公认的定义。但多数学者认为，知识管理就是将知识作为一种资源，通过建立规范的管理实现对知识的组织、管理、交流和保障，它有着极为广阔的范畴，包括自然科学、社会学、人类学、教育学、语言学、信息技术学等等各种学科 (Anil 2000)。因此，有关知识的获取、整理、编纂、评估、分享、学习、创新、保护的活动，并将知识视为资产进行管理，凡是能有效提高知识价值的活动，均属于知识管理的内容。知识管理最根本的意图是促进知识的再使用和创新，以引入更高效的工作方式。知识管理是增加知识存量与知识资产价值的有效方式，是一种有意识的策略，使恰当的人在恰当的时间获得恰当的知识，并促进知识的分享和知识在实际工作中的应用 (孙涛 1999)。知识管理对于军事后勤研究生英语教学组的发展起着举足轻重的作用。军事后勤研究生英语教学是一项知识密集型活动，因此，对知识进行捕获、识别、编纂、分享与应用是促进教育发展的必要措施。有意识地将知识进行归纳和总结，并储存起来以提高军事后勤研究生英语教学组的总体知识存量，同时让教师能够根据自己的需求获取相关知识并利用这些知识进行创新活动，最终达到提高军事后勤研究生英语教学组核心教学能力的目的，这些都属于知识管理的范畴。在军事后勤研究生英语教学活动中，也应该对知识进行编纂整理，并积极促进知识在教师之间的分享，同时鼓励教师进行创新，最终提升英语教师的总体素质和教学水平。军事后勤研究生英语教学组是该知识管理过程的载体，教学组内部有利于知识创新的文化与价值观是知识管理各项活动得以顺利开展的保障。明确知识管理在军事后勤研究生英语教学活动中的目的、内容、步骤、策略，以及为贯彻实施各项策略所需的基础构造是必须考虑和解决的重要问题。

一、知识管理的目的

在军事后勤研究生英语教学活动中进行合理的知识管理能发挥教师个体的知识能力与开发潜能，促使教师应用知识以提升教学水平和军事后勤研究生英语教学组可持续发展能力。该管理是个综合性的过程，不仅需要教师和领导层的有效配合，还需要相应的组织文化、信息技术和评估方式。各项因素的形成与管理都应相互协调，这可以充分调动教师个体的积极性，并促使知识管理活动在英语教学中的顺利开展。军事后勤研究生英语教学组英语教学的优势体现在满足部队的需求，为部队输送人才，而教学水平和质量是决定这一切的关键因素。为了给部队培养更多的人才，军事后勤研究生英语教学组应当更进一步提升教学质量。知识管理是达成这一目标的有效方式。它能促进教学组内部的知识流通，提升教师个体获取知识的效率。对于现有知识的再次利用可以激发教师的创新精神，最终达到提高军事后勤研究生英语教学组竞争力的目的。

二、知识管理的内容

军事后勤研究生英语教学组在英语教学活动中对知识的管理包括三方面的内容：教师个人才能、内部构造和外部构造。

1. 个人才能

所谓教师个人才能主要是指来自那些直接参与教学活动以及工作与教学活动密切相关的教师的才能 (徐学兰 2006)。教师在长期的工作中积累了丰富的经验（知识），如何使这部分内隐的知识固化下来（外显），并且在学院内部流通，以提高工作效率和教学水平，避免资源浪费，是军事后勤研究生英语教学组知识管理的重心。一方面，在英语教学活动中，教师个体利用了多种资源来教学，例如听力、阅读、口语等。语言学习是个不断更新的过程，及时的资源分享尤为重要。军事后勤研究生英语教学组应当促进教师之间的资源交流，让学生可以获取多方面知识，以提高教学质量。另一方面，教师个体在英语教学活动中因材施教而积累了经验，这些知识是隐藏于教师个体内的，是不容易被整理和分享的，军事后勤研究生英语教学组应当采取相应措施，将这部分知识从教师个体中提取出来并进行整理、储存和交流。让宝贵的教师个人知识固化在学院内部是个迫在眉睫的问题。有效的知识管理可以将教师的个人才能融入教学组文化而长远地发扬下去，不会因为人员的流动而流失。

2. 内部构造

教师是在特定的内部构造中创造价值的，那么如何将军事后勤研究生英语教学组的内部构造有效地组织管理起来将是知识管理所面临的又一难题。一方面，知识管理可以推动教师之间的知识交流；另一方面，通过教学组的内部管理，促使教师创新，提高教学水平和质量。教学组可以将各位教师的教学方法、教学经验和所采用的资料储存下来，并进行整理、编辑，将一些原本内隐的知识外显出来，这有利于知识在学科组内部的流通。同时，要确保每位教师都能轻松地获取相应的知识与经验，并利用该知识进行创新活动，最终达到提高教学质量的目的。

3. 外部构造

师生关系、教师与外界的沟通以及教学组的品牌地位构成军事后勤研究生英语教学组的外部构造。教学组经由外部渠道所获取的知识资产，也是知识管理的重要内容。在长期与学生和外界的信息交流中，教学组采集了大量有价值的知识。知识管理能将这类知识固化在教学组内部，从而节省人力与物力资源。通过知识分享，教师可以利用已往的经验来处理所面临的问题，并且在知识的再利用过程中结合实际情况创新，进一步增进知识资产的价值。这些外部资讯来源可以向教学组提供最新的、有价值的信息。通过整理与学习，教师能以此来提高教学质量，从而提升军事后勤研究生英语教学组的整体教学水平。

三、知识管理策略

军事后勤研究生英语教学组可以形成不同的以知识为导向的策略，然而各项策略的核心任务是促进知识的交流。知识的交流包括教学组内部以及教学组与外部的知识交流。在采用恰当的策略之前，教学组应当对自身的特殊情况给予充分的考虑。对于军事后勤研究生英语教学组来说，有两种促进知识交流的战略方式：编纂和个性化。

1. 知识编纂

Debowski (2006) 认为知识编纂是指从个体汲取知识，然后存入教学组资料库。知识来源于教师、学生、外部专家等。对于采集的信息，应当进行整理、拣选，将有价值的、实用的知识存储在资料库中，以供教师在英语教学中进行学习交流。编纂策略的优势在于当教师在军事后勤研究生英语教学的过程中进行知识搜集和重获时，不必与知识的来源进行直接的交流和沟通。这为知识的分享提供了极大的方便。教师可以通过资料库获取与教学工作相关的知识，例如阅读、听说等资料，以及他人的教学经验，这样就免去了面对面交流所花费的大量时间与精力。除此之外，资料库可以长久地保存知识，避免了知识的流失。资料库中的知识不能是一成不变的，需要不断地搜集、整理信息，并且及时地更新资料库。

2. 知识个性化

Jaitner, A. (2003) 认为，个性化强调个人的专门技术，该技术对于问题能提供深入的分析和创造性的解决方法。采用这种策略进行知识搜集和分享的主要途径是人际交流。教师可以直接与他人沟通来获取与教学工作相关的信息，为问题的解决提供第一手的资料。由于这种沟通具有很强的针对性，因此能及时有效地解决问题。个性化策略提供了面对面的交流机会，这种交流方式最有可能获得预期的效果。军事后勤研究生英语教学包含了许多内隐的知识，对于这种知识的交流，直接接触是最为有效的方法，因为它为教师提供了观察和学习他人的机会。内隐的知识不容易整理记录并存入资料库，在这种情况下，知识的传递只能通过人与人的直接交流。例如，可以让部分教师观摩高资历教师的教学，从中汲取教学经验，并合理运用于自己的教学活动中。与编纂策略相比较，个性化策略花费较高，因为面对面的交流是耗费时间和人力物力资源的。它适用于专门化的知识，例如当某些教师遇到某些特殊的情况时，人际交流有助于寻找问题的解决方案。

四、知识管理基础构造

在军事后勤研究生英语教学活动中进行知识管理存在着两种类型的基础构造：管理和技术。

1. 管理基础

管理基础是达成知识管理目标的奠基石，它为知识的采集、决定的做出、创新行为的实践提供了支撑框架 (徐学兰 2006)。有利的管理基础能推动各项知识管理活动。军事后勤研究生英语教学组可以为英语教学活动建立一个知识管理专区。该专区负责协调各项知识管理工作和发展各项配套的软硬件设施。同时，也起到桥梁的作用，沟通教学组内部与外部的知识交流。该专区应定期组织英语教学培训课程并督促教师参与。内容主要是英语教学咨询、学生学习状况和部队需求信息。

2. 技术基础

技术基础为知识传播和转移的实现提供技术支持系统。该基础可以确保知识在教学组内部与外部各个环节流动的畅通无阻。教学组可以采用国际互联网或内联网来储存知识，例如教学资料、教学经验、学生信息、资深英语教学人士的联系方式等。教师可以通过该网络查询相关的信息与知识，有助于提高军事后勤研究生英语教学质量。知识管理专区应该对网络当中的信息及时更新。通过信息系统传播知识所需的基础是普及计算机，在教师休息室、阅览室，都应该提供计算机，以供教师自由使用，便于信息与知识的交流。

综上所述，知识管理覆盖面广，涉及多学科领域，它可以有效地应用在军事后勤研究生英语教学当中，以提高教学质量和军事后勤研究生英语教学组可持续发展能力。编纂策略和个性化策略都可以用于军事后勤研究生英语教学的知识管理。编纂侧重于汲取个体知识，并存储在信息系统中以供再次使用。它节省时间和人力物力，并且避免知识流失。个性化策略侧重于人际交流，这种面对面的接触对知识的散布和分享极为有效，并有助于寻找问题的解决方案。将知识管理应用在军事后勤研究生英语教学中需要两种类型的基础构造：管理基础提供有力支持，技术基础确保知识的自由流通。军事后勤研究生英语教学组需要建立恰当的基础构造以保证知识管理各项策略的顺利执行。

参考文献

1. Anil K. Gupta. *Knowledge Management's Social Dimension: Lessons from Nucor Steel for Quality* [A] Sloan Management Review [J], Fall 2000, 71-80.
2. Debowski, S. *Management* (1st ed) [M]. John Wiley & Sons Australia, Milton, 2006.
3. Jainter, A. *Models in Human, Vodek, Knowledge Management: Concepts and Best Practices*, 2nd ed, Springer, Berlin, 2003, 92-113.
4. 孙涛．知识管理 [M]. 北京：中国工商联出版社，1999, 12-13.
5. 徐学兰，成长春．基于知识管理的高校核心竞争力提升战略 [J]. 淮阴工学院学报，2006 (4).

高校大学英语课堂应成为中国文化传播的重要平台①

清华大学外文系　罗承丽

摘　要：全球化走到今天，世界各国之间的思想文化交流交融交锋更加频繁，文化在各国综合国力竞争中的地位和作用得到前所未有的凸显。与此相应，中国政府近年来也把文化建设放在国家安全的战略层面予以高度重视，已经采取各项举措增强国家的文化软实力，提升中华文化在国际舞台上的影响。随着我国经济实力的不断增强，我们开始实施“中国文化走出去”工程，最重要的表现就是在海外建立孔子学院和孔子课堂。然而，孔子学院在海外受到抵制的事件却时有所闻，其昂贵的维护成本也甚为惊人。本文探讨，相较于海外的孔子学院和课堂，国内高校的大学英语课堂在传播中国文化方面有着得天独厚的优势和巨大潜力，它应该成为中国文化传播的重要平台。

关键词：大学英语课堂　孔子学院　中国文化传播

一、引言

全球化走到今天，世界各国之间的思想文化交流交融交锋更加频繁，文化在各国综合国力竞争中的地位和作用得到前所未有的凸显。与此相应，中国政府近年来也把文化建设放在国家安全的战略层面予以高度重视，正在采取各项举措增强国家的文化软实力，提升中华文化在国际舞台上的影响。随着我国经济实力的不断增强，我们开始实施“文化走出去”的工程，那么中国文化如何能走出去呢？在海外建立孔子学院是否是中国文化走出去的最佳路径呢？高校大学英语课堂在助力中国文化走出去工程中是否也大有可为呢？

二、孔子学院的蓬勃发展及其背后的隐忧

2011 年 10 月，党的十七届六中全会提出了“建设社会主义文化强国”的奋斗目标，并就“推动中华文化走向世界”提出了一些具体路径，譬如支持重点主流媒体在海外设立分支机构，培育一批具有国际竞争力的外向型文化企业和中介机构，鼓励代表国家水平的各类学术团体、艺术机构在相应国际组织中发挥建设性作用，组织对外翻译优秀学术成果和文化精品，以及加强海外中国文化中心和孔子学院建设等等。（新华网 2011）其中，孔子学院的建设这些年尤其得到中国政府的高度重视，意欲将其打造成中国文化走出去的主

① 该文为北京市高等教育学会研究生英语教学研究分会 2016 年年会发言稿。

要路径。2015 年 10 月，国家主席习近平在访英期间，亲自出席英国孔子学院和孔子课堂年会开幕式，参观全英孔子学院和课堂成果图片展，观看学生汇报演出，并为建立在英国奥特利尔中学的全球第 1 000 所孔子课堂揭牌。中国政府对孔子学院和课堂的重视由此可见一斑。据汉办官方数据，自 2004 中国在韩国首尔建立第一家孔子学院起到 2015 年底，我国在海外建立的孔子学院和孔子课堂已分别达到 500 所和 1000 个，注册学员总数 190 万人。（汉办官网 2015）毋庸违言，孔子学院和孔子学堂这些年在海外的蓬勃发展为世界各国人民学习汉语、了解中华文化发挥了积极作用，也为推进中国同世界各国的人文交流、促进多元多彩的世界文明发展做出了重要贡献，并被誉为“世界认识中国的一个重要平台”。然而，在这些光鲜的数字和荣耀背后，我们也看到了隐忧。首先是这些庞大数字背后惊人的维护成本。2006 年，财政部研究确定了孔子学院和汉语国际推广经费保障机制，当年的中央财政拨款是 3.5 亿元人民币，（汉办官网 2006），而到 2015 年，汉办为支持各地的孔子学院支出了 3.1 亿美元，其中包括孔子学院（课堂）启动费，运营费，孔子学院院长、教师、志愿者培训费，孔子学院奖学金，中外专家巡讲，教材巡展和学生巡演费，教材开发与配送费以及中外专家现场督导等等费用。（汉办官网 2015）十几年来，孔子学院（课堂）这些年的累计支出已超过百亿元，如此庞大的经费支出，在中国尚有上千万失学儿童、边区教师甚至连工资也遭受拖欠的国情下，是否过于昂贵？而更重要的是，这种高调的中国文化走出去模式极易引发其他国家的不安，进而招致反感与抵制。2014 年是孔子学院发展史上极不平凡的一年，那一年迎来了孔子学院创办 10 周年纪念。在当年的 9 月 27 日，首个全球“孔子学院日”在 126 个国家的 1 200 余所孔子学院和课堂同步举办。那天，“从太阳最早升起的新西兰，到太阳最后落下的夏威夷，全球在同一天有 3 900 多场活动吸引了超过 1 000 万人参与”。（汉办官网 2014）然而，一方面是我们兴高采烈在各地举办各种庆祝活动，另一方面是一些国家相继叫停孔子学院。如美国芝加哥大学在同年，即有 108 位教授联合署名要求校方在孔子学院合约到期后不再续约。他们提出的理由是，芝加哥大学孔子学院中文教师在聘用、教学和研究计划资金等方面主要由汉办掌控，而汉办是一个中国政府机构，形同由外国政府来决定芝加哥大学校内的课程，这对一个精英级别的美国高等学府来说，“完全不合理，更不符合学术自由的原则”。（心路独舞搜狐博客）类似情形在加拿大和其他国家也有发生。这一切启示我们：孔子学院和孔子课堂并非中国文化走出去的最佳路径，中国文化走出去也不能过分倚重孔子学院和课堂。那么我们还能在哪里找到希望呢？

三、高校大学英语课堂应成为传播中国文化的重要平台

既然建立孔子学院和孔子课堂这种文化出走模式动静太大，易引致别国的高度警惕与抵制，其后哗哗流淌的银子也让纳税人心痛，那么有没有一种模式既不额外耗费政府一分钱，又能让中国文化以别国易于接受的方式走出去呢？其实答案并不难寻，那就是改革中国的英语课堂，让中国文化切实地、有分量地成为中国的英语教学体系的一部分，以这种方式传播中国文化有着孔子学院和孔子学堂不可企及的优势。本文仅讨论高校大学英语课堂的情况。

首先是人力资源优势。孔子学院和孔子课堂尽管这些年在海外以波澜壮阔之势在发展，但直到 2015 年底，孔子学院和孔子课堂的中外专兼职教师仅为 4.4 万人。（汉办官网 2015）而我们仅 2015 年就有在校大学生 3 000 多万，（袁贵仁 2015）如果从恢复高考制度

算起，这 30 多年来我们一共培养出了多少大学生呢？如果这些学生在校期间在英语课堂上获得的不仅仅只有英语国家的语言文化知识输入，同时还有机会接触有关中国文化的英语表达，进而具备一定的用英语表达中国文化的能力，试想中国文化将以何等的步伐走出去呢？传媒学告诉我们，人是文化传播最基本的媒介，而知识分子往往是各个时代中文化传播的主体。今天的学子就是国家明天的栋梁、社会的精英，在全球化脚步势不可当的今天，他们最有可能有很多机会在全球范围快速流动，如学术交流、旅游度假、外企工作等等。他们走到哪里，中国文化的火种就会随着他们的脚步播撒到哪里。以这种方式传播中国文化得到很多专家、学者的认同。如清华大学的崔刚教授认为，"要满足西方人对于中国文化的求知欲，消除他们的误解，除了专门机构的宣传和介绍之外，更要依靠大家在与西方人的交往中，以一种润物细无声的方式向他们介绍中国的文化。接受过大学以上教育的人应该是我国对外交流的主流群体。"(崔刚 2009(3): 86-89) 中国艺术研究院的博士生导师贾磊磊也说："在文化艺术领域，官方的、政府的角色在国际交流、特别是国际文化交流中应当'后置'，推到前台的应当是高等院校、研究机构、艺术院团以及民间文化艺术团体。这样反而能够达到更有效、更广泛的传播效果。"(贾磊磊 2013(9): 82-87) 其次是成本优势。利用大学英语课堂传播中国文化并不需要政府投入额外的经费。课堂还是那个课堂，学分还是那个学分，只不过课程内容从单一的英语语言文化学习转变为中西文化荟萃。

时至今日，这样的转变有无现实基础和必要呢？ 2007 年教育部颁布的《大学英语课程教学要求》中指出："大学英语是以英语语言知识与应用技能、跨文化交际和学习策略为主要内容，并集多种教学模式和教学手段为一体的教学体系"，其教学目标是"培养学生的英语综合应用能力——同时增强其自主学习能力，提高综合文化素养，以适应我国社会发展和国际交流的需要。"(教育部高等教育司 2007) 其中，所谓的"跨文化交际"应该是一种双向活动，跨文化交际能力应该包括获取未知 (unknown) 和表达已知 (known) 这两个方面，即大学生既需要通过英语学习了解和吸收国外有益的文化知识，也要有能力用英语向世界其他国家的人民讲述、解释中国文化，让世界了解中国。所谓的"综合文化素养"也理当包括中国文化素养。然而，长期以来，我国的大学英语教学都存在一种偏差，即："在增大文化含量方面却有着一种共通的片面性，即仅仅加强了对英语世界的物质文化、制度习俗文化和各层面精神文化内容的介绍，而对于作为交际主体一方的文化背景——中国文化之英语表达，基本上仍处于忽视状态。"(从丛 2000) 这种状况的存在，原因是多方面的。首先，它与大纲的制定有关。现有的大学英语教学大纲虽然体现了对文化因素的重视，然而对中国文化在英语教学中的定位却没有予以明确的说明，这导致基于大纲推出的大学英语教材中中国文化的分量极少，或者根本没有。其次，国人对中国文化的主动放逐也是原因之一。改革开放后，面对中西方在科学、技术和经济方面的巨大落差，国人焕发出学习英语的巨大热情。人们不仅急于学习英语这门语言，而且语言背后的文化也得到国人的大力推崇和仿效。20 世纪 80 年代的外语院校，校园里长期弥漫着国外的节日气氛，一个圣诞节可以过上几个月。这股热浪在 21 世纪初也未见明显消退。再次，人们普遍存在一种误解，认为我们生存在自己的文化中，对自己的文化我们当然了然于心，只要有了英语这门工具，我们就能自然而然地用英语进行表达。但事实表明情况并非如此，要用英语有效地表达中国文化是需要专门学习和训练的。所幸的是，在这一点上已有越来越多的专家、学者达成共识。如今，我们在中国知网 (cnki.net) 上以"中国文化英语教学"为主题搜索文献，显示相关论文有 9 336 篇 (截止到 2016 年 6 月 20 的查询书数据)。现在已有少部分院校的个别老师开始单枪匹马开设一些类似"中国文化"的英语选修课，但这样的规模、这样的力度和中国文化走出去的宏大愿望相比太不相称。由于大纲是指导英语教学的纲领性文件，牵一发而动全身，我们期待使用已近 10 年的《大学英语教学要求》跟上时代的步伐尽快作出修订，对中国文化的英语教学给出明确定位，唯有如此，大学英语教学才能适应当今中国文化走出去的时代需要，并在中国文化走出去的宏伟工程中发挥应有的作用。

参考文献

1. 中共中央关于深化文化体制改革的决定 [EB/OL]. 新华网 http://news.qq.com/a/20111026/000018_3.htm，2011-10-25.
2. 国家汉办 / 孔子学院总部 .2015 年度报告 [EB/OL]. 汉办官网 http://www.hanban.edu.cn/report/index.html.
3. 国家汉办 / 孔子学院总部 .2006 年度报告 [EB/OL]. 汉办官网 http://www.hanban.edu.cn/report/index.html.
4. 国家汉办 / 孔子学院总部 .2014 年度报告 [EB/OL]. 汉办官网 http://www.hanban.edu.cn/report/index.html.
5. 心路独舞搜狐博客 . 美国再度叫停孔子学院风波的背后 . http://heller10.blog.sohu.com/305821397.html
6. 袁贵仁 . “全面深化综合改革，全面加强依法治教，加快推进教育现代化——袁贵仁部长在 2015 年全国教育工作会议上的讲话”[EB/OL]. 教育部门户网 http://www.moe.edu.cn/publicfiles/business/htmlfiles/moe/moe_176/201502/183984.html，2015-01-22
7. 崔刚 . 大学英语教学中中国文化的渗透 [J]. 中国大学教学，2009(3):86-89.
8. 贾磊磊 . 全球化时代中国文化传播策略的当代转型 . 东岳论丛 ,2013(9):82-87.
9. 教育部高等教育司 . 2007. 大学英语课程教学要求 [M]. 北京：外语教学与研究出版社 .
10. 从丛 . “中国文化失语”：我国英语教学的缺陷 [N]，光明日报，2000-10-19.

学术英语阅读课对于普通高校研究生的重要性

北方工业大学文法学院　张　娜

摘　要： 学术英语课程在高校越来越受到重视，尤其是对于非英语专业研究生来说，研究型大学的研究生阶段基本上都开设了学术英语课程。本文分析了学术英语写作和阅读这两门课程在我校教学型大学的需求和开设情况。结果发现，较学术英语写作课而言，学术英语阅读课更受学生欢迎。因此，笔者提出建议，普通高校应以必修课的形式开设学术英语阅读课程。对于那些没有这种阅读课的研究型高校来说，如果要开设学术英语写作课，学术英语阅读也应该成为必不可少的一个环节。

关键词： 学术英语阅读　学术英语写作　教学型大学　研究型大学

一、引言

学术英语（简称 EAP）作为通用英语向专业英语的过渡，它有广义和狭义之分，广义指的是为学生完成全英课程所提供的英语语言训练 (王守仁，姚成贺 2013)，其主要目的是培养学生具有用英语完成下述任务的能力：1）听英文学术讲座（听）；2）阅读学术文献（读）；3）用英语撰写学术文章（写）；4）口头报告和讨论学术活动（说）。狭义指的是在英文学术研究文章中使用的语言 (熊淑慧，邹为诚 2012)，具体包括"学术英语阅读与评价、学术论文撰写""学术成果口头报告""学术文献综述""学术英语听说能力训练""学术英语口译""学术英语笔译"等。在这些课程中，尤以学术英语写作为核心。因为各个高校的师生都在为尽可能多地在国际期刊上发表核心论文而努力，而这也成为评价高校的一个关键因素。

学术英语课程在当今的高校越来越受到重视，尤其是对于非英语专业研究生来说，研究型大学的研究生阶段基本上都开设了学术英语课程 (马晓雷 2013)，如北京大学、清华大学、南京大学、北京航空航天大学、北京理工大学等。这也是符合研究生的培养目标的：即培养能够独立从事专门研究的高层次、高素质科研人才，能够撰写和发表符合国际标准的学术论文，参加国际学术会议交流。我们的兄弟院校北京工业大学已经取缔了通用英语的教学，在第一学期就为研究生开设了学术英语写作这门必修课。上述这些院校都是科研型或科研教学型的高校，那么对于我们这种教学型为主的普通高校，学术英语课程的需求和开设情况如何？

二、我校学术英语写作课的开设情况

我校 2015 级研究生在第二学期开设了学术英语写作课（选修课）。最终选课的学生共有 111 人，占全年级学生的 19%。这门课由外籍教师任教，主要围绕学术期刊论文的结构组成部分以及语言特点进行学习。从理论上说，学术英语写作课作为学术英语课程体系中的核心课程，理应受到研究生的欢迎。但在我校却遭遇了“冷板凳”的待遇。笔者在学生中做了问卷调查，探究这背后的原因。

1. 学生缺乏学习学术英语写作的动力

首先，我校是一所教学科研型大学，研究生的招生中有几乎一半属于专业硕士，也就是说，他们将来的就业趋势是应用型的技术人员，而非搞研究的学术型人才。所以只有大约 6% 的学生有要求和意愿去发表英语论文，大部分学生只求在毕业前能发一两篇中文论文，包括在中文的普通和核心刊物上发表。没有了发英语核心文章的压力，学生自然也不愿意找这份“麻烦”了。另外，来自导师方面的导向也使学生没有学习学术写作的压力。只有 49% 的学生坦承导师对他们有英语学习方面的要求，主要是读专业期刊论文，少部分是要求读各种说明书和操作指南，通过学位英语考试等等。其余的学生要么说导师没有任何要求，要么说他们也不知道是否有要求。还有一个需要指出的问题是，因为这门课是研一第二学期开设的，很多学生学分已修满，因此觉得没必要再选课了。调查问卷里有的学生说他们虽然不选修这门课，但也想去旁听一下，毕竟这样就没有了完成作业和考试的压力。但事实上，一旦正式开课以后，几乎就没有旁听的现象了，因为外籍教师要求很严格，每次上课都要做出勤调查，要围绕上次留下的作业进行反馈和讲解。这种上课的模式使他们不得不放弃“混听”的想法和做法。

2. 学生对学术英语写作存在畏难和投机情绪

有的学生认为学术英语写作很难，学习起来很花时间和精力，因为老师课后会布置很多与写作相关的作业。还有，我校是由外教来讲授写作课，他们担心听不明白老师讲课的内容，众所周知，研究生的听说能力相对来说较为薄弱。因此，有的学生认为，与其投入那么多，还不如在有需要的时候，找人帮忙给翻译一下，即使花点钱也是值得的。还有的学生认为现在有那么多的翻译软件，到时可以利用一下。

由此可见，学术英语写作课在我们这样的教学型高校里，即使一定要开设的话，最好是开成选修课。让那些少部分有需求的学生自由选择。

三、我校学术英语阅读课的需求情况

既然对于学术英语写作课没有太大的需求，那么，学生对于其他的学术英语课程有没有需求呢？笔者曾以课后作业的形式安排学生阅读本专业的期刊论文，之后通过调查显示，85% 的学生欢迎这样的学术英语阅读作业。一些专业的学生因为导师有阅读英语论文的需求，他们会更认真地去完成英语课上的这份阅读作业。有的专业没有阅读任务，但学生认为英语课上的阅读作业使他们学到了很多东西，例如专业知识和专业词汇，以及论文的结构安排，并因而慢慢喜欢上了阅读英文论文。

1. 开设学术英语阅读课的动因

（1）学术阅读是政策文件的要求

我们学校的学生可能没有发表英文专业论文的需求，但很多学生却有阅读专业书籍和期刊论文的需求，目的是学习和了解自己领域的理论和实践知识，以及最新的发展状况。这也与《非英语专业研究生英语教学大纲》(1993) 的要求相符，大纲指出，研究生英语教学的主要目的是培养学生具有较熟练的阅读有关专业书刊的能力。教学的重点必须强调应用，结合专业英语的特点，突出读写译的训练。

（2）学术阅读是实践经验证实的结果

美国高校开设的学术英语写作课也以阅读来带动写作 (熊丽君，殷猛 2009)。对于写作课而言，要解决写作的源头或内容的来源问题，即材料阅读与批判性阅读。写作之前要广泛阅读、听课、听讲座，再进行写作聚焦是学术英语写作教学的首要步骤。可见，阅读一定要走在写作之前，不管后续课程有没有写作课，研究生的学术阅读都是非常重要的。反之，如果没有专门的阅读练习，即使完成了写作课的学习，留下的印象也不深，有的学生甚至会发出这样的困惑：我不知道写作课上老师介绍的论文结构与我专业的期刊论文结构是否一致。曾经有某所重点大学的一位硕士生导师，要求他的学生大量阅读英文专业期刊论文，在此基础上根据本族人的写作模式来仿写自己的论文。结果他的学生中接连有多人在国际期刊上发表了英语论文。由此可见，阅读对于写作的重要性有多大。

（3）学术阅读是学生需要加强训练的主要技能

学生通过阅读专业论文也暴露了一些问题。最为突出的是论文内容选取的不合适，不是和自己的领域相差太远，就是内容超过自己所能理解的范围。在语言方面，首先是词汇量的问题，包括专业词汇量不够，尤其是刚开始阅读论文的时候，很多学生不得不把所有的生词都查出来，再进行阅读。所以，有的同学读完一篇论文需要花五六个小时的时间。其次，很多学生抓不住论文的核心内容。尤其是较长的论文，读完几遍后，记忆中留不下什么有价值的东西。可见，学生在学术阅读方面需要一些策略的培训，使他们知道读文章时要关注的核心是什么。再次，大部分学生在阅读时缺乏批判性的精神。面对笔者留给他们的评价任务：请指出此篇论文在内容上有何不足之处。学生多数指不出来。有一位学生这样回答：业界牛人，不敢妄加指责。这种质疑精神的不足不仅体现了语言能力不够，还体现了专业知识积累的薄弱。它在一定程度上会影响创新能力和研究能力。

四、开设学术英语阅读课的建议

虽然学生通过自学的方式就可以从学术阅读中受益，但正如有的学生承认的那样：有了老师的监督和要求，会更认真地去阅读那些专业文章。何况，如果能有教师的系统指导，使他们明白在阅读中应注意哪些语言和内容方面的问题，他们的收获一定会更大。

1. 阅读材料的选取

Hauptman (2000) 基于图示理论框架认为，在其他因素相同的情况下，二语语篇的可理解度主要取决于背景知识，关键在于读者能否将语篇中的信息与已有背景知识联系起来。因为研究生只在第一学年上课，这时，他们刚刚系统地接触自己的研究领域，所以对于那些内容比较复杂深奥的论文，他们往往读得云里雾里，不知所云。也就是说，选取的论文与他们已有的知识背景无法联系起来。这时候，教师可以号召学生搜集一些本专业导师或学长所发表过的英语论文，或者是他们所推荐的经典英文论文。因为这些论文与自己的研究领域比较接近，又是身边熟悉的人发表过的或读过的，学生势必会有很强的动力去读这些文章。英语教师每年都要收集整理这些文章，在必要的时候也可以向学生推荐阅读。

2. 阅读要求的制订

因为英语教师面对的是专业混杂的班级，所以不可能只聚焦于一个专业的论文，如法律英语或商务英语。可以制定一个阅读参考框架，在论文的语言和内容上列出一些注意事项。如在语言上，要使学生关注阅读文章的词汇和句法特点；在专业内容上，可以借助某些专业的做法，这些专业的导师定期会让学生对阅读的文章做汇报，期间导师会提出一些问题。这些问题就是学生们在阅读中应该注意的问题。可以安排经历过这样教学环节的学生在课堂上做口头陈述，之后让所有的学生提问问题，然后把他们导师的问题展示出来，让大家进行对比。一段时间后，学生就会知道在内容上要关注的方面。英语教师也会慢慢形成这方面的标准。

3. 学术阅读长期实践的必要性

学术阅读教学需要长期的实践，才能形成一个成熟的课程体系。首先，英语教师的知识积累需要时间和努力。在英语学术语言上需要不断地学习和研究，因为教师之前一直接触的是通用英语，对于学术英语的特点还不是很清楚。所以，教师不仅要读学术英语方面的研究论文，而且还要多读一些各个专业的学术论文，在实践中去分析探究学术英语的语言、结构和语篇特点，帮助学生尽快抓住语句和文章的重点。其次，正如前文所说，英语教师要从专业导师那里去学习阅读论文时需要注意的问题，而这也不是一个学期的教学就能胜任的，这需要长期的学习和积累。

五、结语

无论是否开设学术英语写作课，学术英语阅读都是不可忽略的一个重要环节。虽然研究生的读写能力较听说能力而言相对好一些，但学术英语的阅读水平却不容乐观。所以，研究生英语教师要认识到这个问题的严重性和长期性，在教学实践中逐渐积累这方面的知识。不积跬步，无以至千里，只要一点一滴做起，相信必有所获。只有这样，才能使我们的学生在学术阅读和写作上受益。

参考文献

1.Hauptman, P. C. 2000. Some Hypotheses on the Nature of Difficulty and Ease in Second Language Reading: An Application of Scheme Theory[J]. Foreign Language Annals (34): 622-631.

2. 马晓雷，张韧，江进林．学术外语能力层级模型的理论与实践探讨 [J]. 外语界，2013, (1): 2-10.

3. 王守仁，姚成贺．关于学术英语教学的几点思考 [J]. 中国外语，2013, (5): 4-10.

4. 熊丽君，殷猛．论非英语专业学术英语写作课堂的构建——基于中美学术英语写作的研究 [J]. 外语教学，2009, (2): 50-56.

5. 熊淑慧，邹为诚．什么是学术英语？如何教？ [J]. 中国外语，2012, (9): 54-64.

第二部分

教学模式与测试

在研究生听力教学中采用多种训练模式提升学生的自我效能感

首都师范大学　王金平　首都经济贸易大学　王宏玉

摘　要： 本文列举分析了研究生英语听力过程中遇到的障碍，利用当前国内外学者研究成果，提出相应的解决策略，认为首先应该在课堂上营造轻松和谐的氛围，洞察并及时疏导学生的焦虑，在与同伴彼此的合作中建立自信。第二，设定的听力训练确保学生附带习得词汇。第三，培养学生自动习得词汇知识的同时，加强语块训练，以确保其语言表达的地道性、准确性。第四，“自上而下”和“自下而上”交互使用的模式，以克服听力中遇到的种种障碍。

关键词： 自我效能感　语块教学　词汇附带习得　学习焦虑

一、前言

随着时代的发展，英语教学理论也不断翻新，任务驱动下的语块教学、不同任务对词汇附带习得的影响、听力过程模式对听力理解和记忆的影响、英语学习焦虑自我调节策略等研究相继出现，这些无疑为英语教学提供了丰富的理论指导。本文旨在探讨如何利用这些理论，在研究生听力教学中，帮助学生克服重重障碍、提高听力理解能力、提升自我效能感，即利用所拥有的技能，完成听力任务的自信程度。

笔者对所教研究生做了访谈，发现自从过了四、六级后，多数学生至少有一两年时间没有学过英语，有的甚至四五年未接触英语（因为有些同学是保送的，未考英语）。访谈中笔者还发现，让绝大多数同学感觉吃力的是听和说。但是按要求，他们须在一年级通过英语结业考试，且成绩要达到 75 分以上（含 75 分），试卷中包括 20 分的听力理解题。此规定让许多学生担心自己不能结业，因此，他们心里都有不同程度的焦虑感。至于他们在听力方面经常遇到的障碍，总结起来有以下几种：(1) 生词多；(2) 听不出熟悉的单词；(3) 听出了所认识的词，但想不出词义；(4) 因不能理解上一句语义而错过下一句信息；(5) 前面的生词导致无法理解后面的信息；(6) 迅速忘掉所听到的信息；(7) 对关键信息反应迟钝；(8) 能听懂每句话的意思，却不理解整个语篇的主旨；(9) 跟不上说话者的语速、不习惯说话者的口音和语调；(10) 不了解涉及文化语境的内容。仔细分析以上障碍，再通过跟学生的交谈，笔者得出结论，许多学生在大学时的语言学习习惯有问题，如没有天天记忆英语单词、阅读英文读物的习惯，也没有每天听英语的意识，上听力课不记笔记等。研究生入学考试虽然考英语，但不考听力，因此，长久以来造成听力知识匮乏，尤其是词汇量小、听力语料输入量极其有限，当然，他们也很欠缺听力训练所需的技巧。这些都影响了对语料中的细节问题、关键信息的提取，对文章的整体把握能力也大打折扣；阅读量小也使他们对目标语文化知识的熟悉程度很不够。既然有如此多的障碍，那么针对这些问题，在听力教学中，教师应如何指导学生克服困难，逐渐找到适合自己的学习方法，提高听力理解力呢？理论上的解决方式在听力课堂教学中可行吗？效果如何？下面我们来看看国内外学者的实证研究，结合笔者二十几年的教学经验，探讨一下其可行性。

二、相关研究和解决办法

1. 要想解决这些问题，笔者认为首先要营造和谐的学习氛围，以帮助学生克服心理障碍，减轻或消除焦虑感，从而提升自我效能感，即自信程度。

自我效能感是指人们能否利用所拥有的技能，完成某项工作的自信程度。自我效能感弱的人，会在开始工作之前就担心自己失败而产生焦虑情绪，心理上多采取消极的防御措施；而自我效能感强的人，则会乐观地应对学习中潜在的困难，不容易产生消极情绪 (徐锦芬，寇金南 2015: 106)。换言之，焦虑之人由于沉溺于不自信的情绪中，无法集中精力完成学习任务；而不怎么焦虑的人，会不自觉地把精力集中在学习上，因此能够较顺利地完成学习任务。由此，焦虑程度往往与学生的自信程度成反比。可见，提升自我效能感是缓解焦虑的有效方式之一。自 Krashen 首先提出情感过滤假说后，焦虑作为阻碍语言学习的主要因素，成为二语习得研究的热点之一。大量实证研究表明，焦虑和外语学习成绩之间存在着显著的负相关关系。Horwitz 和 Philip (转引自徐锦芬，寇金南 2015: 103) 从教师的角度，提出几种缓解焦虑情绪的方法：帮助学生找出缓解焦虑的自我调节策略；营造更加轻松的学习环境；从情感上引导学生说出他们的焦虑，同时可以通过设计小组口语活动，降低他们的焦虑感。方平等发现，学生多采取积极分心的方式调节自身情绪，最少用的方式为暂时解脱 (转引自徐锦芬，寇金南 2015: 103)。而徐锦芬、寇金南 (2015: 106) 所做的研究发现：大学生在英语学习中，主要使用自我效能提升、逃避问题、解决问题和转移注意力等自我调节策略；女生英语学习成绩、英语表达能力普遍高于男生，因此使用逃避策略的次数远远低于男生；女生学习英语更积极主动，她们更易通过交流解决自己在学习上的困难。基于以上发现，他们给出的建议是：教师除了通过课堂上的教学干预，减轻学生的焦虑情绪之外，还应该引导学生通过自身努力，有意识地控制日常学习中的焦虑情绪，如鼓励学生背诵英语的名句名段名篇，以解决他们害怕用英语表达、怀疑自己说错的问题。实际教学中笔者发现，通过与学生交流学习心得、日常琐事，不仅能拉近彼此的距离，还可以让学生了解自己的教学法；另外，课堂口语活动中，学生的配合也会较默契，可以在不同程度上缓解他们的焦虑感，尤其是那些认为自己英语不好，而不愿意开口的男生。

2. 在英语听力训练中科学地设定任务，以加强词汇附带习得。

“Without grammar, very little can be conveyed. Without vocabulary, nothing can be conveyed.” (Ranalli 2003: 1) 这句话让我们深切体会到，词汇的习得在语言学习中的重要性。而事实上，笔者发现多数学生在上视听说课时没有记笔记的习惯，更不用说课后总结课上学到的东西了。Nagy, Herman 和 Anderson 提出 “ 词汇附带习得 ” 指学生在完成某种学习任务时 (如阅读、听说练习)，其注意力并非在记忆单词上，却无意间习得了词汇 (转引自汪红，甄微微 2014: 62)。国内外学者针对阅读过程中不同投入量的任务对词汇习得的影响，进行了一些实证研究，但对听力训练中习得词汇的研究甚少，从事后者研究的主要有黄刚、卢静等。黄刚于 2007 年比较了视听和听两种不同的输入模式对词汇附带习得的影响。他的结论是：任务投入量对词汇附带习得有促进作用。卢静于2008年研究了课堂中不同任务类型对词汇习得的影响，但只检验了听力练习中习得接受性词汇（指在听、读或提取单词意思的过程中掌握该词）的知识情况。汪红和甄微微于2014年深入比较了听力训练中不同投入量的练习类型是否会影响词汇附带习得的效果。她们得出结论：学习者能够在训练中记住一定词汇，且接受性词汇习得好于产出性词汇习得（指能够正确使用单词的恰当形式来表达思想）；此外，在投入量大的练习中学生付出的努力会很多，因此，在完成任务的过程中能够更好地习得词汇；做口头练习和选词填空的学生，比听力理解组能更多地习得接受性和产出性词汇，而口头练习组和选词填空组之间无明显差异。这也验证了“Learning by Doing（在用中学）”的教学理念。由此，听力训练的练习不仅要有一定的量——听力材料要充足，练习的形式要多样——有四选一形式，还要有填空、回答问题等，而且在任务设定时，要加强词汇附带习得的训练，如口语练习中要给出可供选择的惯用语、句型等，课后不忘总结所学到的词汇、习惯表达法等。科技的发展拓宽了语言的输入方式，使外语学习也逐渐多样化，这就意味着教师可选用一些内容新颖、难度适中、能引起学生兴趣和共鸣的语料，课下也可以留些听的作业。相信大量的输入会让学生习得更多词汇。

重复听也是习得词汇的一种手段。 据研究，同样一个词需要在人们眼前重复出现七八次才能记住。同样，听力词汇的积累也需要重复性努力，由此，重复听也是必不可少的方式。笔者认为，英语词汇可以分为听力词汇和阅读词汇：阅读词汇指在篇章中读到的词汇，听力词汇指在听篇章时能够立刻理解其在句中含义的词汇。听力的好坏取决于学习者听力词汇量的多少，阅读词汇量大并不代表听力词汇量大，只有多听才能扩充听力词汇量。有些学生反映，有的词如果出现在阅读文章中他们是认识的，但别人读出来就不能马上识别出来，这就说明他们对这个词的熟悉度不够，没有将该词转化成听力词汇。

3. 需要在培养学生自动习得词汇知识的同时，加强任务驱动下的语块训练。

语块的概念最早由 Becker 于 1975 年和 Bolinger 于 1976 年提出，指英语中一种特殊的多词搭配现象。Wray 于 2002 年指出，语块是“一串预制的连贯或不连贯的词或其他意义单位，被整体存储在记忆中，使用时无须语法生成和分析，可直接提取的词语程式。” Nattinger & DeCarrio 在 1992 年指出，人们使用语言的流利程度，不取决于学习者了解多少语法规则，而取决于记住了多少预制语块。Lewis 于 1993 年和 1997 年提出，教学的重点是搭配、固定表达法、句子框架和引语等多词语块，这些语块使语言的输出变得方便、快捷、流利。学者们把语块按功能和结构分成下列几类：（1）具有习语性质的固定短语（如 all in all, in general）；（2）多种短语搭配——动词和名词、名词和名词等的搭配（如 meet one’s requirement; the key to the door）；（3）形式固定或半固定、具有一定语用功能的惯用语（如 would you mind doing...）；（4）书面语（如 for one thing, ...for another）（转引自伍萍 2014: 34-35)。国内外大量的语块研究表明，语块的使用可以加强记忆词汇，是提高语言输出质量的捷径。它体现在以下几个方面：（1）使学习者语言输出更加流利、准确。Pawley & Syder 于 1983 年提出，母语学习者就是因为掌握了大量程式化语言——句型，才能自如表达思想，如英语中“it is impossible for sb. to do sth.”，就是一个很常用的程式化句型。学生一旦掌握了这些语块，会将它们整体保存在大脑中。这样做无疑大大减轻了大脑用语法给语言编码的压力，也提高了学习者语言表达的流利性和准确性。（2）有效提高学习者语言输出的地道性和生动性。如：英语中“流鼻涕（have a running nose）”；

“有其父必有其子(Like father, like son.)”等表达。有研究发现，由于二语学习者没有掌握大量、适合不同语境的、可供选择的语块元素，虽然他们的词汇量有时可能比母语学习者的还大，但他们使用词汇的能力却差得远，因为他们缺乏那种什么场合说什么话的语感。因此，课堂上对语块的训练，可以提高学习者对其约定俗成性的敏感度，提高选词能力，同时还能帮他们克服母语障碍，减少“中国式”外语现象。(3)使学生习得一些交际策略。因为某些语块预示着特定的言语行为，有一定的语用功能，是形式和功能的结合体。如:“I'm afraid ...”意味着礼貌的拒绝;“It was nice talking to you.”代表说话者要告辞了。因此，语言输出活动的安排，如果注重这些语块的使用，会让学生在实际交流中礼貌、得体。(4)语块的学习，可以使二语学习者创造性地使用目标语，因为语块可使学习者超越语法的限制(伍萍 2014: 35)，如学生可以通过“Like father, like son.”创造出“Like teacher, like student.”类似的表达。伍萍通过一系列的实证研究步骤和手段，对任务驱动下的语块教学训练是否有效进行了研究，结果表明，该训练模式能够有效地提高学习者的综合语言能力，尤其能提高听力、阅读和写作能力。笔者的教学实践也表明，通过小组活动，学生可以积极主动地用习得的语块表达自己的思想，期间也充分发挥了他们的创造性，体现在用中学(learning by doing)的实效;而且在获得大量表达机会的同时，还在一定程度上克服了先前的焦虑感，在反复的练习中提高了对语境和语块、词与词搭配的敏感性。

4. 通过“自上而下”和“自下而上”交互使用的模式，克服听力中遇到的障碍。

认知心理学认为，人类的认知活动在两种信息加工方式的相互作用下完成。一种是“自上而下”的加工形式——依赖已有的知识结构，预测、推断、筛选、吸收或同化输入信息，这种模式有助于理解全局性问题;另一个是“自下而上”的加工形式——把语篇切分成若干可识别成分，按照“音素—词—短语—句子—语篇”的顺序加工信息，此种模式有助于理解细节性问题(胡永近 2015: 32)。Richards 于 2006 年在此基础上又增加了第三种:“交互”式——综合利用上述两种模式加工信息。

国内外学者对听力过程模式的策略进行了实证研究，其中 Conrad (1985)、Rubin (1994)、Lynch (1998)、Buck (2001) (转引自胡永近 2015: 33) 指出，初级水平、尤其听力水平较低的二语学习者，倾向于“自下而上”的模式。也就是说，他们总是借助词或语法等零碎信息来理解语料的含义，但研究表明，如果过度依赖这个模式会导致信息加工过程终止，比如学生会在听的过程中遇到生词，结果卡在那里不能顺利听下去，既丢失了前面的信息，也遗失了后面的，进而会造成无法理解整个语篇的意义(胡永近 2015: 33)。这也正是为什么有些学生会遇到前面提到听力障碍中的(5)(6)(7)(8)。Peterson (2001) 发现听力水平差的学生往往只会使用单一的信息加工模式，而成功的听者会把两种模式有机地结合起来(转引自胡永近 2015: 33)。Vandergrift (2003) 也认为二者交互使用会促进听者对信息的理解。国内学者杨茜 (2002)、田星 (2003)、贺玲 (2005) (转引自胡永近 2015: 33) 等，分析了英语听力过程中常见的障碍，并提出了相应的策略。徐锦芳等于 2009 年指出，不同听力风格的学生对理解短文的全局性和细节性问题有差异。胡永近在 2015 年的实证研究表明，三种听力过程模式的培训能够促进英语听力理解，其中“交互”式更有成效，“自上而下”的效果次之，“自下而上”的效果排第三。后两种模式相互影响，学生掌握了其中一种模式后，不仅能成功理解此类模式下的问题，还能在一定程度上提高理解另一种模式下的问题的能力(胡永近 2015: 36)。听力过程模式策略教学，有助于帮助学生克服听力障碍。

生词是所有学生都会遇到的障碍，听力材料的选取也应注意语篇中生词的含量。Stahr (2009) 的研究表明，英语听力材料中生词比例超过 2% 就会引发听力障碍 (胡永近 2015: 36)。因此，教师在选取听力语料时，应该注意生词的数量。至于“自上而下”的加工形式，笔者教学中发现，如果让学生沿用阅读中一些技巧，也有利于他们把握整个语篇，如抓主题句的方式、利用一些书面语 generally, by and large 等预测、推断输入信息。“自下而上”的加工形式，涉及学生平时的词汇语法知识的积累和应用，是语言学习的基础。

涉及文化语境的内容，是所有被试遇到的另一个障碍。语言是文化的载体，两者是密不可分的，所以，通过发达的网络，教师可以选取一些有代表性的视频资料，给学生补上这一课。

三、结束语

总之，要提高学生听力方面的自我效能感是个复杂的过程。学生在听的过程中既要克服畏难心理，又要想办法去除为完成学习任务而产生的焦虑感。作为指导者，教师的首要任务是及时了解学生的动态，加强与他们的沟通，营造轻松愉快的学习氛围，让学生放下思想包袱，积极主动地参与课堂各种活动，在彼此的配合中建立自信心，提高自我效能感。其次，教师在设定听力课的听说任务时，要注意培养学生在学的过程中积累词汇知识、在用中自动习得词汇、课后总结习得词汇的习惯。三是培养学生对各种语块的掌握和运用，逐渐养成对词语搭配、固定用法的敏感性，以及对目标语文化中习俗的敏感性。这些都是实施“自上而下”、“自下而上”交互使用策略的关键，是克服听力中多种障碍的保障。听者需要根据自己的语言知识，包括词汇、语法等，和非语言知识，如目标语国家的文化常识、风俗习惯等，来加工输入信息。另外，笔者认为，语言的学习包括听、说、读、写、译等多方面的训练，这些技能是相辅相成而不是各自独立的。因此，学习者应该提高自己的综合素质，在阅读中积累足够的词汇量，在听力训练中尽可能多地把阅读词汇转变成听力词汇，积极参与口语表达活动，把接受性语言知识变成产出性知识，这样才能做到在用中学。

参考文献

1. Ranalli，J.M. *The Treatment of Key Vocabulary Learning Strategies in Current ELT Coursebooks: Repetition, Resource Use, Recording*. Center for English Studies, 2003. Retrieved January 20, 2016, from HYPERLINK http://www.docin.com/p-353248055.html [OL]
2. 胡永近．听力过程模式对听力理解和记忆的影响分析 [J]. 外语界，2015, (1): 32, 33, 36.
3. 汪红，甄微微．英语听力训练中不同任务对词汇附带习得的影响 [J]. 外语教学，2014, (5): 62.
4. 伍萍．任务驱动下的语块教学训练模式有效性研究 [J]. 外语教学理论与实践，2014, (1): 34, 35.
5. 徐锦芬，寇金南．大学生英语学习焦虑自我调节策略研究 [J]. 外语学刊，2015, (2): 103, 106.

论"课程设计系统法"在博士研究生英语教学中的应用——以国际会议英语为例

云南大学　王文俊

摘　要： 本文以非英语专业博士研究生国际会议英语教学为例，在博士研究生教学所存在的普遍问题的分析基础上，结合笔者的一线教学实践对"课程设计系统法"在博士研究生英语教学中的应用进行案例分析和讨论。

关键词： 非英语专业博士研究生　英语教学　课程设置

一、引言

随着我国研究生教育招生规模的不断扩大，非英语专业研究生、特别是博士研究生的英语教学成为外语教育研究的难题，传统的教学模式已无法满足国家、社会和个人对高学历人才外语培养的需求。博士研究生英语教学是我国高等教育人才培养体系中的重要组成部分，培养博士研究生的英语应用能力有利于学生了解学科的前沿发展，也有助于提高其专业研究水平和提高语言交流能力。但是，目前博士研究生英语教学中普遍存在以下主要问题。

首先，单一的英语课堂教学方式难以满足博士研究生英语学习的需求。因此要考虑ESP在语言教学中的要求，即"基于学习者需求的教学方法"。博士生英语教学的需求分析存在两方面的难度：需求分析和需求满足。一方面，从需求分析来看。"判断需求"是课程大纲构成的首要因素 (Brown 2001: F15)。在课程设置交互联系的循环过程中，需求分析是课程发展的基础，它是在对现有问题发现的基础上，进行综合、客观的分析，然后为目标的设置提供依据 (Richards 2001: 27)。"非英语专业博士研究生"从定义上包含两个要素，即"非英语专业"和"博士研究生"。"非英语专业"是指不包括英语专业的所有专业，这样的专业需求是多样化的，不只是简单的文理分科，而是包含了多样化的专业；"博士研究生"是研究生学历教育的最高一级。要满足"以学生为中心"的需要，必然在英语课程设置方面体现博士生教学的要求。和本科生、硕士研究生相比，对博士研究生要求研究领域更具体，研究层次更深入，研究时间也相对较长。因此，传统的听说读写基本语言技能教学是不能满足非英语专业博士研究生英语学习需求的。另一方面，从需求满足来看。即使通过科研和调查的形式弄清了学生的需求，也很难满足学生需要，因为有诸多现实制约的因素，如教师资源和教学资源等。

其次，研究生培养机制灵活度不够，导致学生学习积极性不高。我国英语教学在大多数地区的"必修"性质导致非英语专业博士生的学习不够主动积极，这样容易导致"教"与"学"实践的分离。学生往往以完成课程、通过考试、拿到学分为目标，不积极参与课堂教学和互动，甚至产生敷衍学习、频繁缺课的现象。学生水平层次的多样性和差异性也制约了培养机制的完善。博士研究生的整体年龄特点是高等教育中差异最大的学习者群体。通常的班级里学生年龄从 25 岁到 50 岁不等，不同时代的学生在英语教学法在中国变迁和改革的影响下，已经形成了不同的时代特点。加之专业众多的特点，学生的差异性就更为突出，给实际的教学带来了难度，也提出了挑战。

英语实际应用能力的不足已制约了部分非英语专业研究生向高水平、国际化领域发展。这样的瓶颈局面是高层次人才培养目标与需求分析之间严重脱节的客观反映。博士研究生的英语教学往往是在我国外语教育政策与规划下的实施的。1992 年教育部颁布的《非英语专业研究生（第一外语）教学大纲（试行稿）》积极地促进了我国非英语专业研究生教学向规范化发展。但是与我国从小学、中学到大学英语教育一条龙的相关研究比较而言，关于非英语专业研究生英语教学研究的多偏重宏观方面而具体和深入的讨论不够。本文拟从语言教学大纲要素的视角出发，以国际会议英语为例来讨论“课程设计系统法”在非英语专业博士研究生教学中的实践。

二、“课程设计系统法”的个案研究

1. 研究目的

“课程设计系统法”（Systematic Approach to Program Development）是由语言教育学家 James D. Brown 在 20 世纪 90 年代初提出的课程设计方法 (Brown 2001)。该方法从教学的实际出发，不局限于某种特定的英语语言教学法，而是从学生需求分析（needs analysis）、设置课程目标和目的（objectives）、教学实践（teaching）、材料选择（materials）、测试（testing）及评估（evaluation）六个要素来设计、执行和管理教学活动。

本文以博士研究生《国际会议英语》课程教学为例，通过在教学中重视和实践上述诸要素，从英语教学实际的微观层面来评估并论证“课程设计系统法”在非英语专业博士研究生英语教学中的可行性和有效性。

2. 研究对象

本文的研究对象为笔者所教授的 2015 级博生研究生一年级的 122 名学生。所有学生均为没有达到学校所设定的免修条件，其中 35 人通过大学英语六级考试，63 人通过大学英语六级考试，6 人通过英语专业八级考试，2 人通过英语专业四级考试，其他 16 人由于年龄和学习经历原因没有提供英语水平考试成绩信息，但均达到学校设置的英语入学成绩最低录取线。学生专业涉及民族学、历史学、文学、语言学、政治学、化学、生物学等多个学科。学生大多数存在重阅读、轻写作；重形式、轻功能；重书面、轻实用的现象。

3. 研究方法

本研究使用“课程设计系统法”在博士研究生国际会议英语（English for International Academic Conference Communication）课程中进行尝试性的教学实践。每周 2 课时，历时 18 周。在课前（pre-class）、课中（while-class）和课后（post-class）三个环节完成需求分析、课程目标设置、教学实践、材料选择和测试五个环节的任务。

4. 研究结果与分析

在教学实验的 18 周中，博士研究生国际会议英语课的出勤率较高，所有学生能够在学校 e-learning 系统上按任务要求按时提交作业。学生按专业形成学习小组并积极参与课堂讨论、模拟学术会议交流的场景。

4.1 模块课程设置以需求分析为导向

笔者所在学校博士研究生英语课程由三个模块组成。对于非英语专业博士研究生开设《国际会议英语》《学术写作》和《口语》三门课程，以博士生科研需求和实际为导向。其中《国际会议英语》是一门综合性较强的实践性课程，既有会议交流的基本知识和专业知识，又有英语运用的综合训练，旨在进一步提高学生的学术英语表达能力，特别是提高学生使用英语在国际学术会议中宣读论文、即席答辩和交谈讨论的实际能力。在教学课时有限的前提之下，阅读课程的要求已转变为自主式学习。在强调写作和口语能力的同时结合需求设置《国际会议英语》。鉴于培养学生的语言交际能力是外语教学的最终目标，课程设置突出了应用型和复合型人才培养特色，着重培养博士研究生英语语言技能和较高的英语口语与写作能力，具备扎实全面的英语使用技能和高级英语口头运用技能。

《国际会议英语》能够满足博士研究生使用英语作为交流手段参加各类学术会议的需求。其中涉及与“概述”、“邀请函”、“接受邀请函”、“拒绝邀请函”、“论文征集”、“接受论文或摘要”、“拒绝论文”、“介绍发言人”、“欢迎辞”、“开幕词”、“会议演讲”、“问答环节”和“闭幕词”等 13 个具体教学环节。并在之后增加跨文化交际和国际学术会议的相关介绍，满足学生用英语进行学术交流的需要。

4.2 以提高语言输出技能为目的

本课程旨在提高学生书面与口头英语的表达能力和演讲技能，满足学生用英语进行学术交流的需要。要求学生课前对每个章节（教学单元）的相关内容进行预习，上课时认真做好笔记，积极发言，完成好课后和补充练习，认真掌握所要求的内容，有效使用相关参考文献。

通过与专业相结合的全英文演讲以及师生、生生之间的互动，学生积极参加课堂教学活动、按时提交作业、并积极参与小组活动、分享材料。

4.3 教学实践以 TBL 为导向

在教学实践中讲解与《国际会议英语》相关的知识和技能。具体教学安排见下表 1。

表 1　国际会议英语教学进度

章节	教学内容	学时
1	International Academic Conference: an Overview	2
2	Letter of Invitation	2
3	Acceptance of an Invitation	2
4	Declining an Invitation to Speak	2
5	Call for Papers	2
6	Acceptance of a Paper or an Abstract	2
7	Rejection of a Paper	2
8	Introducing a Speaker	2
9	Welcome Speech	2
10	Speech at the Opening Ceremony	2

续前表

章节	教学内容	学时
11	Conference Presentation	2
12	Question and Answer Session	2
13	Closing Speech	2
14	Intercultural Communication and International Academic Conference	2
15	Culture and Communication	2
16	Intercultural Communication in the Context of International Academic Conference	3
17	Supplementary Task	3
		36 学时

在教学实践中，教师的角色从模式化的讲授转变为“多角色”的学生需求分析者、课堂教学活动的组织者、教学材料的提供者、学生学习的监控者。以每周的《国际会议英语》教学为例，通常由课前小测验（包含词汇测试和笔译测试，约 5 分钟）、学术会议演讲（每次 4 名学生，每个学生允许用时不超过 5 分钟，共计约 20 分钟）、讨论（关于演讲内容、演技技巧和英语应用能力的全英文讨论，约 20 分钟）、新任务导入（包含听力输入、文本阅读、师生讨论等，约 45 分钟）、作业（完成后通过网络提交）。

4.4 以校本教材为教学内容

以校本教材《国际学术会议英语与跨文化交流》(English for International Academic Conference and Intercultural Communication）的使用为主，打破传统教材使用途径，结合教学实际、学生专业特点自选材料，强调材料的适用性和真实性，并及时更新。通过询问和征求意见，学生对教材使用表示基本满意，但也提出增加与专业紧密相关的材料的要求。

4.5 测试考核方式为闭卷考

考核内容结合教学目标和教学任务进行分项考核，包含听力和国际会议英语具体内容相关英汉互译、任务型写作和口试。学生成绩评定办法：平时、期中、期末成绩分别为 20%、20%、60%；平时成绩由作业成绩、Presentation 等构成；作业：(Presentation 文稿或 PPT 文件须在 e-learning 上提交)，专业介绍、听力（听写）须用信笺手写提交。

学生可以结合自己的专业按要求完成模拟的学术会议英语演讲，期中测试不及格率为 2.4%，期末测试不及格率为 1.6%。由于本研究为课堂教学型实验，具体数据的信度和效度没有使用 SPSS 的分析方法，只从学生测试成绩做简单的分析，有待在今后教学中进一步细化和完善。

三、讨论

结合学校非英语专业博士生英语教学的实际，国际会议英语的教学采用了遵循“课程设计系统法”的要求，并结合“以校为本”的特点灵活地开展教学，使学生能够注重英语应用能力的提高，加强产出性学习，并在交际中提高自己的解决问题的能力和创新能力。笔者从教学实践得到以下启示：

第一，“课程设计系统法”要求体现语言教学活动要有明确的课程定位和课程目标。为了提高研究生培养效率，对于非英语专业博士研究生英语课程实行符合条件申请免修的政策。学校规定“博士研究生入学考试外语成绩不低于 80 分（含 80 分）”可以向研究生培养办提出免修申请。这样，对于非英语专业但英语水平高的学生而言就可以得到更多的研究时间。这对于不符合申请免修条件的学生而言，也是非常合理的。非英语专业博士研究生英语课程的概念和定位使得其教学目标在于培养博士研究生在经过本科和研究生的专业知识背景下一方面对英语基本能力有所提高，另一方面能够在其专业知识领域获取更多的语言技能，提高其使用英语进行学术交流的技能和能力。

第二，“课程设计系统法”可以在博士生英语教学体现“以学生为中心”的原则。国际会议英语的课程设置就是从博士研究生的科研交流需求出发的。在课堂和课后的学习过程中，学生积极发挥了学习主导者的角色。从语言要素角度看，学生在词汇、语法、语音等方面得到了提高，也在语言听说读写的综合技能上有所提高，更有意义的是通过对“国际会议”的了解、模拟、参与和讨论，学生的交际和演讲能力大大提高，自信心增强。

第三，“课程设计系统法”所要求的“提出问题、分析问题和解决问题”的思路符合英语语言教学“做中学”（learning by doing）的原则。约翰·杜威认为“教育即生活、教育即成长、教育即经验的改造”。国际会议英语就是通过每周的任务让学生通过实践来学习。博士研究生属于高层次人才，大多具有良好的元认知策略（也就是关于“怎样学”的策略）。在实用和有意义的学习任务中，学生可以将自己所学到的东西马上付诸实践，并产生更强的学习动机和热情。

第四，在“课程设计系统法”中，教师的作用是至关重要的。对于进行博士研究生英语教学的老师而言，要不断地提高自身的知识水平和技能水平。在教学中要有“亦师亦友”的角色，因为相当比例的博士研究生也将或正在进行教学科研活动。在国家外语教学政策的宏观指导下，英语教师有着自己广阔的微观空间，可以结合“课程设计系统法”，从教学实际出发，不断地完善和改进教学。

参考文献

1. Brown, D. *The Elements of Language Curriculum: A Systematic Approach to Program Development* [M]. Beijing: Foreign Language Teaching and Research Press. F, 2001, 24-25.

2. Richards, J. *Curriculum Development in Language Teaching* [M]. Cambridge: Cambridge University Press, 2001, 27-38.

3. 非英语专业研究生英语教学大纲编写组 . 非英语专业究生英语教学大纲 [M]. 重庆：重庆大学出版社，1992.

4. 约翰·杜威．我们怎样思维经验与教育 [M]. 姜文闵译．北京：人民教育出版社，2005, 10-12.

博士生公共英语“西方经典阅读”课的教学设计——以阅读《独立宣言》为例

中央党校　刘丽丽

摘　要： 博士生英语阅读教学是研究生英语教学中的重要环节，而“西方经典阅读课”不仅需要培养博士生的英语语言技能，而且肩负着训练博士生的逻辑思维能力、深层次地了解西方社会文化的任务，从而有助于学生本专业的学习与研究。本文通过对美国《独立宣言》进行的英语阅读教学设计，说明在语言教学中可以有效地通过逻辑的手段加入历史、人文与社会方面的知识，以便综合地提高学生的语言能力和与本专业相关的学术分析能力。

关键词： 博士生公共英语　西方经典阅读　独立宣言

研究生教育，尤其是博士生教育是一所大学核心竞争力的集中体现。而博士生英语水平的提高在博士生教育中尤为重要，它有利于推进博士生教育国际化、开发国际教育资源和打造国际学术空间。同时，对提升一所大学的国际声誉也具有重要的战略意义。国家教委《非英语专业研究生英语教学大纲》明确指出：“博士生英语教学目的是培养学生具有熟练的阅读能力、较好的写译能力和一定的听说能力。能够以英语为工具，熟练地进行本专业的研究并能进行本专业的学术交流。”在经济全球化和网络通信高速发展的今天，高层次的国际化人才是我国人才培养的重要目标。如何推进研究生教育的国际化和社会化，尤其是使博士生更加具有国际视野、国际意识和国际交往能力，已经成为我国教育工作者必须深入思考的重要问题(沈传海 2010)。

一项对中国大学生英语社会需求的调查研究显示，用人单位对听、说、读、写、译五项重要性的选择，按照从最重要到最不重要进行排序，依次是：阅读、口语、听力、翻译、写作(朱玲 2013)。由此可见，英语阅读能力是社会需求度最高的一项技能。而从对英语具体能力的要求来看，英语学习的目的主要是：查阅资料；口头或书面的技术、经济与文化等层面的交流；科研与工作的具体需要。从以上种种需求可以看出，博士生公共英语阅读教学非常重要。因为博士生的培养目标是培养国家高层次专业人才，所以就非常有必要熟练阅读本专业的英文文献，获得第一手资料，而不局限于别人翻译的文献，避免由于翻译而造成的误读等问题，从而在学术上开展更广泛和深入的研究。而对于人文社科类的博士生，阅读西方的英文经典是非常有必要的。笔者在 2015 年秋季学期为人文社科类的博士生开设了《西方经典阅读》的课程，美国《独立宣言》是我所教授的西方经典之一，下面就是笔者所进行的教学设计。

一、教学分析

博士生通常对于美国的社会和文化都有一定的了解，但对于《独立宣言》的文本却所知甚少，对其与美国历史的联系也缺乏认识。在教学中，我力图将学生已有的背景知识作为教学资源，并结合相关史料进行分析，在带领学生进行语言学习的基础上，探讨和分析《独立宣言》的核心理念，揭示《独立宣言》与美国社会发展的联系，从而有助于他们本身所从事的人文社科类的学习和研究。

《独立宣言》是美国历史上一份重要的文献，它揭示了天赋人权、反抗暴政的基本原则，道出了北美人民的共同心声，激励美国人民赢得独立战争的最终胜利，它的基本理念成为美国社会发展的不朽基石。对于这样一份历史文献，如果单纯从语言的角度进行解读，对于博士生显得过于枯燥。因此，我以简单的“三段论”作为工具，将《独立宣言》文本背后隐含的逻辑显性化，以便加深学生对文本的理解。同时，我的教学设计还将《独立宣言》置于美国独特的历史发展的进程之中，辅以生动的故事细节与形象的材料，帮助学生理解《独立宣言》的作用及其深远影响。

教学上主要有两个特点：首先，利用课件和视频等多媒体教学手段，在帮助学生学习和感受《独立宣言》独特的语言魅力的同时，多维度看历史。从《独立宣言》的核心理念，及其对美国民众、独立战争和美国社会发展的影响等多个方面分析《独立宣言》，将一个立体和丰满的《独立宣言》呈现在学生面前，引导学生历史客观地评价《独立宣言》。其次，注重学习方法的指导。主要体现在三个方面：第一，对于《独立宣言》的文本，教师首先提供一个三段论的分析范例，然后让学生模仿范例自己独立地去分析其他部分的内容；第二，对于课件中的一些生动的历史图片，指导学生用英语按照一定的顺序和视角观察和描绘图片，练习英语口语的同时，进而提炼出图片的主题和历史意义；第三，指导学生基于相关的美国的社会文化史实，基于《独立宣言》对美国社会发展的影响提出问题并进行讨论，从而加深对所学历史内容的深刻理解。

二、教学过程

1. 介绍美国发展简史

作为对《独立宣言》的文本分析的铺垫，教师首先通过图文并茂的多媒体教学手段来向学生介绍美国发展的简要历史。从 17 世纪初，英国受到宗教迫害的清教徒乘坐“五月花”号船第一次踏上北美大陆以来，美国人民通过独立战争冲破殖民统治，获得自由和独立，缔造美利坚合众国。1776 年 6 月 11 日，北美殖民地的立法机构大陆会议设立了一个五人小组起草独立宣言。这个五人小组包括：亚当斯、富兰克林、杰斐逊、李文斯顿、谢尔曼。年仅 33 岁的杰斐逊是主要起草人。7 月 4 日，56 位来自北美 13 块殖民地的代表一一在一份文件上签字，他们中有律师、法官、医生、商人，还有音乐家和诗人。他们共同见证了一个伟大时刻的到来——美利坚合众国的诞生。他们签署的这份文件就是美国《独立宣言》。之后，又通过美国内战等重要革命，美利坚合众国一步一步发展成为今天的世界强国。学生通过简要地重温美国的历史，了解到了《独立宣言》在美国历史上所起到的重大作用。同时，通过对课件中一些生动的历史图片的描绘也锻炼了他们的英语归纳和口头表述能力。

接下来介绍一些著名思想家对《独立宣言》的评述。马克思称美国的《独立宣言》为人类历史上的第一个人权宣言。这主要是由于它代表资产阶级利益，宣告美国诞生，是最早阐明天赋人权的政治纲领。另外，法国著名思想家托克维尔在《论美国的民主》一书中这样评述美国独立宣言：尽管社会情况、法制、思想和人的感情方面发生的革命还远远没有结束，但它所造成的后果已远非世界上迄今发生的任何事情可比。

2. 小组讨论

让学生们观看好莱坞群星朗诵《独立宣言》的视频并跟读。然后，教师根据《独立宣言》的文本给出两道问题，让学生用英语进行分组讨论，进行文本阅读之前的热身训练：1）你对美国独立宣言了解多少？ 2）你认为美国独立宣言有何意义？小组讨论之后，请每组的代表到讲台上来综述小组的观点。虽然学生们讲述得并不透彻、深刻，但是这有利于让学生们带着问题继续听课。

3. 课堂讲解

《独立宣言》本身没有章节，后来由学者将其分为五个部分：

第一部分为前言，阐述了宣言的目的。第二部分为序文，也是宣言中最有名的部分：

We hold these truths to be self-evident, that **all men are created equal**, that they are endowed by their Creator with certain unalienable rights, that they are among these are life, liberty and the pursuit of happiness. That to secure these rights, governments are instituted among them, deriving their just power from the consent of the governed. (引自 *The Declaration of Independence*)

“我们认为下述真理是不言而喻的：人人生而平等，造物主赋予他们若干不可让与的权利，其中包括生存权、自由权和追求幸福的权利。为了保障这些权利，人们才在他们中间建立政府，而政府的正当权利，则是经被统治者同意授予的。”这段话高度概括了当时资产阶级最激进的，也是欧洲启蒙时期的重要政治思想，即自然权利学说和主权在民思想。在这段话中，有一句英文“All men are created equal”，译成中文就是“人生而平等”。但是，大部分同学都没有注意到，“出生”这个词的英文是“Bear”，而《独立宣言》用的是“Create”。于是，教师在讲解中用英文向学生提出了一个问题：为什么这里不用 bear，而用 create，二者有区别吗？很多同学经过思考都能正确地用英语回答上来：Bear 是妈妈把孩子生下来。Create 是上帝造人。也就是说，人从娘胎里出来的时候是不平等的，有的人健壮，有的人瘦弱；有的人长得好看，有的人相貌一般。但是，当上帝造人时，人是没有差别的，都被赋予了平等的权利。同学们都注意到这段话的一些关键词：人人、权利，等等。概括起来，这句话的意思就是：生命权、自由权和追求幸福的权利是每个人都应享有的神圣权利。这也是《独立宣言》要向世人说明北美独立的理由。《独立宣言》的整个文本都非常讲究论证的逻辑。这个逻辑就是西方人非常熟悉的三段论——大前提、小前提、结论（梁爽 2015）。大前提讲的是普遍条件，小前提讲的是具体条件。大前提正确，小前提正确，则结论正确。反之，如果大前提错误，小前提错误，则结论也是错误的。教师用英文带领学生来分析这段话中所包含的三段论：生命权、自由权和追求幸福的权利是每个人都应享有的神圣权利，这就是大前提。小前提是北美殖民地人民是人，人生而平等一样，这也是不言而喻的。根据大前提和小前提，同学们很自然地推断出一个结论，就是北美人也有生命权、自由权和追求幸福的权利。然后，鼓励学生用三段论的方法来分析文本的其他部分的内容。

第三部分列举了英王压迫北美殖民地人民，并对北美殖民地人民所犯下的 20 多条罪状，说明殖民地人民是在忍无可忍的情况下被迫拿起武器的。第四部分是对英王的谴责。第五部分是总结并宣布美利坚合众国的独立。宣言的最后一部分庄严宣告独立。

4. 读后讨论

文本讲解完毕之后，教师总结一些重点的词汇和句式。然后，针对讲解的内容提出以下的题目，来供小组用英文进行讨论，以加深对文本的理解：

1）The Declaration of Independence is influenced by John Lock's thoughts. Can you explain the reason and make some example?（独立宣言受到了约翰·洛克思想的影响，请提出原因并举出例证。）

2）Since "Men are created equal," why after independence Americans still discriminate the Blacks, the Indians, etc.?（既然独立宣言中宣称"人人生而平等"，为什么之后仍然存在种族歧视，黑人和印第安人等有色人种仍然受到歧视？）

3）After the independence, why didn't America help the other nations to get independence, but colonize them as Britain did instead?（美国作为一个殖民地获得独立之后，为什么不帮助其他受压迫的殖民地获得独立，反而像英国一样到海外去寻求殖民地？）

学生们通过对这几个问题的讨论，不仅加深了对《独立宣言》的理解，而且加深了对美国社会文化的了解和认识。《独立宣言》的起草者们，如杰斐逊、富兰克林等都认真学习了 17 至 18 世纪的欧洲启蒙思想，深受洛克自然法思想和孟德斯鸠的《论法的精神》中政治理念的影响，并把这些思想体现在《独立宣言》中。但《独立宣言》不是完美的，在它颁布之初，只有白人男子获得自由平等权。而且，这种种族歧视又持续了将近 200 年，直到 20 世纪 60 年代，马丁·路德领导的黑人民权运动才真正使美国政府从法律上给予有色人种以平等的权利。尽管如此，种族歧视的事件仍然时有发生。但是，随着历史的发展，美国社会不同肤色、不同性别、不同阶层的人都从"人人生而平等"中获得了启示，进而去争取自己的权利。美国社会也在这个过程中逐渐得到发展。对于第三个问题，很多同学认为美国独立之后，很快就进入第一次工业革命，这一革命始于 18 世纪末期，在 19 世纪中期结束，以机器零部件标准化生产为结束标志。而资本的发展需要大量的原始积累，所以刚刚独立的美国走上了和它的原宗主国英国一样的海外攫取殖民地的道路。

总之，《独立宣言》第一次在世人面前高举人权的旗帜，是美国社会不断往前发展的一块重要基石。它早已超越了一个国家的界限，已经对世界产生了深远的影响。对《独立宣言》英文文本的解读与教学，是对非英语专业人文社科类博士生的英语阅读教学的有益的尝试。当然，在教学过程中仍然存在着一些不足，有待于教师在以后的教学中进行反思与改进。

参考文献

1. 梁爽.《独立宣言》教学设计 [J]. 历史教学，2015, (1), 48.

2. 沈传海. 适应新形势，实现新要求——合肥工业大学非英语专业博士生英语教改与实践 [J]. 合肥工业大学学报：社会科学版，2010, (1), 56-57.

3. 朱玲. 对中国大学生英语社会需求的调查研究 [J]. 大学教育，2013, (15), 13-14.

大数据思维和技术对二语写作研究方法的启示

中国农业科学院研究生院　卢　鹿

摘　要： 大数据时代的到来使我们的传统观念和行为方式面临新的挑战，二语写作研究也不例外。本文结合大数据时代的三个特征，探讨了大数据思维和技术为二语写作研究在数据收集方法和数据精确性方面带来的新思考，也指出了大数据时代重点关注相关关系的特点可能会给二语写作研究带来一定的偏差。二语写作研究者应该有效发挥大数据思维和技术在二语写作研究中的优势，并将其和传统的二语写作研究方法灵活结合使用，更加有效地达到研究目的。

关键词： 大数据思维　大数据技术　二语写作研究方法

一、引言

大数据（Big data）是“由数量巨大、结构复杂、类型众多数据构成的数据集合，是基于云计算的数据处理与应用模式，通过数据的集成共享，交叉复用形成的智力资源和知识服务能力”（刘洁莹 2014: 10）。随着互联网、云计算、数据挖掘等技术的发展，人类已进入大数据时代。大数据不仅意味着信息量的飞速膨胀，它也在逐渐改变人们的思维和行为方式。在应用语言学领域，国内学者已经预言大数据能够“为我国大学英语写作教学改革提供新的机遇”(王海啸 2014: 66)。2015 年 7 月，第二届“中国语言智能大会”在北京召开，这次大会的主题正是如何利用大数据和语言智能技术改变语言教学，尤其是英语写作教学。在这样的背景下探讨大数据思维和技术对二语写作研究方法的启示尤为必要；新视角能够为国内英语写作教学提供新的见解。本文从传统的二语写作研究方法入手，结合二语写作研究案例分析大数据思维的特点，阐明传统二语写作研究方法在大数据时代可能面临的更新，同时也分析了大数据思维可能给二语写作研究方法带来的偏差。

二、传统的二语写作研究方法

二语写作实证性研究主要涉及四个研究领域：教师课堂教学行动研究、作品文本分析研究、作者写作过程及相关认知态度研究、读者研究 (Hyland 2002: 149-162)。从研究范式和方法论角度看，二语写作研究涉及量化研究、质性研究和混合研究。量化研究借助问卷、量表、测试等工具，通过在一定范围内采样以收集数据，使用统计软件分析数据，用于验证假设、预测趋势 (孟春国，陈莉萍 2015: 4)。二语写作研究中常见的量化研究方法包括问卷调查、实验研究、学习者语料库研究等。质性研究通过访谈、观察等工具收集数据，运用归纳的方法分析数据，以探究现象、促进理解 (孟春国，陈莉萍 2015: 4)。具体到二语写作，常见的质性研究方法包括有声思维、访谈、课堂观察、日记研究、案例研究、叙事研究等。混合研究指“研究的整个过程，即问题确定、采样、数据收集、结果分析与讨论等环节结合使用量化与质性研究方法”(孟春国，陈莉萍 2015: 4)。值得注意的是，无论采用以上哪种研究范式，传统的二语写作研究基本是根据研究任务的要求，通过抽样的方式，有意识地在总体中收集一部分数据，以回答研究问题。

三、大数据思维的特点与传统的二语写作研究方法

大数据时代的数据收集和分析具有三个特点：一是重视数据的全样本分析，不再依赖抽样；二是重视数据的混杂性，不再苛求微观层面的精准度；三是重视数据的相关关系，不再执着于现象背后的因果关系 (Mayer-Schönberger & Cukier 2013)。这三个特点与传统的二语写作研究在方法论上存在一定的差异。

1. 全数据思维与抽样思维

Mayer-Schönberger 和 Cukier (2013) 指出，通过抽样收集数据是小数据时代研究者不得已的选择。小数据 (Small Data) 指的是在规模和形式上易得的、承载有效信息的数据，有助于回答或解决特定的具体问题。在小数据时代，由于记录、储存和分析数据的工具不够强大，研究者不得不使用抽样和统计的方法，利用最少的数据获得最多的信息。但是这样的数据收集和分析方法显然有其缺陷：由于在现实世界中实现绝对的随机采样非常困难，因此采样过程中的偏见和误差可能影响分析结果，也会影响对结果的阐释和结论的普遍性，并可能导致研究者忽略对某些细节的考察。与小数据相对的大数据，不是绝对意义上的“数据大”，而是放弃随机抽样分析法，转而采用所有数据的方法，即全数据的概念。

在二语写作研究中，教师书面反馈一直是个研究热点。传统研究多采用文本分析、访谈等方法收集数据，样本量相对较小。Connors 和 Lunsford (1993) 曾经做过一个当时规模巨大的教师书面反馈研究：1988 年，他们花费了 3 个月的时间，收集了来自美国各地 300 多位教师寄送的 21 000 余份带有教师评语的学生作品，限于数据处理和分析阶段巨大的人工阅读和编码工作量，两位研究者最终决定随机抽取其中的 3000 份样本进行研究。尽管该研究让人印象深刻，但是其数据收集过程由于人为因素的掺入，使得该研究具有一定的局限性。

在大数据时代的今天，二语写作研究者可以思考如何利用大数据技术的优势，采用全数据的方式，快速、高效地收集数据。在南佛罗里达大学，教师都使用一种名为 My Reviewers 的工具阅读学生习作、给出反馈意见和评估结果。该校两位研究者，Dixon 和 Moxley (2013)，通过 My Reviewers，在线收集了 2011 年秋季学期和 2012 年春季学期大学一年级 1101 和 1102 级别写作课上所有带有教师书面评语的学生作业，共计 17 433 份，并从中析出 118 611 条教师书面反馈，他们利用语料索引软件 AntConc 中的“语料索引”和“词表”功能，分析该校一年级写作课教师如何利用已制定的写作评分标准与学生以书面反馈的方式“讨论”学生习作，以评价写作评分标准的有效性，从而对写作评分标准和相关的教学材料做出相应决策。这个研究中采用了全数据的思维模式，快速、高效地收集了所有相关数据进行分析。尽管该研究也存在一些局限性，但其研究方法对基于特定环境进行的二语写作研究具有借鉴意义。

在大数据时代，文字的数字化已被数据化所取代。数字化是“将模拟数据转换成用 0 和 1 表示的二进制码”，以方便计算机对文字的显示；而数据化是“把现象转变为可制表分析的量化形式的过程”(Mayer-Schönberger & Cukier 2013: 78)。数字化与数据化最大的区别在于：数字化的文件无法被现有的搜索引擎搜索到，而数字化文件被数据化后，可以被搜索引擎检索到。文字的数据化使得二语写作研究者能够利用网络和在线信息收集工具，在较短时间内以廉价的人力和物力成本全方位检索并收集数据化的文字信息，因而能够更加频繁地开展小数据时代需要耗费昂贵的时间、人力和物力资源才能进行的深度研究。此外，全数据的数据收集和分析模式增强了研究的信度和效度，使得研究结论更加可靠，在此基础上得出的教学启示更具针对性，执行力更强。

2. 数据的混杂性与精确性

“获取精确的数据”不仅是传统二语写作研究、也是小数据时代社会科学研究在数据收集阶段的目标，因为只有保证数据的质量，才能确保研究结果的准确性。即使目前二语写作研究中数据规模较大的学习者语料库研究，也要求语料数据的精确性。

“中国学习者语料库”（简称 CLEC）和“中国学生英语口笔语语料库”的笔语子库（简称 WECCL）是国内比较知名的两个学习者笔语语料库，常被用以探究中国学生的英语语言使用特点、开展错误分析研究等。CLEC 从筹建（1996 年）到建库完成（2003 年），历时七年。WECCL 历时两年完成建库（2003 年到 2005 年）。两库均采用采样的方式获取语料。以 WECCL 为例，主要从国内 9 所不同层次的高校英语专业学生的作文中采样。语料采集结束后，项目组花费了大量的时间和精力对作文进行整理、录入、清洁，以确保数据的准确性。从学生完成作文到二语写作研究者获得语料库并开始展开研究，中间历经几年的时间跨度。在信息传播方式日新月异的今天，两年可能会见证一批学生英语语言使用特点和风格的转变。在数据收集过程中，因追求数据精确性而导致研究者延时分析和处理数据，会使我们错过实时观察学生习作的最佳时机，降低研究结论的时效性，影响教师相关的教学决策。

在大数据时代，二语写作研究者可以考虑放松容错标准，允许不精确的数据出现在收集的数据集中。这种研究方法上的“包容”和“让步”，会带给我们意外的收获。与 CLEC 和 WECCL 语料库强调语料的精确性不同，在线作文自动评价系统句酷批改网（以下简称“批改网”）采用全数据模式，对学生产出的作文数据进行在线自动收集和实时分析，大幅度地缩减了学生作文数据产生、收集和分析之间的时间差。2015 年 4 月，批改网主办了全国“百万同题英文写作”活动，以“We Are What We Read”为题，在 46 天的活动中，在线收集了 109 万篇学生作文，共计 2.3 亿词。这些学生来自全国 31 个省市地区，近 2 800 所学校。2015 年 7 月，活动主办方发布了《百万同题：英语写作大数据报告》。从学生完成作文到研究报告出炉仅三个月时间。尽管在批改网上收集的学生英语作文数据库不如 CLEC 和 WECCL 中的作文数据精确，如作文中可能会包含一些不合规范的格式、符号，但是这个数据库的库容量是 CLEC 和 WECCL 的 230 倍，数据来源也更加广泛。此外，在收集学生作文文字数据的同时，批改网也自动记录了学生上传作文、与批改网进行互动以修改作文的行为数据。这样的数据库有助于我们快速获知中国学生英语写作习惯、英语语言使用特点、语言使用错误规律的大概轮廓和趋势，这对于二语写作教师和相关的教育决策者至关重要。

Mayer-Schönberger 和 Cukier (2013) 指出执迷于数据的精确性是信息缺乏时代的产物，大数据时代的研究一方面可以通过牺牲获得精确的数据，从而快速取得更广泛的数据，提高研究结果和结论的时效性；另一方面，大数据的完整性和混杂性可以为我们提供事物的全貌，通过舍弃数据的精确性和细节，探查全数据展现的大趋势和发展的大体脉络，从而为快速决策提供保障。

3. 相关关系与因果关系

如果说全数据思维方式和对数据混杂性的包容态度能够帮助我们认识到大数据对二语写作研究方法局限性的补充作用，那么 Mayer-Schönberger 和 Cukier (2013) 所提出的大数据时代“知道是什么就够了,没必要知道为什么”,即强调运用“相关关系”而非“因果关系”认识世界的方法，提醒我们思考在运用大数据思维和技术开展二语写作研究时可能会陷入的误区。

传统的二语写作研究通常会回答两个研究问题：一是“是什么”；二是“为什么”。刘洁莹 (2014: 11) 指出，深入分析各种现象和问题背后的原因，能够帮助二语写作教师更加了解学生、教师自身、课堂环境、以及与教学所处的社会文化环境，这样才能够有效地帮助学生在将来的写作实践中避免错误和问题的发生，提高写作水平，也能够帮助教师有目的地改善教学方法、教学内容，提高教学质量。二语写作研究方法中的很多质性研究方法，如有声思维、回溯性访谈，正是挖掘“为什么”的有效方法。

鉴于二语写作研究的主要目的不仅限于对相关现象的描述和对整体趋势的把握，传统思维方法中对因果关系和深层结构的探究对语言教师和教育决策者依然重要。因此，基于大数据的二语写作研究方法应该与传统的二语写作研究方法中的量化研究、质性研究和混合研究互为补充，相互借鉴。

四、结语

信息技术的发展和大数据时代的到来，为二语写作研究和二语写作教学提供了新的机遇和挑战。大数据思维为开展二语写作研究提供了新的视角，我们应该积极探索利用这一新的思维方式，思考大数据技术可能为二语写作研究和教学带来的变革。但同时，我们也需要明晰大数据技术的局限性，了解到数据虽然能够在一定程度上“发声”，帮助我们快速、准确了解事物发展的趋势，但是它们不能替代人对于现象和问题进行解释。因此，如何有效发挥大数据思维和技术在二语写作研究中的优势，并将其和传统的二语写作研究方法灵活结合使用，更加有效地达到我们的研究目的，是每位二语写作研究者和二语写作教师应该思考的问题。

参考文献

1. Connors, R. J. & A. A. Lunsford. *Teachers' Rhetorical Comments on Student Papers* [J]. College Composition and Communication, 1993, 44(2): 200-223.
2. Dixon, Z. & J. Moxley. *Everything Is Illuminated: What Big Data Can Tell Us About Teacher Commentary* [J]. Assessing Writing, 2013, 18(4): 241-256.
3. Hyland, K. *Teaching and Researching Writing* [M] . Harlow: Longman, 2002.
4. Mayer-Schönberger, V. & K. Cukier. *Big Data: A Revolution That Will Transform How We Live, Work, and*

Think [M] . Boston: Houghton Mifflin Harcourt, 2013.

5. 刘洁莹．大数据时代的大学英语写作评价 [J]. 才智，2014, (34): 10-11.
6. 孟春国,陈莉萍. 走向多元融合的研究范式——中外应用语言学与外语教学期刊的载文分析 [J] . 外语界，2015, (1): 2-11.
7. 王海啸．大数据时代的大学英语写作教学改革 [J]. 现代远程教育研究，2014, (3): 66-72.

通过 SEEQ 探研影响博士生英语课评教的学生因素

中共中央党校　郭　莲

摘　要： 本研究通过采用 SEEQ 量表对北京某高校 2015 级博士生“英语学术阅读与国际会议课”评教结果进行比较分析，试图探研影响评教结果的学生因素及其原因。研究结果显示，学生的性别、年龄、对考试成绩的预期、对所学课程的兴趣等因素都与评教结果无关，而按学习成绩分数高低分班的班级因素与评教结果相关，学生成绩偏低的班级（3 班）评教分数最低，学生成绩最低的班级（4 班）评教分数最高，原因有待进一步进行定性研究。

关键词： 博士生英语课评教　学生因素　班级因素　SEEQ 教学评价量表　方差检验多重比较

一、研究背景

教师教学无论是过去、现在、还是将来，始终都是人才培养的最基本途径。因此，对教师的教学过程和效果进行评价，是保证教学质量的必要因素，也是督促教师改进教学、完善教学管理的重要手段。

从评价主体和客体角度来看，教学评价所依据的价值的多元性和教学活动的复杂性构成了影响评教的最大因素。许多研究都证明，相对于其他的评教主体而言，如领导、同行 / 专家和教师本人，学生评教能够达到较好的信度、效度和区分度。例如，美国学者 Koblitz 曾研究指出，与其他主体的评价相比，学生评教是唯一一种被完整地、严格地论证过有效性的教学评价方式 (1990: 17-19)。

我国高校的学生评教工作自 20 世纪 90 年代初已逐步完善并进入正规化。其后，有关学生评教的可靠性、有效性、评价指标体系、影响评教的因素等方面的研究也逐步增多。其中魏红对影响评教的因素进行了比较全面的概括，这些因素包括组织管理、课程、教师和学生等 (2003: 85-90)。而影响评教的学生因素主要包括学生的性别、年龄、年级、对考试成绩的预期、对所学课程的兴趣以及班级人数等。但这些因素中并没有包括学习成绩不同（好坏）的学生对教学评价的影响，而这方面的实证研究更是寥寥无几。西方有研究表明，学生的学习成绩是衡量教学效果的重要标准，因此，学生对教师的评分和他们的学习成绩是相关的。例如，Central 曾分析了 17 门课的 202 个班，其中有半数的相关系数达到 0.60，有的甚至更高 (1979: 96)。

鉴于上述背景，笔者将通过分析 2015 级博士生“英语阅读和国际会议课”的教学评价问卷结果，探研影响评教的学生因素，特别是成绩不同的学生在评教上是否有差异。本研究结果不但有利于教学改进及提高针对学习成绩不同学生（即班级）授课的方法和策略，也可为教学评价比较研究提供案例依据。

笔者 2015 年所教授的“英语学术阅读与国际会议课”（还包含“学术期刊文章检索”和“撰写概要”两项内容），旨在通过课堂讲授和实践，培养和提高学生检索和阅读英语学术期刊文章、作学术报告和撰写学术论文概要的英语学术综合能力。笔者在期末答疑课上通过使用信、效度都较高的澳大利亚著名教育心理学家 Marsh 编制的 SEEQ (Student Evaluation of Educational Quality) 量表让学生对该课程进行评价。鉴于笔者所在学校一直都是以学生入学考试成绩分数的高低顺序分配学生为 1 ～ 4 班，所以本文比较分析各个班级学生的评教结果就等于比较分析学习成绩不同（好坏）的学生的评教结果。

二、研究方法

1. 测量对象

本研究将对 2015 级博士生“英语学术阅读与国际会议课”教学评价数据进行分析研究，教师在学期末的答疑课上发放 SEEQ 问卷 91 份，收回有效问卷 91 份。

2. 测量工具

本研究使用的是 Marsh 编制的 SEEQ 英文原文问卷量表。该量表由 31 个调查项目组成，31 个单项构成 8 个测评维度，它们依次为：1. 学习 / 价值感（1 ～ 4）；2. 教学热情（5 ～ 8）；3. 教学组织（9 ～ 12）；4. 群体互动（13 ～ 16）；5. 人际和谐（17 ～ 20）；6. 知识宽度（21 ～ 24）；7. 考试 / 评分与作业 / 阅读材料（25 ～ 29）；8. 课程和教师总评（30 ～ 31）。问卷各项为 5 级评分制（very poor, poor, moderate, good, very good ：1 ～ 5 分）。本研究使用 SPSS（22 版）进行统计分析。

三、结果与讨论

1. 2015 级博士生教学评价均值有显著差异的 10 个单项检验

笔者通过对 2015 级博士生评教数据样本的分析，发现影响学生评教的学生因素中，学生年龄、性别、对考试成绩的预期和对所学课程的兴趣上都没有显著差异，在班级因素中有 10 个单项上存在着显著差异，结果如表 1（因篇幅所限，仅列出有显著差异的选项）。

表 1　不同班级学生样本在 10 个单项上的平均数、标准差和差异检验

项目	一班		二班		三班		四班		差异检验
	平均数	标准差	平均数	标准差	平均数	标准差	平均数	标准差	Sig of F
1	4.48	.730	4.45	.605	4.23	.863	4.82	.395	.036*
7	4.70	.559	4.50	.607	4.15	.784	4.73	.631	.011*
9	4.83	.388	4.75	.444	4.42	.809	4.91	.294	.012*
10	4.96	.209	4.80	.410	4.58	.703	4.95	.213	.011*
11	4.61	.499	4.65	.489	4.31	.788	4.82	.395	.024*
12	4.39	.656	4.55	.510	4.12	.816	4.77	.528	.007**

续前表

项目	一班		二班		三班		四班		差异检验
	平均数	标准差	平均数	标准差	平均数	标准差	平均数	标准差	Sig of F
15	4.52	.593	4.60	.681	4.23	.815	4.91	.294	.005**
16	4.48	.665	4.60	.598	4.38	.697	4.91	.294	.020*
17	4.78	.422	4.50	.607	4.46	.706	4.86	.351	.031*
18	4.25	.665	4.55	.759	4.19	.849	4.82	.501	.030*

差异显著性水平检验 * p< .05　** p< .01　*** p< .001

表 1 反映出 1 ~ 4 班学生对教师的评价在 10 个选项上存在着差异，它们分别是：课程具有挑战性和刺激性（1）、教师授课幽默风趣（7）、教师的讲解清楚明白（9）、教师对教材精心准备讲解详尽（10）、教师授课内容与教学目标吻合（11）、教师的讲解有助于学生做笔记（12）、鼓励学生提问并给予有意义解答（15）、鼓励学生表达个人观点及质疑教师（16）、教师友好地对待每一个学生（17）、无论课内外学生都能感到教师欢迎他们向他 / 她寻求帮助和建议（18）。这说明各个班（即学习成绩不同的学生）对教师这 10 个方面的表现给予了不同的评价。

通过进一步的多重比较（LSD）分析，10 个具有显著差异的单项结果如表 2（因篇幅所限，仅列出有显著差异的班级选项结果）。

表 2　不同班级学生样本 10 个有显著差异项的多重比较

项目	(I) 班级	(J) 班级	平均差异 (I-J)	标准错误	显著性
1. 课程有挑战性（LSD）	三班	四班	-.587*	.198	.004**
7. 讲课幽默（LSD）	三班	一班	-.542*	.198	.005**
		四班	-.573*	.190	.003**
9. 讲解清楚（LSD）	三班	一班	-.403*	.154	.011*
		二班	-.327*	.160	.044*
		四班	-.486*	.156	.002**
10. 教材准备认真、讲解详尽（LSD）	三班	一班	-.380*	.128	.004**
		四班	-.378*	.130	.005**
11. 教学预期目标与实际授课内容吻合（LSD）	三班	二班	-.342*	.171	.049*
		四班	-.510*	.167	.003**
12. 讲授易于做笔记（LSD）	三班	二班	-.435*	.194	.027*
		四班	-.657*	.189	.001***
15. 鼓励学生问问题并给予有意义的回答（LSD）	一班	四班	-.387*	.189	.044*
	三班	四班	-.678*	.184	.000***
16. 鼓励学生表达他们自己的意见和质疑教师（LSD）	一班	四班	-.431*	.177	.017*
	三班	四班	-.524*	.172	.003**
17. 对每一个学生都友善（LSD）	三班	一班	-.321*	.156	.043*
		四班	-.402*	.158	.013*
18. 学生寻求教师帮助时感到受欢迎愉快（LSD）	三班	四班	-.626*	.206	.003**

差异显著性水平同表 1

表 2 显示出，在这 10 个具有显著差异的选项中，1 班、2 班和 4 班之间的差异显著项较少（1 班与 4 班仅在 15 和 16 选项上有差异），而 3 班则与其他班之间存在较多的差异项，例如，3 班与 1 班在 4 个选项上存在显著差异（7、9、10、17），与 1 班在 3 个选项上存在显著差异（9、11、12），与 4 班则在 10 个选项上都存在着显著差异。从平均差异值可看出 1 班、2 班和 4 班的评价分数都高于 3 班。这就是说，3 班学生与其他各班相比，特别是与 4 班相比，对教师授课这 10 个方面都给予了比其他班学生更低的评价。

2. 2015 级博士生教学评价各维度的均值差异检验

各班在 SEEQ 中 8 个维度上的差异检验结果如表 3。

表 3 不同班级学生样本各维度平均数、标准差和差异检验

项目	一班		二班		三班		四班		差异检验
	平均数	标准差	平均数	标准差	平均数	标准差	平均数	标准差	Sig of F
1	4.32	.570	4.40	.462	4.13	.657	4.64	.414	.021*
2	4.67	.332	4.66	.399	4.40	.645	4.81	.353	.025*
3	4.70	.319	4.69	.388	4.36	.671	4.86	.200	.001***
4	4.52	.499	4.64	.529	4.36	.633	4.88	.275	.007***
5	4.51	.514	4.45	.662	4.30	.725	4.74	.440	.096
6	4.42	.485	4.64	.385	4.34	.758	4.64	.448	.160
7	4.63	.433	4.59	.509	4.46	.689	4.78	.385	.183
8	4.50	.603	4.53	.573	4.35	.797	4.82	.363	.073

差异显著性水平同表 1

表 3 显示出各班学生在 SEEQ 表中的 1（学习 / 价值感）、2（教学热情）、3（教学组织）和 4（群体互动）维度上存在着显著差异，而在 5（人际和谐 / 师生关系）、6（知识宽度）、7（考试 / 评分与作业 / 阅读材料）和 8（课程和教师总体评价）维度上则不存在着显著差异。

各班在有显著差异的 4 个维度上的多重比较结果如表 4。

表 4 不同班级学生样本 4 个有显著差异维度的多重比较

维度	(I) 班级	(J) 班级	平均差异(I-J)	标准错误	显著性
1. 学习价值（LSD）	三班	四班	-.502*	.159	.002**
2. 教学热情（LSD）	三班	一班	-.270*	.132	.044*
		四班	-.403*	.133	.003**
3. 教学组织（LSD）	三班	一班	-.340	.127	.009*
		二班	-.332*	.132	.014*
		四班	-.508*	.129	.000***
4. 群体互动（LSD）	一班	四班	-.353*	.151	.022*
	三班	四班	-.519*	.147	.001***

差异显著性水平同表 1

表 4 显示出，在 4 个具有显著差异的维度中，1 班与 4 班仅在 1 个维度上存在着显著差异（4 班比 1 班分数高）；3 班与 1 班和 2 班分别在 2 个和 1 个选项上存在着差异（3 班分数低于 1 班和 2 班）；而 3 班在 4 个有差异的维度都与 4 班存在着显著差异，且 3 班的分数都低于 4 班。这说明，3 班与其他各班相比，特别是与 4 班相比，在对教师授课的 4 个维度上都给出了比其他班较低的评价。

通过数据分析比较可得出结论：学习成绩偏低的 3 班学生在 10 个单项和 4 个维度中的评价分数都低于其他各班，而学习成绩最低的 4 班却给出了最高的分数。对于这一评价结论，笔者感到比较困惑。因为按照惯例来看，1、2 班属于学生英语水平较高的等（班）级，而 3、4 班则属于学生英语水平较低的等（班）级。如果这两个“等级”之间的学生评价有差异的话，可以解释。但评价差异存在于同样“等级”的 3 班和 4 班之间就有些“不合常理”了。为了进一步探其原因，笔者做了班级与各班对考试成绩的预期差异检验，结果这两者之间不存在显著差异。这一结果与西方学者已有研究的发现不相吻合，Marsh 曾研究发现，当同一名教师在两种不同情况下讲同一门课程时，打分的宽松度相等，期望得到较高分数的班也会对教学效果给予较好的评估 (1997: 187-197)。而且，通过笔者本学期授课情况看，各班学生在课堂表现上，特别是活跃程度方面并无明显差异，反倒是 3 班比较配合老师，课堂气氛也比较活跃。

鉴于采用定量统计法分析研究没有找到造成学习成绩不同的学生对教师评价上的差异原因，笔者打算在本学期采用追踪访谈的方法继续对各班，特别是 3 班学生进行访谈调查，根据访谈结果分析探究学习成绩不同学生评教差异的原因，并将后续研究成果用于今后的教学改进和研究中。

参考文献

1. Central, J . A. *Determining Faculty Effectiveness* [M]. San Francisco: Jossy-Bass, 1979, 96.
2. Koblitz, N. *Are Student Ratings Unfair to Women?* [J]. Newsletter of the Association for Women in Mathematics, 1990, (20), 17-19.
3. Marsh, H.W. & Rochel, L.A. *Making Students' Evaluation of Teaching Effectiveness Effective* [J]. American Psychologist, 1997, (11), 187-197.
4. 魏红，申继亮．背景特征对学生评价教师教学的影响 [J]. 高等教育研究，2003, (4), 85-90.

SEEQ 运用于研究生英语翻译课教学评价的案例研究

中共中央党校　沈　凌

摘　要：本研究采用 SEEQ 教学评价量表，对北京某高校 2015 级硕士生英语翻译课进行教学评价，并对不同性别、班级、选课理由的评价结果进行了差异检验和卡方检验。研究结果表明，不同性别和班级因素几乎不会影响评教结果，但不同的选课原因和学习动机会直接影响学生对翻译课的教学评价。该结果与 SEEQ 运用于其他课程的评教结果基本相符，也证明了该量表运用于硕士生翻译课教学评价具有较好的信度和效度。

关键词：SEEQ 教学评价量表　差异检验　硕士生英语翻译课

一、研究背景

形成性评价已经是很多国内外高校教师教学活动中不可缺少的重要环节，很多高校都采用了相关的教学效果评价量表，其中最有影响的是澳大利亚心理学家 Marsh 编制的 SEEQ 问卷量表 (Marsh 1987: 253)。1994 年孟庆茂教授等将该英文量表翻译编制为中文版《大学教师教学效果评价问卷》，并且在中国内地、台湾、香港大学生中进行调查研究，结果均证明：中文版的 SEEQ 量表是一种信度和效度都较高的量表，因此在国内很多的高校得以广泛使用。大部分评教都是在本科生课程范畴内进行的，很少有研究者将其用于研究生英语教学评价，而在研究生英语翻译课评教中几乎找不到使用该评教工具的研究成果。本研究将使用修改过的中文版 SEEQ 量表对笔者所教授的硕士生英语翻译课进行教学评价，旨在通过探析硕士生对英语翻译课的教学评价结果是否受到班级、性别、选课理由等因素的影响，并分析该结果与其他研究结果之间的异同，从而检验 SEEQ 量表是否也同样适用于硕士生英语翻译课的教学评价。

二、研究方法

1. 被试

本研究对北京某高校 2015 级硕士研究生在 2015 年下半年英语翻译课进行教学评价。该调查问卷是在该学期最后一堂课上分班级让学生匿名填写完成的，共发放问卷 112 份，收回有效问卷 112 份。有效问卷中男生人数为 63 人，女生人数为 49 人；4 个班级是按照学生入学考试成绩从高到低依次分为一班（27 人）、二班（27 人）、三班（30 人）、四班（28 人）；学生年龄介于 20 ~ 29 岁之间；所学专业均为人文社科类。

2. 测量工具

本研究使用的是在 Marsh 编制的 SEEQ 问卷量表基础上修编的中文量表，其中文译文主要参考的是孟庆茂等修编的《大学教师教学效果评价问卷》（孟庆茂，魏红，1994）。该量表由 32 个调查项目组成，可分为 8 个测评维度，它们依次为：1. 学习 / 价值感（1 ~ 4）；2. 教学热情（5 ~ 8）；3. 教学组织（9 ~ 12）；4. 群体互动（13 ~ 16）；5. 人际和谐（17 ~ 20）；6. 知识宽度（21 ~ 24）；7. 作业 / 评分 / 翻译材料（25 ~ 30）；8. 课程和教师总体评价（31 ~ 32）。前 32 题为 5 级评分制（very good, good, moderate, poor, very poor: 5 ~ 1 分）此外，该问卷还包括学习翻译的目的、课程内容的喜好程度、讲授方式的喜好程度和提问方式的喜好程度等项目。全部数据使用 SPSS 21.0 版本进行统计分析。

三、结果与讨论

1. 2015 级硕士研究生翻译课教学评价各单项教学评价结果

表 1　2015 级硕士研究生翻译课教学评价样本的平均值和标准差

项　　目	平均值	标准差
17. 教师友好地对待每一个学生	4.87	0.367
5. 教师授课充满热情	4.86	0.351
6. 教师授课充满精力和活力	4.85	0.385
10. 教师对教材精心准备讲解详尽	4.78	0.654
18. 无论课内外学生都能感到教师欢迎学生向他 / 她寻求帮助和建议	4.74	0.460
15. 教师鼓励学生提问并给予有意义的解答	4.71	0.706
11. 教师授课内容与教学目标吻合	4.68	0.557
19. 教师真诚地关心每一个学生	4.66	0.637
14. 教师欢迎学生分析他们的观点和知识	4.65	0.625
7. 教师授课幽默风趣	4.63	0.749
9. 教师的讲解清楚明白	4.61	0.559
13. 教师鼓励学生参与课堂讨论	4.54	0.642
16. 教师鼓励学生表达个人观点及质疑教师	4.53	0.671
27. 教师的作业能体现教师强调的内容	4.50	0.684
26. 教师所给学生评分的方法手段公平恰当	4.46	0.722
22. 教师能阐述相关概念 / 观点的背景 / 来源	4.44	0.668
23. 教师能讲授自己的观点也讲授他人的观点	4.43	0.667
8. 教师授课能使学生在课堂上保持兴趣	4.41	0.964
25. 教师所给作业上的反馈信息有价值	4.34	0.730
28. 教师指定的翻译材料有价值	4.31	0.723
21. 教师能比较各种相关理论	4.22	0.877
2. 学生学到了有价值的东西	4.14	0.769

续前表

项　　目	平均值	标准差
12. 教师讲授有助于学生记笔记	4.14	0.858
29. 课后练习及作业有助于对课程的理解	4.13	0.833
24. 教师能充分讨论学科目前发展趋势	4.13	0.807
20. 课后学生也可以接触到教师	4.02	0.939
1. 课程具有刺激性和挑战性	4.01	0.741
3. 通过学习提高了对翻译的兴趣	3.98	0.838
4. 理解并学到了该课程的内容	3.87	1.061
30. 翻译课的作业量	3.55	1.192
（注：前 30 项以平均值大小从高到低排序）		
31. 与其他课程相比，对该课程的总评价	4.59	0.562
32. 与其他教师相比，对该教师的总评价	4.79	0.448

表 2　2015 级硕士研究生翻译课教学评价样本各维度平均值和标准差

项　　目	平均值	标准差
学习 / 价值感平均分	4.00	0.632
教学热情平均分	4.69	0.481
教学组织平均分	4.55	0.519
群体互动平均分	4.61	0.507
师生关系平均分	4.57	0.486
知识宽度平均分	4.30	0.628
作业 / 评价 / 翻译材料平均分	4.22	0.582
评价总分平均分	4.69	0.451

从表 1 可以看出，大部分测评项目的平均分都在 4 分以上，说明学生对教师授课的教学效果比较肯定；而且，学生对课程的总评价（4.59）和该教师对总评价（4.79）也反映出学生对该课程和该教师的教学比较满意。在 1 ～ 30 评价项目中，平均值最高的前三项依次为：教师友好地对待每一个学生（4.87），教师授课充满热情（4.86），教师授课充满精力和活力（4.85），这三项值的标准差也较小，说明学生在这些方面对教师的评价最高并且意见比较统一；平均值最低的三项依次为：翻译课的作业量（3.55），理解并学到了该课程的内容（3.87），通过学习提高了对翻译的兴趣（3.98），这三项值的标准差也较大，说明学生在这些方面对教师的评价较低并且看法分歧较大。该结果与已有研究（郭莲 2010）中反映的评教结果最低的项目相类似，说明在如何让学生通过教学既理解课程内容又提高学习兴趣方面教师还需要继续努力。

从表 2 可以看出，平均值较高的两项维度分别为教学热情（4.69）和群体互动（4.61），且标准差也较小，说明学生对老师的教学热情和群体互动能力比较肯定，并且意见相对一致。平均值较低的两项维度为作业 / 评价 / 翻译材料（4.22）和学习价值（4.00），且标准差也较小，说明学生对翻译课的作业和翻译材料以及对翻译课的学习价值的自我评价较低，并且意见相对统一。

2. 不同性别项目子样本的平均数、标准差和差异检验

笔者对不同性别的样本进行了差异检验，所有 30 项结果均没有显著差异，说明男女学生在教学评价上的看法基本一致。在此基础上又进行了 T 检验，结果一致。此外还对不同性别的各维度样本进行了独立样本 T 检验，结果均没有显著差异，即男女学生对翻译课的教学评价基本一致，这也和其他学者的相关研究结果相吻合。(马红薇，孔娟 2006 ；饶燕婷 2009 ；郭莲 2010)

3. 不同选课理由项目子样本的平均数、标准差和差异检验

表 3　不同班样本的选课理由统计

		一班	二班	三班	四班	合计
选课理由	1. 应付考试	2	12	6	10	30
	2. 提高翻译水平	18	9	15	12	54
	3. 必修课的需要	4	4	6	6	20
	4. 考博 / 出国的需要	2	2	3	0	7
	5. 其他	1	0	0	0	1
合计		27	27	30	28	112

表 4　不同选课理由项目子样本的平均值、标准差和差异检验

项目	理由 1		理由 2		理由 3		理由 4		理由 5		差异检验
	平均值	标准差	平均值	标准差	平均值	标准差	平均值	标准差	平均值	标准差	Sig of F
2	3.97	0.850	4.30	0.662	3.80	0.834	4.71	0.488	4.00	0.000	0.018*
3	3.70	0.915	4.26	0.705	3.45	0.759	4.43	0.535	5.00	0.000	0.000**

差异显著性水平检验 * $p<0.05$　** $p<0.01$（此表仅列出有显著差异的项目）

由表 3 和表 4 可见，有接近半数的学生（54 人）选择翻译课的理由是为了提高翻译水平，其次有 30 人的选课理由是为了应付考试，还有 20 人的选课理由是翻译是必修课，而出于考博 / 出国考虑而学习翻译的人数较少。为提高翻译水平和考博 / 出国需要而选课的学生第 2 项和第 3 项的平均值都要明显高于为应付考试和必修课的需要而选课的学生。通过差异检验的结果可以看出，第 2 项的 p 值＝ 0.018<0.05，第 3 项 F 检验的 p 值 =0.000<0.01，即不同的选课理由与学生认为自己是否能学到有价值的东西（第 2 项）显著相关，不同选课理由和学生认为通过学习提高了对翻译的兴趣（第 3 项）的相关性非常显著。由此可见，不同的学习目的和选课理由会直接影响学生对自我学习的评价。当学生选课出于想提高翻译水平或者是为了继续深造的情况下，学生学习一般比较主动，兴趣和积极性都比较高，给教师的评价就相对较高；而当选课是由于该课是必修课或是为了应付考试的时候，学生学习起来比较被动，兴趣和积极性都比较低，给教师的评价就相对较低。该结果与饶燕婷 (2009: 37) 认为“选课原因与学生评价相关，当学生因为兴趣而选课时给教师的评分更高，当这门课是必修课时给教师的评分更低”的结论基本一致。

4. 不同班级项目子样本的平均值、标准差和差异检验

表 5　不同班级项目子样本平均数、标准差和差异检验的多重比较

因变量		(I) 班级	(J) 班级	均值差 (I-J)	标准误	显著性
1. 课程有挑战性	LSD	二班	一班	-.333	.198	.096
			三班	-.463*	.193	.018*
			四班	-.403*	.197	.043*
2. 学到有价值的东西	LSD	二班	一班	-.370	.206	.076
			三班	-.178	.201	.379
			四班	-.468*	.205	.024*
15. 鼓励学生问问题并给予有意义的回答	LSD	二班	一班	-.074	.191	.698
			三班	-.378*	.186	.044*
			四班	-.123	.189	.516
17. 对每一个学生都友善	LSD	二班	一班	-.111	.099	.264
			三班	-.159	.096	.101
			四班	-.224*	.098	.025*
25. 考试及作业反馈信息有价值	LSD	二班	一班	-.111	.195	.570
			三班	-.456*	.190	.018*
			四班	-.317	.193	.104
30. 本课程工作量（作业量）如何	LSD	一班	二班	-.370	.319	.247
			三班	-.556	.310	.076
			四班	-.817*	.316	.011*

差异显著性水平检验 * $p<0.05$　** $p<0.01$（此表仅列出有显著差异的项目）

笔者对不同班级的样本进行了差异检验，当进行以班级为变量的单因素分析时，班级与前 32 项的评价结果之间都没有显著差异，但在此结果的基础上进行多重比较时，则发现有一些选项的结果与班级相关。

如表 5 所示，二班在第 1、2、15、17、25 项都与三班或四班之间存在显著差异，这说明二班和三班或四班的学生在有关课程的挑战性、是否学到有价值的东西、教师是否鼓励学生回答问题、是否对每一个学生都友善以及考试和作业反馈的信息有价值这几项问题的看法上存在明显的分歧；而且，从均值差可以看出，二班在以上五项的评价均值都是四个班级中最低的，这是一个非常有趣的现象。通过对四个班级的构成特点进行分析后笔者发现，虽然四个班级是按照入学成绩从高到低进行分班的，每个班的人数都在 30 人左右，但是二班学生的男女分布非常不平衡（男生 21 人，女生 6 人），而其他三个班级的男女分布基本对等（一班：男生 12 人，女生 15 人；三班：男生 16 人，女生 14 人；四班：男生 14 人，女生 14 人）。从教师上课的教学感受也可以明显感觉到二班的课堂相对其他三个班级活跃度较低，男生过多反而不太愿意在课堂上展示自我。考虑到性别比例的差异也许是造成班级差异的原因之一，笔者专门对选课理由和班级、性别进行了卡方检验。结果表明，选课理由和班级之间并不存在显著差异，即选课理由和班级之间基本不相关。但是选课理由和性别之间却有非常显著的差异，即选课理由和性别之间具有强烈的相关性。统计结果也表明女生主动学习的比率（71.4%）要远远高于男生（41.3%），这也从某种程度上

解释了为什么二班的学生多项教学评教结果都低于其他班级，其原因之一就是男生比例过高，整体的学习主动性要低于其他班级。

此外，从均值差第 30 项可以看出，一班和四班在课程的作业量评价上存在显著差异，四班的评价均值最高，一班评价均值最低，这也是一个有趣的结果。该学期教师在课后给学生布置了一些课后的翻译练习并且要求上交检查，四班学生虽然基础较差，但是很多同学都能认真完成，相比之下，一班学生则可能认为翻译练习难度不够而数量偏多有一些不满。该结果也与饶燕婷 (2009: 38) 中指出的“课程难度和学业负担并不会使学生评价产生偏差”，“课程难度和学业负担与学生评价成正相关”等结论相符。

本研究的分析结果表明，研究生对英语翻译课的教学评价基本不受性别、班级因素的影响，但是不同选课理由却与评教结果显著相关，出于提高翻译水平或是继续深造等主动理由选课的学生的评教结果明显要高于出于应付考试或者必修课等被动理由选课的学生。此外，卡方检验结果表明，不同的班级的学生选课理由差异不大，而不同性别的学生选课理由则有很大差异，女生学习翻译的兴趣和主动性要远远高于男生。这些结果与以往其他学者使用 SEEQ 进行教学评价的研究结果基本一致，说明该量表同样适用于硕士生英语翻译课的教学评价。

参考文献

1. Marsh, H.W. *Students' Evaluation of University Teaching: Research Findings, Methodological Issues, and Directions for Future Research* [J]. International Journal of Educational Research, 1987, (11).

2. 郭莲．SEEQ 运用于博士生英语阅读课教学评价的案例研究 [A]. 研究生英语教学与研究 (2010) [C]. 北京：中国人民大学出版社，2010.

3. 刘喜玲．形成性评估再过程性翻译教学模式的应用研究 [J]. 湖北函授大学学报，2014, (16): 122-123.

4. 马红薇，孔娟．大学生评估英语教师教学效果调查的研究 [J]. 教学研究，2006, (1): 66-74.

5. 孟庆茂，魏红．大学教师教学质量评价测验 [A]. 华文社会的心理测验 [C]. 台北：心理出版社，1994.

6. 饶燕婷．美国大学学生评教的影响因素研究述评 [J]. 比较教育研究，2009, (8): 36-40.

Empirical Study on Relationship Between College English Learners' Beliefs About English Reading and Use of Reading Strategies

中国人民大学外国语学院　毕玉玲　袁加丽

Abstract: Through exploring the dimensions of beliefs about English reading and reading strategies, and specifying the links between the two aspects, the present study helps teachers and students better understand the nature of beliefs about English reading and reading strategies. In the meantime, the examination of College English learners' beliefs about English reading and use of reading strategies has unveiled problems in the teaching of English reading. Accordingly, suggestions are put forward for English teachers in terms of the selection of reading materials, the design of teaching activities and the training of reading strategies in order to improve students' reading proficiency.

Key words: College English learners' beliefs about English　reading belief　reading strategies　correlation study

1. Introduction

It is widely acknowledged that learners hold certain beliefs about language and language learning before they come to the classroom, which has proved to be highly correlated with learning strategies and learning outcomes. Reading proficiency, as an important part of learners' language competence, has drawn dramatic attention from both researchers and learners. However, no substantial progress has been made in the teaching of English reading. Compared to the attention drawn to reading strategies and proposition of ways to improve English reading, researchers seldom deal with how the learners perceive English reading, let alone its relation to strategy use.

Since the 1970s, the academic world has shifted its focus from learning product to learning process and from the behavior of teachers to that of learners. Exploration into beliefs about language learning began to arise ever since (Wang Shouyuan 1999). This paper will adopt Richards and Lockhart's (2007) classification of learner belief and Grabe and Stoller's (2005) reading strategy list to discuss the interaction between the two aspects. Richards and Lockhart (2007) divide learners' beliefs into eight groups: 1) Nature of English; 2) Speakers of English; 3) Four language skills; 4) Teaching; 5) Language learning; 6) Classroom behavior; 7) Self; and 8) Goals. This classification has been acclaimed by many researchers due to its explicitness and comprehensiveness (Gardner and Miller 2005). Grabe and Stoller (2005) have specified different strategies corresponding to different reading purposes: for reading to search for simple information, skimming and scanning are the common strategies; for reading to learn from texts, the strategies involve remembering main ideas and details, recognizing and building rhetorical frames, and linking the text to the reader' knowledge base; for reading to integrate information, write and critique texts, the readers should be able to decide the relative importance of complementary, mutually supporting or conflicting information and to compose, select, and critique information; for general comprehension, the most basic purpose of reading, it requires the processing of words, forming a general meaning representation of words, and efficient coordination of many processes. They (2005: 16) have also provided a detailed list of strategies involved in the reading process which has been widely used both at home and abroad. Therefore, the present study will make use of it in the questionnaire survey.

Ji Kangli (2003) has designed a 21-item likert scale questionnaire to explore learners' beliefs about English reading from four aspects: 1) Nature and purpose of English reading; 2) Reading strategies; 3) Role of teachers; 4) Role of students (Ji Kangli 19). Results reveal that although students hold correct beliefs about the nature and purpose of English reading, i.e. reading is for the acquirement of information, understanding deep meaning and the improvement of other language skills, and they also know the correct reading strategies, such as reading extensively and making use of prior knowledge, a large number of students still hold traditional view toward the role of teachers and learners. They still regard teachers as the authority whose job is to disseminate knowledge to students as much as possible while they learners just have to follow and memorize the knowledge they've learned.

Referring to Richards and Lockhart's theory about learner beliefs, Sun Qi (2004) has attempted to investigate College English learners' beliefs about English reading from seven aspects: 1) Nature of English reading; 2) Perception about learners themselves; 3) Attitude about the teaching of English reading; 4) Motivations of English reading; 5) Goals; 6) Reading interests, and 7) Reading habits. Through the questionnaire survey, the authors find significant differences exist between students from key universities and non-key universities, between grad students, between students of humanities and those of sciences, and between boys and girls.

Ji Kangli's research is one of the few researches carried out in the context of China to explore English learners' beliefs toward English reading. However, this study is limited to only four aspects of learning to read and the design of the questionnaire is not validated by statistical treatment. Comparatively, Sun Qi's study covers a wider range of issues in English reading. However, her study only adopts descriptive analysis and hasn't gone through validation analysis, either. Therefore, improvement is to be made in validation and deeper analysis in future study.

The authors employ questionnaire survey to classify and examine College English learners' beliefs about English reading, the use of reading strategies, and to explore their relationship. 412 freshmen and sophomores from six universities in Beijing and Chongqing have participated in the questionnaire survey.

2. Questionnaire Survey

The questionnaire survey was the major part of the present research. First, it could investigate simultaneously the beliefs about English reading and the strategy use; Second, statistical software could be used to analyze the specific relationship between the two aspects, which was more likely to be "accurate and exhaustive" (Wen Qiufang et al. 2004: 154); Third, the questionnaire survey could reach a large sample of College English learners, which may increase the applicability of the results obtained from the collected data. 450 copies of the questionnaire were distributed to freshmen and sophomores of non-English majors in the autonomous-learning classrooms and libraries in the six universities from Dec. 20, 2011 to May 4, 2012. Accordingly, 38 copies were considered to be invalid and the data analysis was consequently based on the remaining 412 copies. The questionnaire survey reveals that English reading involves at least five kinds of strategies, i.e. Prediction, Reading pace, Meaning analysis, Structure analysis and Lexical skills. Among these strategies, College English students in general can make use of all categories of reading strategies except those related to reading pace to facilitate their reading comprehension. Data collected from questionnaire survey was processed by SPSS 20.

Table 1 Structure of the Questionnaire

Section	Content	Item No.
Information	Background information	1—7
Beliefs	Nature of English reading	1—8, 13—18
	Reading skills	9—12, 35—39
	Readers themselves	19—26
	Motivations and goals of English reading	27—29, 55—60
	Learning to read	30—34, 40—45
	Teaching English reading	46—54
Reading strategies	Strategies provided by Grabe and Stoller	61—66, 72—89
	Strategies mentioned by the interviewees	67—71

All missing values were replaced with respective means. Item analysis found that items 14, 15, 17, 18, 27, 41, and 69 were not discriminative, so they were deleted.

3. Results and Discussion

College English learners' beliefs about English reading consist of seven aspects: 1) Self-assessment of reading ability, 2) Attitude toward the teaching of English reading, 3) Perception about the benefits of English reading, 4) Motivations of English reading, 5) Ways to improve English reading ability, 6) Read as an English learner and 7) Read as a thinker. Regarding reading strategies, college English learners make use of five categories of strategies to facilitate their reading comprehension: Prediction, Reading pace, Meaning analysis, Structure analysis and Lexical skills.

When it is to analyze the relationship between two sets of data, canonical correlation analysis is often used (Guo Zhigang 1999). By virtue of canonical correlation analysis, we can find whether the seven aspects of reading belief and the five categories of reading strategies can be represented by respective canonical variables and how closely are they correlated, and to what extent the canonical variables of belief can explain its own variance and the strategies' variance, and vice versa.

For convenience, "X" is employed to represent the canonical variable of beliefs and "Y" the canonical variable of strategies. Data collected from questionnaire survey was processed by SPSS 20.

Table 2 Canonical Correlation Analysis

Beliefs	Canonical Variable X			Strategies	Canonical Variable Y		
	X1	X2	X3		Y1	Y2	Y3
Self-assessment of reading ability	-0.61487 -0.19107	0.39622 0.44518	-0.05357 0.21018	Prediction	-0.64464 -0.22729	-0.56907 -0.48606	-0.14935 -0.34177
Attitude toward Teaching	-0.54431 -0.30429	0.25043 0.17825	-0.20583 -0.26884	Reading pace	-0.64462 -0.43515	0.62103 0.68135	0.34725 0.51472
Perception about benefits of reading	-0.54371 -0.21650	-0.55098 -0.59217	-0.34807 -0.34670	Meaning analysis	-0.79618 -0.44270	-0.10333 -0.01118	-0.08736 -0.12141
Motivations of English reading	-0.60840 -0.10436	0.07316 -0.01941	-0.36525 -0.38354	Structural analysis	-0.67283 -0.30044	-0.20463 0.08212	-0.36075 -0.53801
Ways to improve reading ability	-0.54426 -0.11916	0.30977 0.14643	0.57978 0.84153	Lexical skills	-0.36429 -0.05039	-0.66817 -0.47279	0.59339 0.95304
Read as an English learner	-0.61177 -0.14358	0.46755 0.54954	-0.15150 0.50328	Read as a thinker	-0.79410 -0.48230	-0.29919 -0.54954	0.28821 0.50328
Variance% (set 1)	37.73112	13.32443	10.59953	Variance% (set 2)	41.00784	24.17067	12.65549
Variance% (set 2)	18.20946	2.80713	0.80619	Variance% (set 1)	19.79084	5.09217	0.96256

Note: Statistics in bold represents the canonical correlations, i.e. the overall influence of original variables on canonical variables and statistics not in bold represents the standardized canonical coefficients, i.e. the direct influence of original variables on the canonical variables (Guo Zhigang, 1999).

As the above shows, X1 is mainly represented by the belief of "Read as a thinker," because the canonical correlation (-0.79410) and the standardized canonical coefficients (-0.4823) are the highest among all variables. X2, in like manner, is represented by belief about "Perception about benefits of English reading" (-0.55098, -0.59217) and "Read as an English learner" (0.46755, 0.54954). X3 is mainly represented by the belief about "Ways to improve English reading" (0.57978, 0.84153). Altogether, the three canonical variables can explain about 61.66% of its own variance and 21.82% of the strategy use's variance, which has reached fairly good canonical correlation (Gao Yihong et al, 2002).

Y1, on the other hand, is mainly about strategies related to "Reading pace" (-0.64442, -0.43515) and "Meaning analysis" (-0.79618, 0.44270). Y2 is represented by "Prediction"

(-0.56907, -0.48606), "Reading pace" (0.62103,0.68135) and "Lexical skills" (-0.66817, -0.47279). Y3 is mainly about "Lexical skills" (0.59339, 0.95304). The three canonical variables can explain about 77.83% of its own variance and 25.85% of the beliefs' variance, which has also reached fairly good canonical correlation (Gao Yihong et al. 2002).

Based on the analysis above, a diagram can be drawn to directly display the relationship between beliefs about English reading and the strategy use (See Figure 1).

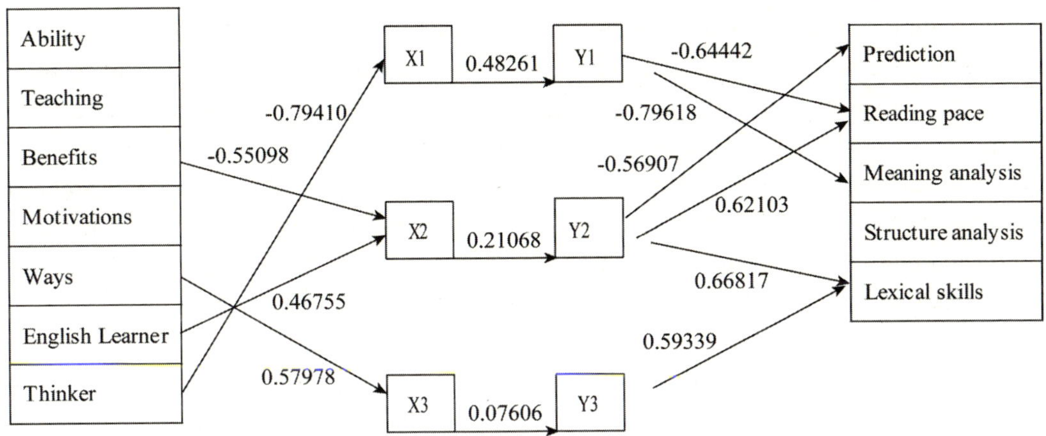

Figure 1 Relationship Between Beliefs About English Reading and Strategy Use

Among the three pairs of canonical variables, the first one (X1, Y1) is the most important, through which the belief about "Read as a thinker" is correlated with strategies related to "Reading pace" and "Meaning analysis." In this pair, "Read as a thinker" can explain about 37.73% of the variance of its own dataset, and 18.21% of the use of reading strategies (See Table 2). That is to say, the more the students pay attention to the general idea, the deep meaning and the formation of their own ideas, the more likely they are to resort to strategies related to meaning analysis and reading pace. Therefore, it can be inferred that if students want to improve their reading speed or to get a thorough understanding of the reading materials, it is of help if they can realize the importance of critical thinking.

The second pair of canonical variables (X2, Y2) is more complicated, since it involves five variables. Through the second pair, "Perception about the benefits of English reading" and "Read as an English learner" are closely related to the strategy use of "Prediction," "Reading pace" and "Lexical skills." However, it should be noted that although the two categories of beliefs explain about 13.32% of its own dataset, they explain only 2.81% of the strategy use (See Table 2). Consequently, the relationship revealed by the second canonical pair should be taken cautiously. Further, it should be pointed out that "Perception of the benefits of English reading" and "Prediction" are in the opposite direction of "Read as an English learner," "Reading pace" and "Lexical skills." That is to say, on the one hand, students who are aware of the benefits of English reading will often use the strategy of prediction, but less often the strategy to improve their reading pace and to make sense of new words; on the other hand, students who read for language points do not frequently resort to the strategy of making prediction, but will make use of strategies related to reading pace and lexical skills. It is also found that "Perception of the benefits of English reading" covers benefits that are independent from linguistic knowledge: the acquirement of knowledge related to cultures, expertise and wisdom, the widening of access to knowledge and the enhancement of critical thinking ability. Therefore, the relationship between the second canonical pair seems to suggest that learners who focus on the non-linguistic benefits from English reading often turn to the strategy of prediction, rather than the reading pace and the lexical skills, while those who focus on language points work in the opposite way.

Through the last pair of canonical variables (X3, Y3), belief about "Ways to improve English reading" explains only 0.80619% of the strategy use "Lexical skill" (See Table 2). Therefore, the relationship revealed by this pair should also be taken meticulously. Therefore, this pair of canonical variables seems to suggest that students who believe in the effectiveness of reading tasks and tests often make use of lexical skills to enhance their comprehension. It indicates that students who rely mainly on the reading tasks and the reading comprehension tests to improve their reading proficiency have not accumulated enough vocabulary. Hence they have to spend more time solving lexical problems and less time comprehending the meaning of the whole passage. Consequently, it is not hard to imagine that their reading pace and reading comprehension will be severely affected.

In a word, beliefs about English reading are closely related to their strategy use. First, "Read as a thinker" is linked with "Reading pace" and "Meaning analysis"; Second, "Perception of the benefits of English reading" and "Read as an English learner" are related to "Prediction," "Reading pace" and "Lexical skills"; Third, "Ways to improve English reading" correlates with "Lexical skills."

4. Pedagogical Implications

Teachers can get an insight from the canonical correlation analysis to help students improve their reading proficiency. For students whose reading pace is relatively slow, it is advisable for them to regard themselves as thinkers and language learners during the process of reading. That is because the belief about "Read as a thinker" can help students focus on the general picture of the passage and "Read as a language learner" can help them successfully understand the meaning of each word and sentence. For students who seldom make prediction during reading, it is helpful if they can be aware of the non-linguistic benefits brought by English reading. Indeed, if they spend less time grappling with linguistic rules and structures, they will be more engrossed in the development of the content. For students who spend much time dealing with lexical items in reading, it is advisable for their teachers to observe whether the students' reading material is limited to the reading assignment and reading tests. If it is so, they are suggested to remind the students that depending too much on the reading assignment does not help them in the long run, and to encourage them to read extensively and frequently to improve reading proficiency.

At the same time there are limitations of this paper. First, so far little research has been done about College English learners' beliefs about English reading and its relation to the strategy use, so theoretical reference for this thesis is relatively scanty. Second, the number of participants from key universities is twice the number of those from non-key universities in the questionnaire survey, which may cause the statistical result tilting toward participants from key universities. And factors such as gender, Grade, Major could be taken into consideration in future study. Third, teachers' beliefs about English reading and the teaching can be explored and compared with those of learners' beliefs. In doing this, the mismatch between the beliefs of teachers and learners can be detected and problems related to English reading may be solved more easily.

References

1. Gardner, D. and Miller, L. *Establishing Self-Access: From Theory to Practice* [M]. Cambridge: CUP, 2005.
2. Grabe, W. and Stoller, F. L. *Teaching and Researching Reading* [M]. Beijing: Foreign Language Teaching and Research Press, 2005.
3. Richards, J. C. and Lockhart, C. *Reflective Teaching in Second Language Classrooms* [M]. Cambridge: CUP, 2007.
4. 高一虹．赵媛，程英，周燕．大学本科生英语学习动机类型与自我认同变化的关系 [J].《国外外语教学》, 2002, (4): 18-24.
5. 郭志刚．社会统计分析方法——SPSS 软件应用 [M]. 北京：中国人民大学出版社，1999.
6. 纪康丽．学习观念与英语阅读 [J]. 清华大学教育研究，2003, (12): 19-23.
7. 孙琦．大学生英语阅读观念分析与教学设计改进 [D]. 南京师范大学，2004.
8. 王守元． 海外语言学习观念研究综评 [J]. 外语界，1999, (2): 46-49.
9. 文秋芳，俞洪亮，周维杰．研究方法与论文写作 [M]. 北京：外语教学与研究出版社，2004.
10. 吴明隆．SPSS 统计应用实务 [M]. 北京：中国铁道出版社，1999.
11. 袁加丽．大学英语学习者阅读观念及策略的相关性研究 [D]. 中国人民大学出版社，2013.

Appendix Questionnaire

大学英语学习者阅读观念及策略的相关性研究

亲爱的同学：本问卷是为“大学英语学习者阅读观念及策略的相关性研究”收集数据，旨在了解你们对英语阅读的看法和策略使用的情况。您的意见不但对本次研究意义重大，而且会为英语阅读教学提供参考依据。请您真实地填写或选择答案。您提供的信息我们会保密。完成问卷大概需要 10 分钟。我们对您的合作表示衷心的感谢！请填写或画圈。

第一部分　基本情况

A. 年级：□大一 □大二 □大三 □大四 □研一 □研二 □研三

B. 性别：□男 □女

C. 专业：__________

D. 学校类型：□重点大学 □普通大学

第二部分　英语阅读观念

下面是有关英语阅读的一些看法，这些看法无对错之分，请根据每个数字所代表的含义和自己的实际情况在选中的数字上划圈。（5= 完全同意；4= 比较同意；3= 不确定；2= 不太同意；1= 完全不同意）

1. 与听、说、写的能力相比，英语阅读是最重要的。 5 4 3 2 1
2. 英语阅读有助于扩大词汇量。 5 4 3 2 1
3. 英语阅读有助于巩固语法知识。 5 4 3 2 1
4. 英语阅读有助于了解西方文化。 5 4 3 2 1
5. 英语阅读有助于增加非语言知识，如专业知识、人生智慧等。 5 4 3 2 1
6. 英语阅读有助于拓宽获取知识的渠道。 5 4 3 2 1
7. 英语阅读有助于锻炼思维能力。 5 4 3 2 1
8. 英语阅读有助于提高英语综合能力（如听、说、写）。 5 4 3 2 1
9. 有效的英语阅读需要具备扎实的语法知识。 5 4 3 2 1
10. 有效的英语阅读需要具备足够的词汇量。 5 4 3 2 1
11. 有效的英语阅读需要了解英美人的思维方式。 5 4 3 2 1
12. 有效的英语阅读需要具备相关背景知识。 5 4 3 2 1
13. 与听、说、写的能力相比，英语阅读是最难的。 5 4 3 2 1
14. 平时阅读时，我经常遇到的困难是词汇量不够。 5 4 3 2 1
15. 平时阅读时，我经常遇到的困难是语法知识欠缺。 5 4 3 2 1
16. 平时阅读时，我经常遇到的困难是缺乏背景或专业知识。 5 4 3 2 1
17. 平时阅读时，我经常遇到的困难是很难分清内容主次。 5 4 3 2 1
18. 平时阅读时，我经常遇到的困难是很难理解文章的深层含义。 5 4 3 2 1
19. 我对自己的英语阅读水平感到满意。 5 4 3 2 1
20. 我阅读速度快。 5 4 3 2 1
21. 我能读懂相当于现学英语教材难度的内容。 5 4 3 2 1
22. 我能读懂国内的英语报纸（如 *China Daily*）。 5 4 3 2 1
23. 我能读懂英美原版报刊（如《纽约时报》《时代周刊》）。 5 4 3 2 1
24. 我能读懂英语原著简写本。 5 4 3 2 1
25. 我能读懂英美名著（如《双城记》）。 5 4 3 2 1
26. 我能读懂学术性英语期刊、杂志或著作。 5 4 3 2 1
27. 我希望我的阅读水平能满足阅读测试的要求。 5 4 3 2 1
28. 我希望我的英语阅读水平满足日常需要（如学习、交流、工作等）。 5 4 3 2 1
29. 我希望我能达到英美国家人们的阅读水平。 5 4 3 2 1
30. 如果我经常阅读英语资料，我的阅读水平将会提高。 5 4 3 2 1
31. 如果我认真完成英语教材上的阅读作业，我的阅读水平将会提高。 5 4 3 2 1
32. 如果我认真完成教师布置的课下阅读任务，我的阅读水平将会提高。 5 4 3 2 1
33. 如果我经常阅读英语报纸、美文、原著等，我的阅读水平将会提高。 5 4 3 2 1
34. 如果我经常做英语阅读题，我的阅读水平将会提高。 5 4 3 2 1
35. 英语阅读过程中，我应该注重对文章大意的把握。 5 4 3 2 1
36. 英语阅读过程中，我应该注重生词的意义和语法结构。 5 4 3 2 1
37. 英语阅读过程中，我应该注重优美的词句或者修辞手法。 5 4 3 2 1
38. 英语阅读过程中，我应该注重对文章深层含义的理解。 5 4 3 2 1

39. 英语阅读过程中，我应该就文章内容进行思考，形成自己的观点。
5 4 3 2 1
40. 我喜欢大声朗读英语阅读材料。 5 4 3 2 1
41. 我喜欢默读英语阅读材料。 5 4 3 2 1
42. 我喜欢阅读故事性强的英文小说或短文。 5 4 3 2 1
43. 我喜欢阅读富含人生哲理的英语文章。 5 4 3 2 1
44. 我喜欢阅读历史背景浓厚的英语名著。 5 4 3 2 1
45. 我喜欢阅读轻松英语读物，如娱乐、体育新闻、笑话等。 5 4 3 2 1
46. 我喜欢现在的英语阅读教材。 5 4 3 2 1
47. 教材紧跟时代、贴近生活。 5 4 3 2 1
48. 教材的文章话题丰富、有趣，有利于我们知识的拓宽。 5 4 3 2 1
49. 教材选用的文章具有启发性，引导我们积极思考。 5 4 3 2 1
50. 教材的语言地道。 5 4 3 2 1
51. 我喜欢现在的英语阅读教学方式。 5 4 3 2 1
52. 课上，我们以精读为主，老师着重讲解语言点（如单词、语法）。
5 4 3 2 1
53. 课上，老师经常详细介绍文章背景知识。 5 4 3 2 1
54. 课上，老师经常联系文中相关内容鼓励我们思考，培养思维能力。
5 4 3 2 1
55. 我阅读英语读物，因为我喜欢英语。 5 4 3 2 1
56. 我阅读英语读物，因为我喜欢英语老师。 5 4 3 2 1
57. 我阅读英语读物，因为我喜欢外国文化。 5 4 3 2 1
58. 我阅读英语读物，因为我想获取自己感兴趣的知识或信息。 5 4 3 2 1
59. 我阅读英语读物，因为我想提高英语综合能力。 5 4 3 2 1
60. 我阅读英语读物，因为我想提高英语成绩。 5 4 3 2 1

第三部分 阅读策略（平时英语阅读）

61. 我阅读之前有明确的目的（娱乐或者学习）。 5 4 3 2 1
62. 对于不同阅读目的，我会采用不同的阅读方法（如扫读、跳读、细读）。
5 4 3 2 1
63. 我平时会制订阅读计划，并坚持实施计划。 5 4 3 2 1
64. 我经常评估自己的阅读能力，并据此挑选适合自己水平的阅读材料。
5 4 3 2 1
65. 我阅读时通常会先快速扫读文章，掌握文章大意。 5 4 3 2 1
66. 必要时，我使用跳读的方式查找所需信息。 5 4 3 2 1
67. 阅读时，我只阅读段落首尾句，以加快阅读速度。 5 4 3 2 1
68. 阅读时，我习惯一字一句地读。 5 4 3 2 1
69. 阅读时，我总是要先将英语翻译成中文。 5 4 3 2 1
70. 阅读时，脑海中总有一个声音在默念文章。 5 4 3 2 1
71. 我已经具备视读的能力，脑中没有默念的声音。 5 4 3 2 1
72. 重要的信息我会多加注意，不重要的信息我会略过。 5 4 3 2 1
73. 阅读时我常根据文章题目猜测文章内容。 5 4 3 2 1
74. 随着内容或情节的推进，我会不断调整对文章内容的猜测。 5 4 3 2 1

75. 阅读时，若对某部分有疑问，我会尽力借助上下文进行推测、理解。
5 4 3 2 1
76. 我经常利用已有知识或经验猜测文章内容。 5 4 3 2 1
77. 我经常运用文中连词、副词等，分清文章内容的主次、结构。 5 4 3 2 1
78. 我经常借助文中图表等非文字信息来理解文章。 5 4 3 2 1
79. 遇到不懂的句子时，我会反复读，根据已有知识猜测它的意思。
5 4 3 2 1
80. 实在弄不懂某个句子时，我会跳过继续阅读。 5 4 3 2 1
81. 我经常根据上下文猜测生词的意思。 5 4 3 2 1
82. 遇到生词时，我总是立即查词典。 5 4 3 2 1
83. 遇到复杂的表达时，我经常用近似的表达去代替，以加深理解。
5 4 3 2 1
84. 遇到复杂的词句时，我经常翻译成中文，以加深理解。 5 4 3 2 1
85. 我经常记录重要的单词、短语等，过后再记忆、消化。 5 4 3 2 1
86. 阅读过程中，我经常评估自己的理解是否正确。 5 4 3 2 1
87. 阅读过程中，一发现理解有误，我会及时修正。 5 4 3 2 1
88. 我经常研究作者意图，赞成或者批评他的观点。 5 4 3 2 1
89. 通常在阅读结束时，我会总结自己的收获，评估阅读目标是否达成。
5 4 3 2 1

再次感谢您的合作!

外语学习者的语言产出焦虑综述

北京林业大学　周　旭　曹荣平

摘　要： 外语产出能力体现外语学习者的综合能力，许多将英语作为外语的学习者都会有对英语写作的恐惧经历，情感因素在外语产出过程中起着至关重要的作用，尤其是焦虑因素，会阻碍外语产出的成果体验。近年来，外语学习焦虑的研究逐渐深入，细化到口语、写作等具体的语言技能，并且有学者结合教学策略对外语学习焦虑进行干预性实证研究，对外语教学有深刻的影响，有必要进行梳理总结。本文主要综述国内外研究者关于外语学习焦虑以及形成性评价对外语写作焦虑影响的 52 篇文献，发现焦虑作为非常重要的情感因素对英语学习有影响，过度的焦虑对学习者的学习产生负面作用。学习者的成绩都与学习焦虑成反比。也就是说，学习焦虑度越低的学生成绩越好，而学习焦虑度越高的学生成绩就越不理想。但是如果采取一些策略，外语学习焦虑是可以降低的。作者认为，多种形式的形成性评价，如教师评价、学生自评、同伴互评等可能会对学生外语写作焦虑产生影响，但这方面的实证研究还比较缺乏，但其研究可能会具有比较大的研究意义和价值。

关键字： 外语学习者　学习焦虑　口语焦虑　写作焦虑　形成性评价

一、引言

20 世纪 70 年代末 80 年代初，美国著名语言学家 Krashen（1981，1982）提出了一套完整的第二语言习得模型，其中的"情感过滤假说"(Affective Filter Hypothesis) 强调在二语习得过程中学习者的情感因素对语言的输入起过滤作用，学习者的情感因素会阻碍或加速语言的习得。现代外语教学越来越关注学生的情感，因为情感是影响语言学习的一个重要因素，对语言学习有着重要的影响 (Ellis 1985)。许多学者认为焦虑是学习者情感因素的重要变量之一 (郭燕 2011)，对英语学习有影响。

二、文献概述

笔者从阅读的大量涉及外语学习焦虑的英文专著和中英文核心期刊中选取 37 篇文献进行梳理总结（见表 1 文献类别及时间表）。

表 1　文献类别及时间表

时间类别	1975—1980	1981—1985	1986—1990	1991—1995	1996—2000	2001—2005	2006—2010	2011—2015
中文	0	0	0	0	0	7	4	9
英文	1	3	2	1	3	4	1	2

由表 1 可知，国外对外语焦虑以及形成性评价对外语学习焦虑影响的研究起步比较早，早在 1975 年就开始了，而中国在此方面的研究开始得比较晚，在 2000 年之后才有少数学者研究外语焦虑以及形成性评价对外语学习焦虑的影响。学者们对外语学习焦虑都有自己的理解，实证研究也证明了外语学习焦虑对英语学习产生影响，以 Krashen (1982) 为代表的学者认为，语言习得在焦虑为零的情况下似乎最有成效。许多实证研究证明了焦虑对语言学习者的成绩产生负面影响的观点 (陈晓莉，张梅 2004)。但又有学者持不太相同的观点，认为适度的焦虑是有助于学习的 (Oxford 1999 ；唐玮，海春花 2013)。在形成性评价对外语写作焦虑的影响方面，学者们认为评价与学习焦虑有着密切的联系，采用合理而有效的评价可以有效地缓解外语写作焦虑 (姜凡凡 2012)，研究主要涉及学生自我评价和同伴互评两个方面。

三、外语学习焦虑

1. 对外语学习焦虑的认识

外语焦虑的概念最早由 E. K. Horwitz，M. B. Horwitz 和 J. A. Cope 提出，他们认为“外语焦虑是学习者因外语学习过程的独特性而产生的一种对与课堂外语学习相关的自我意识、信念、情感和行为的综合体”(Horwitz，Horwitz & Cope 1986: 128)，并在此基础上编制了《外语课堂焦虑量表》(Foreign Language Classroom Anxiety Scale，简称 FLCAS)。国内学者对外语焦虑也有自己的理解，如外语学习焦虑是学习者需要用目标语进行表达时产生的恐惧或不安心理 (李炯英，林生淑 2004)。学者们认为焦虑作为最重要的情感因素之一，对英语学习的影响起着十分关键的作用 (任培红 2010)。

2. 外语学习焦虑的一般研究

众多学者对外语学习焦虑进行研究，孟春国和陈莉萍 (2014) 指出中国外语学习者主要在课堂环境下学习英语并且面临多重考试压力，他们容易产生焦虑心理。在学习过程中，焦虑情绪不可避免。无论采用什么样的教学方式，焦虑对学生的学业成绩都有着显著的影响 (王银泉，万玉书 2001)。

对于学习焦虑对学习的影响，不同的学者有不同的见解。Krashen (1982) 认为，语言习得在焦虑为零的情况下似乎最有成效。许多实证研究证明了焦虑对语言学习者的成绩产生负面影响的观点，如陈晓莉和张梅 (2004) 探究外语课堂焦虑与大学英语学习的关系，结果显示外语课堂焦虑对外语成绩有负面影响。又有学者持不太相同的观点，认为适度的焦虑是有助于学习的，例如 Oxford (1999) 提出，对于外语学习者而言，适度的焦虑有助于语言学习，过分的焦虑则具有明显的负面影响，但焦虑是可以克服的。之后，也有研究者唐玮、海春花 (2013) 提出轻微的焦虑对学习有着积极作用，但大多数时候给学生造成负面影响。适量的焦虑能促进语言学习的提高，但太多或太少的焦虑都不利于语言的学习。笔者认为，过度的焦虑对学习者的学习有负面作用。

3. 具体语言技能学习的焦虑研究

近年来，研究者又从宽泛的外语焦虑感转为研究各种语言技能学习的焦虑。内容涉及听力、口语、阅读、写作等方面。在听力焦虑方面，Kim (2000) 用定量和定性研究的方法探究 253 名韩国大学生的英语听力焦虑，研究证实了听力焦虑和听力水平呈显著负相关 (Elkhafaifi 2005)。国内学者周丹丹 (2003) 研究焦虑感和情感策略的使用对听力成绩有何影响，研究证明听力课堂焦虑感与学生听力成绩呈密切负相关，提出焦虑感越高的学生越需要情感策略来帮助。

口语焦虑方面，Chapman (2002) 研究 275 名澳大利亚高级英语学习者二语口语焦虑与他们口语表现之间的关系，研究结果证明二语学习者的口语焦虑和口语表现呈负相关。国内学者王月芳 (2008) 研究发现英语口语焦虑与口语成绩之间呈负相关，特别是理工类非英语专业学生在英语课堂上普遍有焦虑感，并直接影响他们的课堂口语表达能力 (秦彩玲，高菊霞 2010)。

阅读焦虑方面，阅读焦虑和阅读文本的遗忘率成正比。研究者的实证研究结果表明焦虑情绪对阅读效率既会产生正面影响也会产生负面影响，说明焦虑具有双重作用，只有适度调节学习者的焦虑情绪才有利于提高阅读效率 (邓欢 2003)。

写作焦虑方面，Nor Shidrah Mat Daud 等人 (2005) 研究发现，学生产生写作焦虑是因为缺乏写作技巧。国内学者周保国、唐军俊 (2010) 研究发现二语写作焦虑和二语写作质量或水平之间呈负相关，这种负相关又与写作过程中母语的使用有一定联系。研究者的研究大多是针对非英语专业学生的英语写作焦虑，针对英语专业学生的英语写作焦虑比较少见，只有硕士论文中有研究二语写作焦虑对英语专业学生写作水平的影响 (彭锦花 2013)。

4. 形成性评价对外语写作焦虑的影响的研究

写作教学一向被认为是中国外语教学的“瓶颈” (吴锦，张在新 2000)。教师觉得写作课“难教”，学生觉得“难写”，甚至是“怕写”，造成这个现状的一个原因是写作教学中忽视了学习者的情感状态。而焦虑是学习者情感因素的重要变量之一 (郭燕 2011)。

写作焦虑指学习者在写作过程中表现出来的特有的焦虑行为，阻碍写作过程的顺利进行，导致写作困难，使学习者对写作任务及活动产生痛苦、消极的情绪体验，降低对写作成功的期待 (Daly & Wilson 1983)。Cheng (1999) 认为外语写作焦虑则是一种具有特殊性的、专门针对外语写作输出过程的语言学习焦虑。对于写作焦虑的测量，Daly & Miller (1975) 针对本族语写作编制了《写作焦虑测试量表》。通过综合考虑和借鉴前人相关研究，Cheng (2004) 编制了《二语写作焦虑量表》专门用于测量外语写作焦虑。学者认为焦虑对二语写作的质和量有着较大的影响作用 (郭燕 2011)，写作教学应注重将认知和情感有机地结合起来，给予情感因素足够的重视 (顾凯 2009)。

研究者进一步关注外语学习焦虑是否可以被降低，以及降低外语学习焦虑的方法和策略。研究证实有效缓解焦虑可以提高学习效果和成绩 (周丹丹 2003)。众多学者认为要从教师角度来降低学生学习焦虑，例如杨文滢、章明明 (2003) 指出教师对语言焦虑的觉察和调控在组织教学中不可或缺，周丹丹 (2003) 指出教师可以更多鼓励小组讨论、自我评估等方式。教师要营造轻松和谐的学习情境、积极开展合作学习，互学互长、有效使用提问策略 (张会肖 2012) 来降低学生学习焦虑。又有学者指出要从改变教学方法入手，郭燕 (2011) 研究证明“写长法”有助于降低学生英语写作焦虑，有助于提高学生英语写作能力。还有学者认为克服英语学习焦虑不仅要从教师入手，还要从学生入手。学生需要正确认识英语学习焦虑、调整英语学习动机和目标设定 (张会肖 2012)。

评价与学习焦虑有着密切的联系，学者们认为采用合理而有效的评价可以有效地缓解外语写作焦虑 (姜凡凡 2012)。研究者们研究形成性评价对外语写作焦虑影响，主要涉及学生自我评价和同伴互评两个方面。关于学生自我评价与外语课堂焦虑的相关度的研究结果表明，学生自我评价与外语课堂焦虑之间的确具有显著意义的负相关关系，并且是双向的，自我评价越低的学生，其自信心也越低，表现出的外语焦虑程度越高；而焦虑程度越低的学生，参与课堂学习活动的主动性越强，其自我评价越高 (任庆梅，康淑敏，胡局香 2011)。学者们运用了多种研究工具研究同伴互评对英语学习者写作焦虑的影响，研究结果均显示同伴互评能够有效降低焦虑。同伴互评有助于同学增加自信，降低写作焦虑 (Edge 1989 ; Makino 1993 ； 顾凯，王同顺 2004 ; Kurt & Atay 2007 ； 黄彦红 2014，Yastıbaş & Yastıbaş 2015)。笔者认为，教师反馈和同伴互评反馈并不互相排斥，应该成为反馈机制的一部分，和教师反馈一起发生作用。

四、结语

国内外相关文献表明，焦虑作为非常重要的情感因素对英语学习有影响，过度的焦虑对学习者的学习产生负面作用。不管是研究宽泛的外语焦虑还是更具体的各种语言技能学习（包括英语口语、阅读、听力写作等方面）的焦虑，学习者的成绩都与学习焦虑成反比。也就是说，学习焦虑度越低的学生成绩越好，而学习焦虑度越高的学生成绩就越不理想。但是如果采取一些策略，外语学习焦虑是可以被降低的。我们可以从教师角度、学生角度以及改变教学方法等方面入手，采取适当的方法和策略降低外语学习者的外语学习焦虑。

评价与学习焦虑有着密切的联系，学者们认为采用合理而有效的评价可以有效缓解外语写作焦虑。因此学者们又对研究形成性评价对外语写作焦虑影响进行研究。笔者发现，研究形成性评价对外语写作焦虑的影响，主要涉及学生自我评价和同伴互评两个方面。在同伴互评的评价形式方面，研究者的研究工具有《二语写作焦虑量表》、访谈、日记等，而进行课堂观察的研究却很少涉及，研究者们大多忽略了研究被试对于形成性评价对外语写作焦虑的主观看法，然而根据 Creswell (2012)，想要解决研究问题，需要包含定性和定量研究的混合型研究方法。在受试者的选择方面，研究者对于英语写作焦虑方面的研究主要针对非英语专业学生的写作焦虑，针对英语专业学生的写作焦虑比较少见。综合以上的研究，笔者认为结合多种形式的形成性评价，如结合教师评价、学生自评、同伴互评等对英语专业学生外语写作焦虑的影响方面的研究不充分，具有比较大的研究意义和价值。

参考文献

1. Cheng, Y. et al. *Language Anxiety: Differentiating Writing and Speaking Components* [J]. Language Learning, 1999, (3): 417-446.
2. Cheng Y. *A Measure of Second Language Writing Anxiety: Scale Development and Preliminary Validation* [J]. Journal of Second Language Writing, 2004, (4): 313-335.
3. Creswell, J. W. *Educational Research: Planning, Conducting, and Evaluating Quantitative and Qualitative Research* (4th ed.). Upper Saddle, 2012.
4. Daly, J. A., & Miller, M.D. *The Empirical Development of an Instrument of Writing Apprehension* [J]. Research

in the Teaching of English, 1975, (3): 242-249.

5. Daly, J. A., & Wilson, D.A. *Writing Apprehension, Self-esteem, and Personality* [J]. Research in the Teaching of English, 1983, (4) : 327-341.
6. Edge, J. *Mistakes and Correction*. London: Longman, 1989.
7. Elkhafaifi, H. *Listening Comprehension and Anxiety in the Arabic Language Classroom* [J]. The Modern Language Journal, 2005, 89 (2).
8. Ellis, Rod. *Understanding Second Language Learning Acquisition* [M]. Shanghai: Shanghai Foreign Language Education Press, 1985.
9. Horwitz, E. K., Horwitz, M.B. & Cope, J.A. *Foreign Language Classroom Anxiety* [J]. The Modern Language Journal, 1986, 70(2): 125-132.
10. Krashen, S. *Second Language Acquisition and Second Language Learning* [M]. New York: Pergamon Press, 1981.
11. Krashen, S. *Principles and Practice in Second Language Acquisition* [M].Oxford: Pergamon, 1982. *Modern Language Journal*, 2005, 89, (2).
12. Kurt, G., & Atay, D. *The Effects of Peer Feedback on the Writing Anxiety of Prospective Turkish Teachers of EFL*. Journal of Theory and Practice in Education, 2007, 3(1): 12-23.
13. Makino, T. *Learner Self-correction in EFL Written Compositions* [J]. ELT Journal, 1993, 47(1): 337-341.
14. Mat Daud, N.S., et al. *Second Language Writing Anxiety: Cause or Effect?* [J]. Malaysian Journal of Elt Research, 2005, 1-19.
15. Yastıbaş, G. C., & Yastıbaş. A. E. *The Effect of Peer Feedback on Writing Anxiety in Turkish EFL (English as a Foreign Language) Students* [J]. Procedia-Social and Behavioral Sciences 199, 2015, 530-538.
16. Oxford, R. L. *Anxiety and the Language Learner: New Insights* [A]. In Arnold (ed.). Affect in Language Learning [C]. Cambridge: Cambridge University Press, 1999, 58-67.
17. Vogly, A.J. *Listening Comprehension Anxiety: Students' Reported Sources and Solutions* [J]. Foreign Language Annals. 1998, 31 (1): 67-80.
18. 陈晓莉，张梅．外语课堂焦虑与大学英语学习的关系 [J]. 重庆大学学报（社会科学版），2004, (5): 114-117.
19. 邓欢．论英语阅读教学中焦虑情绪的调节 [J]. 西南交通大学学报，2003, (3): 78-81.
20. 顾凯，王同顺．同学互评法——有效降低写作焦虑的一种可行性策略 [J]. 中国英语教学，2004, (6): 24-28.
21. 郭燕，樊葳葳．大学英语分层次教学背景下的写作焦虑实证研究 [J]. 北京第二外国语学院学报，2009, (10): 59-65.
22. 郭燕．大学英语“写长法”对写作焦虑和写作能力影响作用的实验研究 [J]. 外语界，2011, (2): 73-81.
23. 黄彦红．同伴反馈对大学英语写作焦虑及写作能力影响的实证研究 [J]. 云南农业大学学报，2014, (2): 102-107.
24. 姜凡凡．同伴互评法对英语写作焦虑的影响研究 [J]. 外语，2012, (10): 140-141.
25. 李炯英，林生淑．国外二语 / 外语学习焦虑研究 30 年 [J]. 国外外语教学，2007, (4): 57-63.
26. 孟春国，陈莉萍．大学生外语学习焦虑干预个案研究 [J]. 外语界，2014, (4): 21-29.
27. 彭锦花．二语写作焦虑对英语专业学生写作水平的影响，西南交通大学硕士研究生学位论文，2013，5.
28. 秦彩玲，高菊霞．对理工类非英语专业学生英语课堂焦虑的研究 [J]. 长春大学学报，2010.
29. 任庆梅，康淑敏，胡局香．学生自我评价与外语课堂焦虑的相关度调查研究 [J]. 课程 教材 教法，2011, (11): 76-82.
30. 唐玮,海春花．外语课堂焦虑对英语专业学生教学活动参与性的影响 [J]. 陕西教育（高教版）,2013, (9): 34-36.

31. 王华．写作档案袋评价过程中不同评价主体的探索研究 [J]. 外语界，2011 (2).
32. 吴锦，张在新．英语写作教学新探——论写作前阶段的可行性 [J]. 外语教学与研究，2000, (3): 213-218.
33. 王银泉，万玉书．外语学习焦虑及其对外语学习的影响——国外相关研究概述 [J]. 外语教学与研究（外国语文双月刊），2001, (3): 122-126.
34. 杨文滢，章明明．语言焦虑与教师的调控 [J]. 广州大学学报（社会科学版），2003 (5): 29-31,42.
35. 张会肖．英语专业学生英语学习焦虑的个体差异及克服策略研究 [J]. 河北师范大学学报(教育科学版)，2012, (8): 85-88.
36. 周丹丹．二语课堂中的听力焦虑感和情感策略 [J]. 国外外语教学，2003, (3): 22-29, 21.
37. 周保国，唐军俊．二语写作焦虑对写作过程影响的实证研究 [J]. 外语教学，2010, (1): 64-68.

网络环境下的多模态化英语报刊阅读教学策略

北京林业大学 杜景芬 王雪梅 娄瑞娟 彭北萍

摘　要： 传统的英文报刊阅读课程是以教师为中心的教学模式，主要体现在教师向学生讲授教学内容，学生抄记教师所讲内容。教学形式单一，运用感官单一，再加上阅读本身的困难，学生很难对所学材料产生浓厚的兴趣。伴随着网络的应用，教师可以借助视频、音频素材丰富课堂文字内容。学生也可以在教师的帮助下，通过网络搜索，解决阅读中的词汇和文化背景知识方面的问题，并进行延伸阅读。网络的应用丰富了课堂内容，多模态教学方式使得学生多种感官参与学习，激发了学生的学习兴趣并使教师与学生之间的交流更顺畅。

关键词： 多模态　英语报刊阅读　英语阅读

一、引言

随着社会全球化程度的不断加深，报刊已经成为人们了解世界、获取信息的重要渠道。对于英语学习者而言，国外一些重要的报刊杂志，如 *Times*，*Newsweek, Washington Post*，*The Economist, New Yorker* 等既是他们了解新闻时事的重要来源，也是他们补充文化背景知识、熟悉英文表达方式的主要途径。目前许多高校都开设了报刊阅读课程来补充英语教学，以期提高学生的外刊阅读能力。在信息时代，计算机网络以前所未有的速度发展着，为人们提供图文并茂、声像并存的各种信息，人们不再像从前一样单纯依赖单一的文本形式来获得知识。如何利用现代信息技术积极开发课程资源，充分利用互联网上丰富的教学资源，为学生提供贴近学生实际、贴近生活、贴近时代、内容丰富而健康的课程资源成为英语课堂的目标 (陈坚林 2010: 33)。

二、英语报刊阅读学习中的难点

相当多的中国学生对阅读英文原文文章存在畏惧心理。笔者认为原因有三种：其一，词汇问题；其二，理解问题；其三，文化背景知识问题。报刊和杂志上的文章是为母语是英语的本土人士撰写的，这些文章对于中国学生来说生词量较大，涉及的词汇范围也较为广泛。学生的词汇量往往很难满足阅读的需要，即便是通过查阅字典查阅了生词，学生也很难确定在特定语境中该词的具体含义。此外，文章中常出现的缩略词、俚语、专有名词也让学生感到困惑，影响他们对文章的理解，这在一定程度上也影响了他们学习的积极性和主动性。在报刊阅读过程中，英语语言所承载的背景知识和文化信息也是阅读理解的主要障碍之一。大量的证据说明，不同语言中某些词语的概念虽然基本相同，但其表达意义和社会文化含义却往往独具浓郁的民族特色。如果学生对英语文化特征缺乏认识和了解，就容易忽视文化上的差异，导致理解错误。因此，对西方文化的认知程度也是报刊阅读能否顺利进行的关键问题。报刊阅读过程是单纯读的过程，应用的感官单一，过程比较枯燥，时间长了学生容易有疲劳感，再加上学生需要频繁地查阅生词，他们就会认为阅读外刊是件费时又费力的事情，因而逐渐丧失兴趣。如何将多媒体、网络等现代化手段应用于报刊阅读教学，调动学生多种感官参与教学活动，调动学生的积极性，使学生爱上阅读、乐于阅读是英语教师一直以来的夙愿。

三、现代化手段辅助报刊阅读教学

1. 多模态化教学理论

多模态化指在一个交流活动中不同符号模态的混合体，同时也可以表示不同的符号资源被调动起来，在一个特定的文本中共同构建意义的各种方式（Baldry & Thibault 2006）。多模态化教学主张利用音频、图片、视频等多种教学模式来调动学生的多种感官共同参与语言学习，体会教与学的互动。在教学条件允许的条件下，充分利用网络、多媒体等资源，以及视觉、听觉、触觉等各种手段，激发学生兴趣。多模态化教学理论已经被应用在听力、口语等英语学习课程中，并且起到了积极作用。同样的教学形式已经被应用在英语报刊阅读课程中，改变传统教学单纯讲授阅读的教学模式，刺激学生通过多种感官接受新知识，激发他们的学习热情。

2. 多模态教学方法与网络资源的有效结合

多模态教学方法指应用文字模态、图像模态和声音模态辅助课堂教学。文字模态主要以文字为主，是教学中使用的主要模态。一般来说，图像模态在课堂讲授或对文字模式进行图像展示时为辅助模态。而电影视频或截图则以图像为主要模态，文字模态则是以字幕的形式出现在画面下方，起到辅助作用。声音模态则是与图片人物语言同步的辅助模态。文字模态指教材、PPT 文字课件、延伸的文字阅读、网络平台讨论、跟帖等等。图像模态一般指课堂上使用的课程录像、PPT 图像课件、电影、网络视频等等。声音模态指课程录音、电影、音频材料等方式。

在报刊阅读教学过程中，文字模态始终处于主导地位。教师课堂使用的主要媒介是 PPT 文字课件，借助课件教师向学生展示所学文章的背景知识、文化特点、长难句分析。在文字表述的同时，辅以图片、截图等。作为背景的图像模式，因其强烈的视觉冲击力强调了文字所表达的含义，从而凸显了文字模式。学生通过文字模式了解文章大意，领会作者的写作意图，学会地道的英语表达法。笔者在讲述一篇关于 Facebook 的文章“A Fistful of Dollars”时，首先借助 PPT 向学生提问：询问学生们最常用的交际方式是什么。QQ、短信、微信、人人网等是学生常见的交际方式。然后进一步要求学生选择最常用的交际方式并陈述其优点。学生们倾向使用微信，理由是其方便而且可以视频。而在网络方面，学生使用人人网进行交友，分享照片。在此基础上，向学生推出国外非常流行的交友网站：Facebook（脸谱网）。教师在用英文口头讲述的同时，推出 PPT 上的内容：Facebook is a social network. It has revolutionized keeping in touch over the internet. Friends and family can now connect with each other in a network of relationships, sending emails, playing trivia quizzes and games, sharing photos and generally having casual day-to-day contact. 通过 PPT 上的文字，学生了解了新词汇：社交网络的英文表达法 (social network)，认识了新单词 trivia quizzes（小测验），了解了 Facebook 的强大功能，增加了学生对该网站的认识，激发了学生想要了解该网站的兴趣。

文字模式也应用在课前预习和课后延伸阅读中。网络为学生学习提供了丰富的素材，学生可借助百度搜索和 Wikipedia 预先选取所要了解的资料，为课堂阅读奠定基础。学生也可以在教师的指导下课下登录网站对所学话题进行延伸阅读，根据网站提供的链接阅读其他的相关文章。笔者在讲述关于 gender imbalance 的话题时，曾为学生提供的两篇延伸阅读，分别为 "China Faces Two Decades Of Severe Gender Imbalance" 和 "The World at Seven Billion"，并要求学生根据阅读讨论 gender imbalance 引发的各种社会问题。让学生从多角度了解阅读信息，并对其进行思考，形成自己的观点，养成批判性思维的习惯，这也是报刊阅读的一个重要部分。同时许多网站提供的反馈功能，如 *The New York Times*、*The Times* 等的 "Contact Us（与我们联系）"，学生可以实时发表自己对某一新闻事件的观点和看法，与编辑和其他读者形成互动，锻炼语言表达能力。

目前网络辅助教学已逐步成为最有效的交流方式和最大的教学信息来源地，而网络学习具有传统教学不可比拟的优势 (王雪梅，戴炜栋 2005)。根据报刊阅读实时性的特点，教师在课堂上可以使用截取的网络材料，让学生通过视、听等多种途径获取信息，用音频、视频材料作为文字补充。网络材料往往利用多媒体技术集合文字、图形、动画、声音、图像等信息，使新闻成为 "图、文、声、像" 并茂的数字化新闻，具有多样化的表现形式。学生既可以阅读文字，又可听到声音、看到图像，有时还可以根据播音员的声调、语气、评论来判断新闻的某一侧面。此外，互联网提供的新闻访谈、电影改编、视频公开课这些丰富的声音和图像素材都是对课堂教学有益的补充。诚如何高大 (2002) 所言，因特网有助于获取信息资料。笔者在讲解种族冲突的相关文章中就借用了 TED（technology, entertainment, design）公开课 "Suicide Bombing" 的相关视频。这段视频展示了塔利班武装如何借用扭曲的 "古兰经" 向孩子们灌输仇恨的思想，孩子们在此影响下所做的复仇行为——用自杀性炸弹杀死自己及无数无辜群众。通过视频，学生可以深入了解自杀性炸弹实施者的内心世界，从一个侧面加强了他们对文章的理解。形象生动、画面直观的多媒体阅读环境会激发学生对新闻的兴趣，同时加深对背景知识的了解。在这种情况下，学生再去阅读教师提供的材料会更容易，也会积极配合课堂教学进行相关话题的讨论。

总而言之，三种模式互相依存所构成的视觉和听觉冲击，能够弥补文本缺乏的画面感，填补学生感官空白，激发学生自主阅读的兴趣。

四、结束语

阅读英文报刊有助于扩大学生词汇、开拓学生视野、提高学生阅读能力。报刊英语词汇的主要特点是 "新"、"俗" 和 "广"，具体体现在新事物或新概念的表达能迅速在报刊中得到体现。一些新词，如：火控雷达（target radar），短信（text message），微博（blog），微信（wechat）等词汇首先都是见诸英语报端，然后再为人们所熟知的。英文报刊所涉及的体裁很广，科技消息报道、新闻评论、文学作品连载、政府公报等无所不包。接触到不同文体和诸多新词可以使学生提高阅读能力，开阔他们的眼界。现代化的教学方式改变了报刊阅读单纯以阅读为主的教学模式，为学生开辟了视、听、说、读共存的课堂教学模式，极大地丰富了课堂，很大程度上解除了学生对纯文本的了解困惑，也使得师生互动更为密切。

参考文献

1. Baldry. A. Thibault, & Paul J. *Multimodal Transcription and Text Analysis*. London: Equinox, 2005.

2. 陈坚林. 关于“中心”的辨析——兼谈“基于计算机和课堂英语多媒体教学模式”中的“学生中心论”[J]. 外语电化教学，2005, (5).

3. 王雪梅，戴炜栋. 从网络环境角度整合英语报刊阅读教学策略 [J]. 外语电化教学，2005, 104, (8): 13, 18.

4. 何高大. 现代教育技术与现代外语教学 [M]. 南宁：广西教育出版社，2002.

第三部分

翻译

本地化翻译技术及手册文档本地化探讨

北京林业大学 杨 婧 李 芝

摘 要：在网络技术的迅猛发展和全球化商业浪潮的驱使下，国内语言服务市场增长迅速；要想使产品走向国际市场，适用于目标客户，就必须实施语言服务的本地化。新业务、新产品的发展进一步促进了翻译业务由传统的个人或小作坊方式向规模化、流程化、协作化和众包化的模式转变。本文主要介绍本地化翻译技术的基本知识、基本工作流程及规范，并以手册文档本地化为例，探讨本地化翻译的具体过程。

关键词：本地化 翻译技术 手册文档

一、引言

全球化这一词汇，集中体现了 20 世纪 80 年代末以来，世界所经历的政治、经济、科技和社会的巨大变化。中国语言服务行业在 20 世纪 80 年代开始出现，90 年代初步形成，21 世纪迎来快速发展期。郭晓勇 (2010) 在中国国际语言服务行业大会上明确指出，在快速发展的全球化和信息技术的催生下，语言服务行业的范围已不再局限于传统意义上的翻译行业，而成为全球化产业链的一个重要组成部分，它不仅包括翻译与本地化服务、语言技术工具开发，还包括语言教学与培训、语言相关咨询业务。

国际环境的巨大变化要求语言服务企业不断提高生产效率，全球化的竞争环境离不开语言翻译服务，然而传统的“译、审、校”小作坊式的翻译模式已经很难满足当前的需要，需要更新业务流程，使其更加完备。大批量处理和翻译团队协作越来越成为工作趋势，流程控制需要得到最大优化 (俞敬松 2010)。1990 年本地化和国际化行业的首个协会——本地化行业标准协会（LISA）在瑞士成立。该协会将本地化定义为“对产品或服务进行修改以应对不同市场间差异的过程” (Lommel 2007: 14)。国内产品想要走向国际市场，向国外市场推出自己的产品，就必须适应目标语用户实施本地化，因此本地化行业应运而生。

二、本地化相关技术

1. 本地化基本知识

1.1 相关概念

全球化是指使产品或软件进入全球市场而进行的有关商务活动。企业通过全球化实现其全球化发展战略，实现全球化业务，扩大市场规模，降低软件成本，提升综合竞争力，树立市场形象。国际化是设计和制造容易适应不同区域要求的产品的一种方式。本地化则是指当移植产品或软件时，按特定国家 / 地区或语言市场的需要进行组织，使之符合特定区域市场的组织变革过程，在另一种不同的语言文化环境下，对客户提供的产品或服务项目的语言材料、包装方案、用户界面等进行翻译和改编设计。本地化行业是为客户的产品或服务提供语言文字和技术服务的新兴行业(苗菊等 2008)。国际化和本地化之间有着微妙却十分重要的区别。国际化使产品可以适用于任何地方；而本地化则增添了另外的特色，以适合于“特定”地方使用。两者是互补的，并且两者结合才能让一个系统适用于各地。

本地化主要解决以下四个重要问题：语言问题、实物问题、技术问题、商业和文化问题。而信息本地化服务成为其目前的主要领域，除了包括语言翻译服务，还包括产品本地化、网站本地化、企业信息化和城市信息化解决方案等多方面的内容(苗菊等 2008)。

1.2 手册文档本地化

手册文档是介绍产品功能特征和使用方法的辅助性材料。对于那些新型产品、功能较多或者操作复杂的产品，提供详细的产品使用手册更是必不可少。从用户使用和阅读方式上可分为印刷手册和电子版手册，其中电子版手册可以刻录在光盘上，也可以联机帮助的形式提供给用户。随着互联网的发展，电子版的手册文档成为未来发展的方向。

随着产品的升级换代更加频繁，产品手册文档的内容也要不断更新。将翻译记忆和译文重复利用，可以大大缩短手册文档本地化的周期，降低本地化翻译成本。通常的技术文档写作工具是专为文档内容编写设计的，并不支持翻译记忆的本地化翻译功能，为了实现译文的重复利用，必须应用文档手册的本地化工程技术，将源语言手册文档进行预处理后进行翻译，翻译后进行后处理，然后排版输出成最终格式。

手册文档的本地化不仅是文字内容的本地化，手册中包括的产品图像、图形、视频和字幕等内容也是本地化的一部分，若图像是从产品的软件运行界面截取的，则本地化的图像也要从本地化的软件界面上屏幕截取。本文第三部分主要讨论软件相关的手册文档本地化。通过一个实例说明手册文档本地化的一般流程及在本地化过程中需注意的基本事项。

2. 本地化翻译的工作流程及原则

2.1 本地化翻译流程

本地化翻译流程如下图所示：

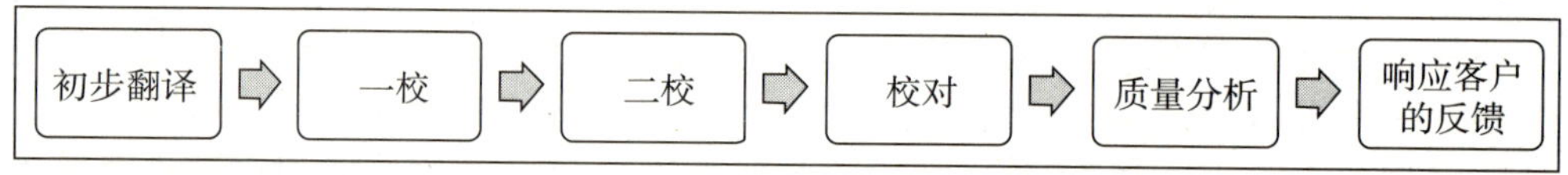

首先是初步翻译，由译审人员统一专有名词、格式、整体译文风格，确定本地化进度，然后翻译人员进行翻译。经过一校、二校，改正错译、漏译和格式错误，对文档进行适当调整和润色后反馈给译者。之后对文档进行提交前的全面彻底检查，并由质量分析工程师对文档进行抽检以确定文档的错误率是否控制在限定的百分比之内。最后，将按反馈意见修改后的文件及时返回给客户。

2.2 本地化需要遵循的原则

根据客户的需求在从事翻译和校对工作时，必须遵循一定的原则。文档必须言简意赅，所覆盖的信息应全面且含义准确，语气流畅，逻辑通顺。文档应使用书面用语，符合汉语语法习惯，要坚决杜绝错字、别字、多字、少字、标点符号误用和英文拼写错误。更加不容忽视的一点是，译文的用词及语气应避免造成歧义。

三、手册文档本地化翻译流程

在具体的翻译过程中，本地化工程伴随整个文档本地化的生命周期，需要翻译人员拥有良好的文档组织能力。下面以一个实例来说明手册文档本地化翻译的具体流程。

1. 准备阶段

在文档本地化翻译之前，需要准备好必备的软件和源文件资料。具体以 CHM 文件的本地化进行说明。首先，CHM 文件的本地化主要使用以下三种工具，分别是 HTML Help Workshop、SDL Trados Studio 2014 以及 CHM to DOC。

HTML Help Workshop 是由微软公司出的编程配套的软件，可以建立 HTML 格式的 HELP 文件。用 HTML Help Workshop 制作 CHM 文件很方便。它将各类型的文件编译成独立的 CHM 文件，每一个主题就是一个 HTML 文件，主题文件可以用任何一个 HTML 编辑器进行编辑。通过使用该软件对 CHM 文件进行编译和反编译。

SDL Trados Studio 2014 是适用于企业语言专业人士的完整翻译平台，可用于编辑、审校、管理翻译项目和整理企业术语库。通过使用 Trados 对所提供的 CHM 反编译后的工程文件进行翻译。

CHM to DOC Converter 是一款 CHM 帮助文档转换 DOC 文档格式的转换器，可以自定义转换的项目，可转换的内容包括文档内容、页眉及页脚页码、标题的编号等内容。

除翻译工具之外，其他一些必备的资料有：项目模板、风格指南、本地化工具包等。项目模板是一个有层次结构的文件夹体系，能够方便项目经理有条理的管理项目，其他项目组的成员可以方便地找到自己所需要的文件，方便后续人员接管工作。风格指南是指经过长期的翻译而形成的固定翻译表达，以确保团队翻译风格的一致。本地化工具包由项目经理将发送给译员，它是确保本地化翻译可以进行的重要组成部分。由客户方提供，包含要对其实施本地化过程的源语言文件、使用的工具和指导文档等系列文件。

2. 分析预处理阶段

CHM 是微软于 1998 年推出的基于 HTML 文件特性的帮助文件系统，在 Windows 98 中把 CHM 类型文件称作“已编译的 HTML 帮助文件”，把帮助内容以类似数据库的形式编译储存。

分析预处理阶段包括两个部分：CHM 文件反编译和 HHC、HHK 文件分析。由于 CHM 文件是编译后的文件，要对其进行翻译必须拿到生成该 CHM 文件的原始工程文件，但因为各种原因，一般没法拿到原始的工程文件，这时就需要对 CHM 文件进行反编译。大体而言，反编译后的文件一般包括图像文件、HTML 文件、CSS 文件、HHC 文件和索引文件，如果是复杂的帮助文档，可能还包括其他文件。在反编译出的文件中存在 HHC 和 HHK 两个文件，分别是 Contents 部分和 Index 部分，在翻译过程中都需要对其进行翻译。

在正式翻译过程之前需要检测 HHC 和 HHK 是否能够正确解析。用 Trados 打开 HHC 文件，高亮显示的文本“introductiontodelayedcoking.htm”是不需要翻译的，用记事本打开可以分析得到要翻译的是 param 标签属性 name=“Name”的值，因此需要在 Trados 中进行配置，需要在项目设置中“文件类型”>“HTML4”下找到“PARAM”进行编辑，添加条件 PAEAM[@name=“Name”]，这样就可以排除那些不需要翻译项。

3. 翻译阶段

打开 Trados 新建工程项目，添加待翻译的源文件夹并验证是否正确识别所有文件类型，将无须翻译的文件更改文件用途。完成验证后，添加相应的翻译记忆库和术语库。在任务序列一栏中选择“伪翻译来回传送”，通过选择会执行批处理任务转换为翻译格式、复制到目标语言、伪翻译、生成目标翻译。最后完成翻译。

4. 将 CHM 工程文件转为 CHM 文件

完成翻译之后，将翻译后的工程文件还原为 CHM 文件，打开工程文件找到“zh-CN”文件夹，将其中的 sdlxliff 类型文件删除。之后就可以将项目文件进行编译还原。

在 HTML Help Workshop 中新建一个项目，并将“Convert WinHelp Project”选项留空，完成设置放置项目文件的目录及项目文件名，单击“下一步”后选择“HTML Help table of contents”“HTML Help index”“HTML file”。之后，依次选择“Contents file”，即翻译过后的 HHC 文件，以及“index file”，即翻译过后的 HHK 文件。最后，添加所有相关的 HTML 文件。

之后进入 HTML Help Workshop 工作窗口。单击“Change Project Options”按钮后会弹出“Options”对话框，在“General”选项卡的“Title”中输入标题，编译后这个标题将出现在 CHM 文件窗口的标题栏上；在“Default file”中选择打开 CHM 文件时默认显示的页面。在选项卡的“Contents file”中输入目录文件（HHC），在“Index file”中输入索引文件。单击“Save project file and compile”按钮，即可完成整个编译过程。通过以上步骤操作即可完成 CHM 的重新编译，将原始的英文文档转换为中文文档。

5. 将 CHM 文件转为 DOC 文件

通过 CHM to DOC 软件将 CHM 文件转换为可以打印的 doc 文件。打开 CHM to DOC 软件，选择 CHM 文件，设置文件标题字体属性以及其他相关内容，完成相关配置后，点击“Convert”按钮就可完成文档的转换。通过以上五大部分的操作，完成了整个手册文档的本地化翻译。

四、总结

本文主要介绍了中国语言服务的发展历程，本地化的相关技术知识，手册文档本地化的相关内容，本地化翻译流程及其需要遵循的原则。同时，具体通过手册文档本地化翻译流程详述了如何将 CHM 文档进行本地化。结合实际案例，设计并实现了手册文档的本地化。

参考文献

1. Lommel A. R. *The Globalization Industry Primer* [J]. Switzerland: LISA，2007.

2. 郭晓勇．中国语言服务行业发展状况、问题及对策——在 2010 中国国际语言服务行业大会上的主旨发言 [J]. 中国翻译，2010.

3. 苗菊，朱琳．本地化与本地化翻译人才的培养 [J]. 中国翻译，2008.

4. 俞敬松，王华树．计算机辅助翻译硕士专业教学探讨 [J]. 中国翻译，2010.

“Crime of Passion”：“激情”犯罪还是“义愤”犯罪？——刑事学的法律移植视角 ①

中国人民大学外国语学院　龙　艳

摘　要：当前，中国正处于社会转型期，Crime of Passion 在刑事案件中的比例快速上升，已占到 1/3 以上。Crime of Passion 可以有犯罪学、刑事学两个不同的译法，分别为“冲动犯罪”和“义愤犯罪”。前者是翻译，用于法学研究；后者是刑事学的法律移植，用于司法实践。在司法实践层面，“义愤犯罪”的移植式译法，片言折狱，界定明确、明德慎罚、以理服人，具有道德上的正能量，可使审判和执行名正言顺、名实相符。有利于法官酌定量刑，有利于公众修身律己，减少此类犯罪的发生。最终达到惩处和预防相结合的目的，达到少讼息讼、社会稳定的司法理想。

关键词：Crime of Passion　义愤犯罪　刑事学　法律移植

现代意义上的“Crime of Passion”源自西方，其“问题意识”多集中在 Passion 和理性的视域内 (Brennan 1988; Nourse 1996；Nagin and Tremrichard 2005)，而中国的“问题意识”往往纠结在 Passion 和道义 (周振杰 2006；刘妮雅 2012) 的视域内。这一分歧的产生与法律移植密切相关。国内法学界常见的译法，是将 Crime of Passion 译作“激情犯罪”。这只是一种简单的法律翻译，且局限在犯罪学视角。从刑事学的法律移植视角来看，该译法导致概念的内涵和外延模糊，产生实践上的重大争议和舆论偏差。

关于 Crime of Passion 的法律移植（不是翻译），从刑事学的法律移植视角，也许移植作“义愤犯罪”较恰当。义愤犯罪和激情犯罪有很大不同。首先，义愤犯罪的出发点是敬畏法律、维护社会公平正义，而激情犯罪则不是，其心理特征之一就是犯罪一方或双方缺乏敬畏意识 (陈和华 2014: 87-95)。其次，激情犯罪发生在短暂的有限时间内，行为人一时冲动、失去自控能力 (戴忠杰 2014: 30)。这两种犯罪不宜混同。如果只从单一的犯罪学角度翻译，似乎译作“冲动犯罪”更符合现代意义上的 Crime of Passion，而且没有歧义，客观中立。“义愤犯罪”是“冲动犯罪”的一部分，外延缩小，内涵更丰富。

Crime of Passion 可以有犯罪学、刑事学两个不同的译法，分别为“冲动犯罪”和“义愤犯罪”。前者是翻译，用于法学研究；后者是刑事学的法律移植，用于司法实践。在司法实践层面，“义愤”犯罪的罪名，与人间正道相契合，界定明确，具有道德上的正能量，可使审判和执行名正言顺、名实相符。该译法有利于正确解读 Crime of Passion 为“行为人在被害人过错的基础上出于激愤而作出的暴力性行为，符合道德评价，主观恶性较小”(周亚玲 2014: 179)；有利于法官酌定量刑，明德慎罚，避免法官在此类案件中“无法可依”、“自由裁量权过大，判决存在非常大的不确定性”(周振杰 2006: 28)；有利于公众修身律已，“减少对激情杀人的错误认识，减少此类犯罪的发生”(周亚玲 2014: 179)；最终达到惩处和预防相结合的目的，达到少讼息讼、社会稳定的司法理想。

① 基金项目：中国人民大学外国语学院“985 工程”项目（2011H001）

一、“激情”还是“义愤”：一名之立 索本求源

中国法律的近现代化，以法律移植为主要立法渊源。西方政治、法律词语，最早经由日语翻译到中国，现在则主要从西语直接翻译，如本文涉及的 Crime of Passion ；这一术语，属于专门法律术语。其中，“kill in the heat of passion” 罪名更涉刑法，在司法实践中，应该判杀人罪（homicide）还是过错杀人罪（manslaughter）存在很大争议。Newmark 认为，法律文本为召唤文本，有强制命令作用 (法律英语证书 (LEC) 2013: 133)。法律术语的移植，必须名实相符，意义单一、严格。

《中华法学大辞典 · 刑法学卷》，对“ 激情犯罪 ”定义如下：

行为人因强烈的情绪反应且难以自控实施的犯罪。激情，指由各种刺激因素引起的一种迅猛而强烈的情绪状态，如狂喜、暴怒、绝望等。最常见的激情发作形式为暴怒性激情发作和恐惧性激情发作…… 目前，世界各国均对激情犯罪给予惩罚，但在实际量刑时往往根据情节和公众舆论酌情从轻或减轻处罚。早期从事激情犯罪研究的代表人物是意大利犯罪学家龙勃罗梭和菲利，他们认为激情犯与一般犯罪人不同，应该宽容对待（于德斌 1996: 317）。

“激情”在《现代汉语词典》中指“强烈激动的情感”，实际运用中常带有褒义，至少客观中立。这一译法只在现代英语的层面进行了法律翻译，而没有从刑事学的角度进行法律移植，导致混合过错、陷加害人于不仁不义，有“恶怙”之嫌；导致对这一罪名的理解过宽或过窄，引发量刑过松或过严的各种忧虑（陈和华 2011: 117-126）。“存在的问题是，容易将一切影响行为人情绪的因素作为激情诱发的原因，从而得出成立激情犯罪的结论，不当扩大了其成立范围” (刘紫琪 2011: 74-75)。

笔者认为，Crime of Passion 的法律移植，主要应从刑事学的角度进行，而非仅仅是犯罪学的角度。应该“ 看行为人表达的激情是对法律和社会道德所维系的基本价值的尊重还是根本否定 ”，即看过错（孰对孰错），要件应当主要考虑：被害人过错的犯罪。“ 其他要素均应排除在激情犯罪的概念之外 ”(同上 75)

由于英文 passion 词根为 passi, pati, path（拉丁语），意为“ 承受；忍受；苦难 ”。如西方宗教术语 *Memoria Passionis*（拉丁语），即英语的“Passionate Memory”, 译作“ 苦难记忆 ”(龙艳 105)。再结合中国法律的天理法源，Crime of Passion 也许可以移植作“ 义愤犯罪 ”，以名实相符、实至名归。这种移植式译法强调义人受苦，义愤难平；被害人的过错天理难容。应该首先厘清被害人违反道义的过错行为在先，加害人的义愤暴发在后，同时“ 不能忽视行为人的社会危险性 ” (聂姝斐 2014: 268)，分别追究被害人和加害人的责任，宽严相济，酌定量刑，维护法律的公平正义。

“义愤” = 义 + 愤，“义”指正义，“愤”指冲动，即正义的冲动。如此定义，可以剔除“激情”的过宽外延，由正义来界定“冲动”，使该罪名能够在法律层面得到考量。“义愤”的移植式译法含有中国古代法源（法律渊源）：“天理国法人情”。此译法是法律移植与本土资源的结合。“义愤”译法旨在明确判断背后的意义和价值，彰显天理的正当性；符合明德慎罚、法治德治相结合的中国法情。“义愤”移植式译法有利于司法实践。“我国的司法解释所明确的‘义愤’就是‘激情’”，不过“我国的司法解释没有用‘激情犯罪’的表述，显示出一种谨慎态度，把‘激情犯罪’局限在‘义愤’，而不是任何‘激情’”。“‘义’则是愤怒或愤慨的原因——基于正义理念及情感而不能容忍悖理的事或者不正义的言行……‘义’导致犯罪人的‘愤’，即愤怒或愤慨的‘激情’是由犯罪人心中的正义理

念及情感使然，而正义理念及情感之所以能在当时催生愤怒或愤慨，是因为正义的理念及情感受到不合理非正义的负面刺激因素的挑衅和伤害”(夏勇 2011: 131-2)……

在中央法规司法解释中，“义愤”单独出现在 7 条法规中，“激情”（笔者注：即冲动）出现在 2 条法规中，而且与“义愤”一前一后，同时出现。“激愤”单独出现在 2 条法规中（北大法宝）。由此可见立法者对“义愤”犯罪的关注远甚于“激情”犯罪。“义愤”犯罪的移植式译法，适应中国国情，中西合璧，赓续国人的法治思想传统。

二、法律移植的本土化

某一法律被移植，首先在于其本身具有内在价值和工具价值，其次现代社会法律全球化，法律供需双方和现实的政治因素决定了其传播(何勤华等 2015: 446)。任何法律都不可能一成不变地移植、照搬（同上 154），法律移植需要与本土资源相结合(同上 49)，才能生存和推行。

中国式自然法的终极依据是天理、天道，而“义愤”中的“义”就是天理、天道，是人间正道的同义词。严复认为“西文法字，于中文有理、礼、法、制四者之异译，学者审之”(郭建等 2011: 60)，他分辨中外“法”概念：“盖在中文，物有是非谓之理，国有禁令谓之法，而西文则通谓之法，故人意遂若理法同物……专以法之所许所禁为是非者。此理想之累于文字者也”（同上）。

河南内乡县衙门匾上的蓝底金字：“天理国法人情”，镌刻的正是中国传统法律渊源。中国古代判语中所见的“理”字，不是表现为那种“纯粹理性”，而是表现为一种实践理性、经验理性；“情”字有情节、情况等事实关系的含义（同上 58）、特别在说到“人情”时，通常照例是指活生生的平凡之心，它们相互联结、相互补充形成“情理”，即是中国式的理智（良知）（同上 59）、“国家的法律是情理的部分实定化”，另外“法律的条文还需要通过情理加以解释和变通（同上 60）。在西法东渐、中国法律近代化的过程中，国人渐渐将理、天理与法混同起来。旁观者清，德籍学者陶安就曾批评中国学者在西法东渐的过程中“食洋不化”（同上 61）。

Crime of Passion 关注人性中“一时冲动；情急状态”的非理性因素，关注人们在受到外部刺激情况下的非理性行为，体现现代心理学发展的成果和现代法律的人文关怀。全球化时代，Crime of Passion 在发展中国家的移植，同样需要本土化。事实上，“各国刑法关于‘激情犯罪’的规定也都包括……两个方面的因素，即情感和怀疑的某种异常状态与能够导致这种异常的某种刺激因素”，只是侧重面不同而已。从使用情况来看，激愤杀人与义愤杀人是被当成同义语使用，……在国外与我国台湾地区的刑法中，都使用了“义愤杀人”一词，如我国台湾地区的刑法第 273 条规定：“当场激于义愤而杀人者，处七年以下有期徒刑”。这里的“义愤杀人”……法律规定了严格的限制条件……”(周振杰 2006: 28) 我国长期以来，强调为政以德、以德治国。因此，“义愤”的移植式译法强调“义”，是题中之义，情理中事。

在“义愤”的移植式翻译中，“激情犯罪从道德的角度而言有着正面价值而且有着强大的民意支持，”因此司法可以（1）从道德的角度出发判断犯罪人行为本身的恶性；（2）强调犯罪人的刑事责任与被害人过错行为的关系；（3）出于并合主义刑罚目的的考虑，对犯罪人从宽处罚（同上）。

结语：义愤犯罪 片言折狱

当前，中国正处于社会转型期，社会快速变迁，各种冲突和矛盾时有发生。中国特色法治结合了法治与德治、法治与礼治，经过几千年的教化，深入人心，维持了中国社会千年的超稳定，具有“压舱石”的功能。在快速变迁的社会中追求稳定的秩序，尤其需要依靠中国传统法治这一扎根人心的中国特色法治资源。

法治是“人依法而治”，并非没有人的因素；法官必须对条文进行解释，人民还要能运用这些条文（费孝通），这都要求人们的思想观念先有一番铺垫。因此，法律移植有必要在中国国情下，中西合璧，远绍斯文，赓续国人的法治思想传统；片言折狱，不仅有利于法律的有效推行，也有利于犯罪的有效预防。具体到 Crime of Passion，“激情”犯罪的译法应该得到纠正；Crime of Passion 可以有犯罪学、刑事学两个不同的译法：冲动犯罪、义愤犯罪。激情犯罪，无统一的标准和依据，在酌定量刑方面几无操作性；而义愤犯罪，以理服人，有相对统一的标准和依据。事实上，许多法庭辩护都是以“义愤”名义，提出酌定量刑的诉求。

激情犯罪还是义愤犯罪，一词之差，反映国别文化、时代要求。Crime of Passion 的法律移植应当顺应国情和民意，激浊扬清，体现“义愤”的人间正道，体现“义愤”在道德上的正能量，最大限度维护公平正义。

参考文献

1. Brennan, William J. *Reason, Passion, and the Progress of the Law* [J]. Cardozo L.rev, 1988.
2. Nourse, Victoria. *Passion's Progress: Modern Law Reform and the Provocation Defense* [J]. Yale Law Journal, 1996, 1331.
3. Nagin, Daniel S., and E. Tremrichard. *From Seduction to Passion: A Response to Sampson and Laub* [J]. Criminology, 2005, 43 (4): 915-918.
4. 陈和华．激情犯罪不宜从轻处罚的心理学依据 [J]. 法学，2011, (5): 117-126.
5. 陈和华．冲动犯罪：偶然性背后的必然性 [J]. 政法论丛，2014, (2): 87-95.
6. 戴忠杰．激情犯罪研究 [D]. 上海：上海大学，2014.
7. 费孝通．乡土中国 [M]. 北京：北京出版社，2005.
8. 郭建，金敏，周东平，等．中国法律史 [M]. 杭州：浙江大学出版社，2011.
9. 何勤华，屈文生，崔吉子．法律翻译与法律移植 [M]. 北京：法律出版社，2015.
10. 刘妮雅．十年来我国激情犯罪的研究取向与展望 [J]. 当代教育理论与实践，2012, (7).
11. 刘紫琪．论激情犯罪的成立要件及处罚 [J]. 广州广播电视大学学报，2011, (3).
12. 龙艳．历史语言学与英语专业教学改革 [A]. 谈学论教集——中国人民大学教学改革与发展文萃 [C]. 中国人民大学教务处组编，冯俊、陈岳主编．北京：中国人民大学出版社，2006.
13. 聂姝斐．被害人过错的激情犯罪刑事责任研究 [J]. 法制博览，2014, (8).
14. 全国统一考试指导委员会编．法律英语证书（LEC）法律英语翻译教程 [M]. 北京：中国法制出版社，2013.
15. 夏勇．解读中外“激情犯罪”——“药家鑫杀人案”引出的话题 [J]. 法学，2011, (5): 127-133.
16. “义愤”、“激情”、“激愤”，中央法规司法解释，北大法宝 [OL]
http://www.pkulaw.cn/cluster_call_form.aspx?menu_item=law&EncodingName=&key_

word=%D2%E5%B7%DF

17. 于德斌．“激情犯罪”辞条 [A]. 见力康泰，丁慕英，马克昌，等编．中华法学大辞典·刑法学卷 [Z]. 北京：中国检察出版社，1996, 317.

18. 周亚玲．激情杀人的认定及量刑问题初探 [J]. 云南社会主义学院学报，2014, (3): 179.

19. 周振杰．激情犯基本理论研究 [J]. 人民检察，2006, (1): 25-28.

Preliminary Studies on Translational Aesthetics —A Case Study of *Red Sorghum*

北京邮电大学　王　斌　马盼盼

Abstract: As a newly-emerged theory, Translational Aesthetics provides a new perspective for the studies of translation. This thesis focuses on a preliminary recognition and application of Translational Aesthetics by analyzing *Hong Gao Liang Jia Zu* and its English version *Red Sorghum*, which aims to help better understand Translational Aesthetics.

Key words: Translational Aesthetics　*Red Sorghum*

For translators, quality of translated works departs from understanding and application of different translation theories. Translational Aesthetics, as a relatively new theory, not only serves as a guide for translation, but also acts as a yardstick with which readers can measure how successful a translation is. Meanwhile, it can help standardize translation criticism and provide practical strategies for translators. This thesis will introduce and analyse concepts and application of Translational Aesthetics in *Red Sorghum*, the English version of *Hong Gao Liang Jia Zu*.

1. Translational Aesthetics

1.1 Definition of Translational Aesthetics

Translational Aesthetics (hereafter referred to as TA) combines Translation Study and Aesthetics, aiming at "revealing the aesthetic origins of Translation Study, exploring Aesthetics' special meaning to Translation, helping translators understand the scientific and artistic nature of Translation in an aesthetic perspective, and proposing different aesthetic standards for the translation of different literary genres, as well as analyzing, interpreting and solving the aesthetic problems in the process of interlingual transfer." (方梦之 2004: 296)

1.2 Development of Translational Aesthetics in the West and in China

As a great philosopher, politician and rhetorical master in ancient Rome, Cicero (106BC–63BC) is the forefather of western translation theory. He looked down upon the "word to word" translation (literal translation) and regarded translation as a kind of creation. His theory was deeply influenced by Plato's aesthetic concepts, and stuck to the translation theory of "meaning to meaning" (free translation). Later on, Roman poet Horatius (65BC–8BC) proposed a similar view in translation. He viewed translation from the perspective of Art and suggested using "aesthetic criteria" in translation. He also advocated Stoic's Unsophisticated Beauty and Thales'

Natural Beauty. Cicero's and Horatius' opinions about translation theory have indissoluble bond with Aesthetics. After that, Jerome (347–420) carried forward and developed Cicero's translation theory by coming up with the theory of creative translation for the first time. In the 17th century, Dryden from Britain became the advocator and practitioner of Cicero's aesthetical translation and regarded translation as Art. In the 1920s, Italian aesthetician Croce asserted that literary translation is the recreation of Art; in the 1960s, Jiri Levy, one of the representatives of Prague School, believed that the purpose of literary translation is to let readers enjoy beauty and artistic appeal when reading translated works. Overall, there are aesthetic factors in Translation; in modern Western Translation Aesthetics, translation is seen as an Art and it is regarded as translators' recreation, aiming at providing similar aesthetic experience for the target readers.

Chinese translation theories started from the translating of Buddhist sutras about 1,700 years ago. Zhi Qian (about 300 AD) criticized the translation at that time "not elegant"; Dao Xuan (596–667) tried to retain the elements and beauty of the original works in his translation. These two translators pioneered studies on aesthetic translation in China. In 1896, Chinese translator Yan Fu further developed aesthetics in Translation, and put forward the well-known translation standard "faithfulness, expressiveness and elegance" (信达雅), which is still an important translation motto now. In the 20th century, many excellent translators stressed the importance of aesthetics in different aspects. Fu Lei brought up the criterion of "similarity in spirit rather than in form" (重神似而不重形似); Qian Zhongshu suggested the concept of "sublimation" (化境), and Lin Yutang voiced the criteria of "faithfulness, smoothness and beauty" (忠实、通顺、美). These translators paid more attention to the beauty of the translated works and cared more about the feelings of readers. All these theories and criteria contributed to the formation of Translation Aesthetics. Several books about TA appeared subsequently, like Fu Zhongxuan's *Practical Translation Aesthetics* (《实用翻译美学》1993), Liu Miqing's *An Introduction to Translation Aesthetics* (《翻译美学导论》2005), and Mao Ronggui's *Translational Aesthetics* (《翻译美学》2005). Therefore, aesthetics has taken root in Chinese Translation for a long time, and it is a significant component of translation theories in China. Modern TA has inherited and developed the traditional translation theories related to Aesthetics. As an independent subject, TA requires translators to recreate the original beauty in the target language and make readers feel the original beauty in the translated works.

1.3 Aesthetic Object and Aesthetic Subject

According to Liu Miqing's interpretation of Translational Aesthetics, the study on TA is mainly the study on Aesthetic Subject and Aesthetic Object, which are two essential components of TA.

Aesthetic Subject (hereafter referred to as AS) includes translators and readers, the former reconstruct the beauty of the original work and the latter create beauty in their own mind. When it comes to Translation, AS refers to translators. A translator plays a significant role in reconstructing the beauty of the original work, just as Nida claims: "…the translator is the focal element in translating, and thus there cannot be any completely impersonal objectivity in his work—since he is part of the cultural context in which he lives—his role is central to the basic principles and procedures of translating." (Nida 1964: 145)

All the things that evoke people's aesthetical feelings can be called Aesthetic Object (hereafter referred to as AO). In Translation, AO refers to the original literary works and the translated literary works, which are the main research content of this thesis. A good literary work should have Aesthetic Value (or aesthetic elements or aesthetic constitutions). According to Liu Miqing's classification, Aesthetic Value is divided into formal Aesthetic Value and non-formal Aesthetic Value. The former includes "the beauty of phonology, the beauty of lexis, and the beauty of sentence" (李慧燕，黄晓艳 2010: 47-48). Unlike the formal Aesthetic Value, which can be seen from the wording of the literary work, the non-formal Aesthetic Value is abstract, that's why it is also called Non-Quantitative Fuzziness. Non-formal Aesthetic Value contains many aesthetic elements, such as the imagery, the spirit, the power, the emotions, and the flavour soaked in the works etc. But all these elements can be put into three groups: "the beauty of emotions, the beauty of imagery and the beauty of writing style" (*Ibid.*: 49). This paper will introduce AO in details by analysing the examples selected from *Red Sorghum*.

2. An Introduction to the Two Versions of *Red Sorghum*

Nobel laureate Mo Yan published the novel *Hong Gao Liang Jia Zu* in 1986, which is one of his most famous novels. Two years later, the movie *Red Sorghum* based on this novel was released and became the first Chinese movie to win the Golden Bear Award in Berlin International Film Festival. *Hong Gao Liang Jia Zu* is a novel related to hardships, love, hatred and adventures of Chinese ordinary peasants who struggled against Japanese aggression.

As a famous translator and sinologist in America, Howard Goldblatt has been regarded as "the most important translator of modern and contemporary Chinese literature in the West" (舒晋瑜 2005). Since the 1970s, he has translated more than forty modern and contemporary Chinese literary works. In 1993, the English version of *Hong Gao Liang Jia Zu* translated by Howard was published in America with the English name *Red Sorghum*. This English version can be regarded as a classic. Mo Yan once commented Howard's translation: "My novel could have been translated by someone else and published in the United States, but the English version would never have been so beautifully translated, if not for him." (Mo 2000: 473)

3. Translational Aesthetics in *Red Sorghum*

As is mentioned previously, Aesthetic Value can be divided into formal Aesthetic Value and non-formal Aesthetic Value. This chapter will analyse some examples from *Red Sorghum* with respect to these two categories so that readers can have a better comprehension of Translational Aesthetics.

3.1 Formal Aesthetic Value

1) Phonology

The beauty of phonology mainly manifests itself in sound and rhythm, which can strengthen the beauty of musicality. Thus, translators often use onomatopoetic words, alliteration and parallelism to achieve the beauty of musicality. Here is a typical example from *Red Sorghum*.

高粱晃动激起的小风在父亲头顶上短促出击，墨水河的流水声愈来愈响。(莫言 2007:4)

A breeze set the stalks above him rustling briefly; the gurgling of the Black Water River grew louder. (Goldblatt, 1993: 7)

In the original text, the writer just described that the sound of the water is becoming louder, which is quite plain. While in the translation, Howard described the sound of water as "gurgling," which is a very vivid onomatopoetic word, and this word adds the beauty of phonology in the translated version.

2) Lexis

Professor Liu Miqing once pointed out that "based on the original language, the responsibility of conveying beauty is shouldered by 'wording.' To achieve the words' Aesthetic Value, wording should follow the three standards of 'being accurate, beautiful, and concise'"(quoted in 李慧燕，黄晓艳 2010: 48). Hence a translator needs to rack his brain to find a proper word that can reproduce the beauty projected by the original language. Sometimes, he also needs to do some change, or create some new lexical collocations to achieve his goal of reconstructing the beauty of the original works.

这时，从被父亲他们甩在身后的村子里，传来悠长的毛驴叫声。(莫言 1987:4)

Now Father and the others could hear long-drawn-out brays from the mules they had left behind in the village. (Goldblatt, 2007: 6)

In the original context, the writer described this scenery when the troop left the village to ambush Japanese's convoy. The narrator heard the brays from the mule at that moment. The writer used "悠长" to describe the brays from the mule. In Chinese, "悠长" contains a feeling of sadness and sentiment. In the translation, Howard used "long-drawn-out" to describe the brays. Compared with "long," "long-drawn-out" is more vivid and impressive. It gives readers a feeling that the mule didn't make the sound out of happiness, but out of grief. This description is very touching. Actually, this is a hint, which suggests that the incoming fight would be bloody. Therefore, the word "long-drawn-out" adds the feeling of sadness to the translation.

3) Sentence

When it comes to the beauty of sentence, translators need to retain the original sentence pattern, such as parallelism. Nevertheless, Chinese and English are totally different languages; the former one is a parataxis language, whose sentences are organized by meaning, while the latter one is a hypotactic language, whose clauses are often organized logically with connectives. Therefore, it is necessary for translators to rearrange the sentences properly, for example, they need to change the sentence pattern with inversion or combine several sentences into a single one with tower structure. Here is an example:

高粱深处，蛤蟆的叫声忧伤，蝈蝈的唧唧凄凉，狐狸的哀鸣悠怅。(莫言 1987:26)

From deep in the sorghum came the melancholy croaks of toads, the dreary chirps of grasshoppers, and the plaintive howls of foxes. (Goldblatt 1993:84)

The original sentence uses three independent phrases—the sounds of three animals—to describe the grievous soundings. In the translation, Howard imitated the original sentence pattern. He used an inverted sentence and changed the three phrases into three paralleled subjects with the same form: the + *adj.* + sounds of + animals. The translated sentence is skilfully integrated. Besides, the structure of inversion can help emphasize the subjects to express the sad feelings of the character.

3.2 Non-formal Aesthetic Value

Although non-formal Aesthetic Value is imperceptible, it has an intangible influence on readers' understanding of the literary work. Specific examples are given in this part to analyse and interpret non-formal Aesthetic Value.

1) Emotions

In *Red Sorghum*, Mo Yan paints nature description with emotions. Therefore, those things in nature are not simply everyday things anymore; instead, they contain some special feelings.

鱼儿在水中翻花，流水潺潺有声，流星亮破一线天。(莫言 2007:18)

... (he strode onto the rickety wooden bridge,) above splashing fish and rippling water, as a shooting star split the heavens. (Goldblatt 1993:22)

This is the nature description when Uncle Arhat escaped successfully from Japanese enclosure and walked up on the wooden bridge. In the original context, the feeling of happiness flows freely in the sentence. In the translation, Howard took literal translation, such as "splashing fish" and "rippling water," as well as "a shooting star." Fish, water and star come alive in this description. Actually, this is the reflection of Uncle Arhat's happiness. He escaped from the evil enclosure and regained freedom. It seems that fish and water were celebrating for him and a shooting star even lightened the night sky for him. The translated version accurately reproduced the beauty of the original emotions.

2) Imagery

Imagery is different from concrete images. Imagery can create a specific atmosphere, reflect characters' mood, and help promote the development of the plot.

五十多只白鸟从墨水河道里扑楞楞飞出来，飞经人群上方青蓝蓝的天，又拐弯向东，飞向那个金子般的太阳。(莫言 2007:29)

Fifty or so white birds, wings flapping noisily, sliced through the blue sky above the Black Water River, then turned and sheaded east, towards the golden sun. (Goldblatt 1993:33-34)

This is the nature description before Uncle Arhat was skinned in public. "鸟" "天" "太阳" are just common things in the nature, but the writer used "白" to describe "鸟," "青蓝蓝" to describe "天" and "金子般的" to describe "太阳," and all of these colours are pure and warm, and hence this sentence creates a positive imagery, which hints that Uncle Arhat's death will bring him to a new and bright world where there would be no more suffering. In the translation, Howard translated these colour words literally to reconstructed a positive imagery.

3) Writing Style

People often say that "style as man," referring that each writer has his own writing style. Mo Yan, as a master of language, is good at using line drawing, parallelism and metaphor in the nature description. Because of the significant difference between Chinese and English, it's difficult to fully retain the original writing style in the translation, but here is an example showing how Howard managed to retain Mo Yan's writing style.

那边狗叫人喧，天亮了。(莫言 2007:19)

A barking dog, human shouts, dawn. (Goldblatt 1993:24)

In the original context, the writer described the scenery with the use of line drawing and it's very brief, only two short sentences with nine Chinese characters. While in the translation, Howard reproduced Mo Yan's writing style very well. He just wrote three phrases with six words, "a barking dog, human shouts, dawn." This literal translation, by which Howard reconstructed the beauty of writing style, is even briefer than the original one.

Conclusion

Through the analyses of the examples from *Red Sorghum*, readers can have a better understanding of Translational Aesthetics, especially Aesthetic Value. For a translator, he needs to develop his own aesthetic consciousness and find the beauty of the original works; The Aesthetic Value of Aesthetic Object can be reconstructed from two aspects: a) formal Aesthetic Value, which includes phonology, the choosing of words and the structure of sentence; b) non-formal Aesthetic Value, which refers to the emotions and the imagery in a work, as well as the writing style of the writer. If a translator can identify the Aesthetic Value of the original works from these perspectives and represent them flexibly, the success of the translation can be ensured.

In a word, Translational Aesthetics provides a new perspective for us to analyse the beauty of translation and gives us a new way to reconstruct the original beauty in the target language.

References

1. Goldblatt, Howard. *Red Sorghum* [M]. New York: Viking, 1993.
2. Goldblatt, Howard. *"The Writing Life"* [J]. The Washington Post, Sunday, 28 Apr. 2002.
3. Nida, Eugene A. *Towards a Science of Translating*[M]. Leiden: E. J. Brill. 1964.
4. 晁正．从改写理论角度看葛浩文《红高粱家族》的英译 [D]. 湖北：三峡大学 , 2012:7-8.
5. 方梦之．译学词典 [M]. 上海：上海外语教育出版社 , 2004.
6. 赖晓鹏．从翻译美学的角度看张培基《英译中国现代散文选》(三辑）的审美再现 [D]. 湖北：华中师范大学，2009: 17-18.
7. 李慧燕，黄晓艳．翻译美学视角下的散文翻译——以《故都的秋》为例 [D]. 南昌高专学报，2010, (2): 48.
8. 刘宓庆．翻译美学导论 [D]. 北京：中国对外翻译出版公司，2005.
9. 刘宓庆．新编当代翻译理论 [D]. 北京：中国对外翻译出版公司，2012.
10. 莫言．红高粱家族 [M]. 北京：人民文学出版社，2007.
11. 舒晋瑜．十问葛浩文（汉学家）[J]. 中华读书报，2005-08-31.
12. 武锐．翻译理论探索 [D]. 南京：东南大学出版社 , 2010.

也谈思维方式差异与翻译技巧的选择

军事医学科学院　张天明

摘　要：语言是思维的工具，思维活动通过语言表达出来。不同民族思维方式的差异是形成各自语言特色的最重要因素。本文通过东西方思维方式差异的六个侧面考察其在各自语言环境中的体现，进而为英汉翻译方法和技巧的选择提供依据。

关键词：思维方式　差异　翻译技巧

一、引言

思维是人脑对客观世界的反映，是人类认识客观世界的能力和方式。思维方式直接影响人们的行为方式和对事物的看法、态度以及反应。语言最重要的功能是表达思维，记录思维活动；反过来，思维方式也影响语言的发展，形成语言的显著特色。思维和语言之间是相互促进的关系，其中思维决定语言的形式，是语言的内容，因此思维方式的差异必然表现为语言表达方式的不同。

翻译能够实现不同语言之间存在所谓的“可译性”（translatability）的最基本条件是人类思维的同一性。然而，由于历史、地理、人文等因素的影响，东西方的思维方式经历了不同的发展、演化过程，形成了各自鲜明的特点，这些特点在各自的语言中都有具体体现。所以，学习一门语言就要尽可能多地深入了解该语言民族的思维方式，以求更科学、准确、理性地把握该语言的深层体系和全貌。如果把语言看成房子的话，那么思维方式就是支撑房子的承重墙，拆去了墙，房子就会坍塌。因此，离开思维方式及其文化去学一门语言，无异于“刻舟求剑”“缘木求鱼”。

二、思维方式与翻译

由于思维方式与语言之间这种密不可分的关系，在研究翻译时必然要涉及目的语与原语各自的思维方式，即从思维方式差异的角度来看待不同语言表达方式的差异，从而正确运用有关翻译策略和技巧，实现语际间准确有效的转换。

翻译过程中语言本身的错误与思维方式差异导致的翻译错误不同，前者容易识别和纠正，因而可以看作一种“硬伤”；后者则不容易看得出来，往往只有在关注语言的深层内涵时才能被意识到，因此被看成是一种“暗伤”。在翻译过程中，初级阶段“硬伤”往往多于“暗伤”，到了高级阶段情况可能相反。

著名学者、翻译家思果先生认为，“翻译是一门变通的艺术，是移花接木，代人作嫁。”“譬如英文译成中文，既不许西风压倒东风，变成洋腔洋调的中文，也不许东风压倒西风，变成油腔滑调的中文，则东西之间势必相妥协，以求‘两全之计’。”(思果 2001)

这里的说的“变通”“妥协”以求“两全之计”，正是根据不同思维方式在翻译过程中对相应的语言表现形式作适当的调整。从这个意义上我们可以说，译者要在两种语言之间充当合格的“媒人”，了解双方的思维（想）和诉求，才能成就美满的“婚姻”。

三、东西方思维差异与翻译技巧

1. 整体型思维与个体型思维

一般认为，中国人从整体、联系的角度看问题，而西方人更注重个体、局部、细节，重视从个体的角度看待和分析问题。中国人看问题从一般到个别，而西方人则相反。这一点在中西医差异中也有所体现。中医认为人是阴阳整体，健康的人阴阳处于相对平衡状态，一旦这种平衡由于某种内部或外部的原因被打破，人就会生病，中医的任务就是利用各种手段来恢复原来的平衡，而西医则从局部、微观的视角来看待疾病，强调的是“头痛医头，脚痛医脚”。比如，时下正在放映的国产影片《老炮儿》中六爷拒绝西医手术治疗，他认为西医把人看成许多零件组成的机器，哪个零件坏了就修哪个，或者直接换掉。六爷的台词很生动地反映中国人对西医的看法。这与中医从整体的角度来分析和诊治疾病完全不同。中医强调身体局部出现问题要通过全身系统的调理，局部的病痛可能是整个身体机能出了问题，这种对待疾病的认识迥异于西医深入精准地探究局部病因，在分子、原子、病毒、病菌水平上分析病情。

中国人的思维方式由整体到个体、由大到小，强调从整体上把握，强调整体和谐对称，西方人的思维则是从小到大，突出个体与局部。

由于上述思维方式的差异，中英文写书信地址时，中文先写国家、城市、街道，最后一直到门牌号，而英语则刚好相反；中国人的姓名是先代表家族整体的姓在前，代表个人名字在后；西方则先是代表个人的名字，然后是与家庭家族有关的父名和家庭姓氏。年月日的写法也是最小单位的在最前面，最后是年等等。

2. 直线型思维与圆型思维

西方人的思维方式一般是直线型为主导，而中国人的思维方式往往是螺旋式或圆形。西方民族思维模式突出逻辑、分析、线性；东方民族思维则着重直觉、综合、螺旋型的特点。在翻译过程中，译者需要依据这个基本差异分别在两种语言结构形式上予以体现。例如从下面一段文字的英汉对照可以看出这一点：

To begin perfect happiness at the respective ages of twenty-six and eighteen is to do pretty well; and professing myself moreover convinced that the general's unjust interference, so far from being really injurious to their felicity, was perhaps rather conducive to it, by improving their knowledge of each other, and adding strength to their attachment, I leave it to be settled, by whomsoever it may concern, whether the tendency of this work be altogether to recommend parental tyranny, or reward filial disobedience.

男方二十六，女方十八，在这样年龄结成美满家庭，真是幸福无比。另外，我还相信，将军的无理阻挠绝没有真正损害他们的幸福，或许还大大促成了他们的幸福，增进了他们相互了解，增加了他们的恩爱。至于本书的意图究竟是赞成父母专制，还是鼓励子女忤逆，这个问题就留给那些感兴趣的人去解决吧。

原文只有一个长句；整个句子呈线性铺开，随叙随议，逻辑关系通过上述三大语法手段充分表现出来，而中译文则分成了十多个分句、流水句，句中少有语法标记。这样译比较符合中国人的思维习惯，换句话说，是中国人的思维方式决定了这样的篇章结构和风格。如按照原文的铺排顺序，即英语的思维方式亦步亦趋地按照顺序翻译出来，就会文理不通，不忍卒读。

另外，中国人写文章时行文布局也体现了这一差异。中国人注重“起承转合”四大步骤，文章开头的“起”往往是绕弯子、做铺垫，然后再点明文章的核心观点，最后回应开头，是典型的圆型思维模式，而英语的思维方式则是直线型，文章多数一开头就单刀直入地点明主题，然后围绕主题展开论述，各段落多以所谓的主题句开头。从叙述方式上看，西方人的思维方式是演绎式的，而中国人则是归纳式的。

3. 综合型思维与分析型思维

中国人重综合的思维方式形成了汉语言表述功能上的整体性、象征性和暗示性，而西方人重分析、实证、理性的思维方式则形成了英语的分析性、逻辑性和外部结构的严谨性。(包惠南 2001) 这些差异在中文古文中表现得较为明显：古文无标点、不分段，通篇文章浑然一体，各种逻辑、层次关系都隐含在字里行间，要靠读者的经验、直觉来分辨；而英语不仅分段、有标点，且句首字母大写，并有各种语法显性手段，如词形变化、介词、短语、从句等，层次结构清晰明了。英文的句式结构宛如枝叶繁茂的大树，从最小的叶子（单词）到细枝（各种短语）、粗枝杈（各种从句）一直到树干（主句），逻辑关系往往一目了然。以王之涣的著名诗句及英译对比为例：

登鹳雀楼
王之涣
白日依山尽，黄河入海流。
欲穷千里目，更上一层楼。

前两句写景，后两句涉及观景的人，但原诗中没有体现观景的主体。翻译成英语后就必须加上这个主体“You”，否则就是病句，不符合英语的思维习惯。请看下面两种译文：

译文一
The sun beyond the mountains glows,
The Yellow River seawards flows,
You can enjoy a grander sight,
By climbing to a greater height.
(Translated by Xu Yuanchong)

译文二
The white sun sets behind the mountains,
The Yellow River flows into the sea,
Go further up one flight of stairs,
And you'll widen your view a thousand li.
(Translated by Li Dingkun)

译文一虽然牺牲了原文中的一些具象化的描写，如“白”“千里”“一层楼”等，但却很好地契合了重综合、了悟、直觉、内省，重整体、系统、混沌的特点，这样做可能是出于思果先生所说的在两种文字中达成“妥协”，取得一种平衡的考虑吧。译文二把这些意象一字不落地译了过来，不仅牺牲了诗歌的含蓄之美和音韵之美，同时节奏上也比译文一逊色不少，是否有点得不偿失呢？

4. 本体思维型与客体型思维

不同的地理、历史、政治、经济等条件差异形成了不同民族的不同心理和认识过程，表现为不同的思维方式与特征，并反映在各自的语言中 (包惠南 2001)。英语中常用非人称主语，体现了西方人注重客体、重客观事实说话的特点，而中文则相反。比如在下面的例子里，中文用人称主语，而英语则用非人称主语：

Youth sees him on a job and in love.
进入青春期，他工作了，他恋爱了。
Not a sound reached our ears.
我们没有听到任何声音。
Alarm began to take entire possession of him.
他开始感到惊恐万状。
Courage deserted him.
他没了勇气。

另外，英语中的被动语态使用频率明显高于汉语也从另一个侧面反映了这一差异。

5. 顺向思维与逆向思维

英汉两个民族不同的思维方式还反映在对时间和对事物发展的先后顺序上。英语可以先叙述后发生的事，后叙述先发生的事；而汉语往往是先发生的事情先叙述，后发生的事情后叙述，即通常按照事情发生的先后顺序来叙述 (连淑能 1993)。在翻译过程中译者需要根据情况调整语序，使译文符合目的语的表达习惯：

He had arrived the previous evening from a tour of the countryside, and wanted to go through the papers that had accumulated in his absence before visiting hours started.

他下乡去了一回。期间公文积压了一大堆。昨天傍晚他刚回来，现在他要在会客时间之前把那些文件翻阅一下。

可以很明显地看出，汉语是按照事件、动作发生、发展的先后顺序来叙述的，而英语则不然，开头就叙述后发生的事。这也反映出不同民族在叙事过程中视角的不同和强调重点的不同，说到底是思维习惯不同。以下译例也同样如此：

After you! 您先请！
It can be traced back to the Ming Dynasty. 这可以（向前）追溯到明代。
In measuring forwards from a point of time in the past, only the following construction is normal… 当从过去某个时间点向后算起时，下列结构是常用的。

6. 具象思维与抽象思维

中国人思维重形象、具体，而英语的思维习惯往往更侧重抽象概念，因此英语表达抽象概念的语汇往往视情况会在后面加上所谓的范畴词（category words），使其具象化（陈小慰 1986)。比如：

backwardness 落后状态
screening 屏蔽效应
prosperity 繁荣景象
nostalgia 怀旧情绪
beauty 美人
authority 权威人士
success 成功的人或事
superiority 优越性
She affected a great sweetness. 她装出十分温柔的样子。

We drove along between the green of the park and the stony lifeless elegance of hotels and apartment buildings. 我们的车子朝前开着，一边是青翠的公园，另一边是冷漠、毫无生气的雅致旅馆和公寓建筑。

通过英汉对比可以清楚地看出英文的视角焦点是较为抽象的概念“green”“elegance”，而汉语的视觉中心则放在了具象化的“公园”“旅馆”及“公寓建筑上”。以上两句如果按照原来的思维习惯和视觉中心来翻译，就会出现洋味十足的现象。

四、结束语

语言与思维是密不可分的，语言是思维的媒介，思维是语言的内容。思维方式的差异必然会在不同民族的语言中有所表现，制约着各自语言的形式和句法结构。请看下面文字的中英文对照：

夫大国难测也，惧有伏焉。吾视其辙乱，望其旗靡，故逐之。

It is difficult to fathom the moves of a great state, and I feared an ambush. But when I examined the enemy's wheel-tracks and found them crisscrossing, and looked afar and saw his banners drooping, I advised pursuit.

这段文字中汉语民族散点式思维以及汉语以意统形、形散意不散的特点表现得非常明显。原文中只有两个表达前后衔接、逻辑关系的连接词，但上下文的逻辑关系非常清楚，翻译成英语后加了六个连接词，这样做是为了向动词聚焦，体现了英语焦点式思维方式的特点。单从这点来看，汉语似乎比英语更简洁、精练。

了解英语民族的思维方式有利于培养语感，缩短学习语言过程中理性认识与感性认识之间的距离，最大限度地减少母语思维方式的干扰，从而过渡到用所学语言进行思维阶段。因此，翻译过程中译者要在准确理解原文、特别是深入了解两个民族思维习惯和文化内涵的基础上，统筹考虑，灵活处理，最大限度地在语言形式与文化内涵及思维方式之间找到一种平衡。从这个意义上来讲，过分强调“信”、“达”、“雅”，或者强调意译、直译，或者现今比较流行的“最佳等值体”的策略和方法恐怕都是不太合适的。

参考文献

1. 陈小慰．语言 功能 翻译 [M]. 福建：福建教育出版社，1986: 73.
2. 包惠南．文化语境与语言翻译 [M]. 北京：中国对外翻译出版公司，2001: 26, 28, 32.
3. 连淑能．英汉对比研究 [M]. 北京：高等教育出版社，1993: 12.
4. 思果．翻译研究 [M]. 北京：中国对外翻译出版公司，2001: 5.

思维方式与句式翻译

北京工商大学外语学院　杨怀恩

摘　要：思维习惯和语言表达方式是辩证统一的。思维决定语言的表达方式，而语言表达方式是思维的具体表现形式。英汉两种语言源自不同的语系，它们在反映思维的表现方式上也必然相差甚远。探讨汉语固有的句式特征，并和英语的句式相比较，有助于汉英翻译质量的提高。

关键词：思维方式　句式特征　翻译

一、概述

文化思维方式决定语言的表达方式，翻译须建立在对不同语言和文化的对比分析的基础上。翻译之所以困难，归根结底是语言差异和文化差异造成的，而语言差异最重要的是表现在表达方式方面。基于上述考虑，本文拟从汉语句子结构和表现方法两方面入手，着重阐述汉语句式的某些显著特征，进而探讨汉英翻译的技巧和应注意的一些问题。

二、思维习惯对语言表达方式的影响

思维习惯和语言表达方式是辩证统一的，语言是思维的载体，思维支配语言，这是人类语言行为的主要特征。汉民族和英语民族在思维习惯上存在着本质的差异，正是这种差异决定了英汉两种语言反映客观现实的不同表达方式。

1. 英语思维习惯与“形合”造句法

英语重视形式论证，把整体分解，重视空间真实性。这种思维习惯反映在语言上就是英语造句主要采用“形合”法，常用各种发达的关系词以及连接手段造句，即注重显形接应，注重句子形式，注重结构完整，注重以形显义。英语中的连接手段和形式，如关系词、连接词和形态变化形式，不仅数量大、种类多，而且使用十分频繁，因而句子较长。这种长句以 S–V 结构为主干，以谓语动词为核心，经常再加上一些从句。范仲英先生于 1994 年曾作过这样的评价：“一般来说，英语长句较多，而且结构比较复杂，往往从句里含从句，短语里又有短语，宛如一棵大树，有树干，有树杈，有树叶。”请看下面的例子：

From the time when our cavemen ancestors gnawed their wild-pig bones in front of their smoking fire to our own days when we sit around a table spread with snowy linen and shining silver, we have the history of the change in eating habits from the simple satisfaction of hunger to the meal as a delightful, if rather complex, social institution.

这是一个简单句，原文作者将多重信息仅用一个句子就表达出来，句子中心是“we have the history of the change…”。此句用了大量连接词和介词等连接手段，把各种成分串联起来，句中语法关系和逻辑关系条理有序。这种以 S–V 结构为主干，然后在这一大梁上进行空间搭架，借助英语的关系手段，如连词、介词、关系副词、关系代词、分词、动名词和不定式等构成短语、从句，来表达句中的各种语法关系，充分体现了英语的“形合”结构法。

2. 汉语思维习惯与“意合”造句法

汉语重视整体抽象，强调时间顺序原则，注意空间移动。这种思维习惯反映在语言上就是汉语造句多使用“意合法”，少用甚至不用形式连接手段。汉语断句不严，思维单位好像不是句子而是句组甚至是段落，词语之间的内在逻辑关系隐含在字里行间。可见汉语的特征是用分句或流水句逐层叙述思维的各个过程。这样，汉语的句式常常呈现“流散型”，也就是说，汉语的语段呈流散式铺排延伸。汉语的这种特点也大大地限制了其单句的长度。汉语还多用省略句、无主句，少用虚词、附加成分或联合成分，句子显得松散而舒缓，无冗长之感。

下面这个例子可以说明汉语“意合”造句法的特点：

> 双喜终于熬不住了，说道，怕他唱到天明还不完，还是我们走的好吧，大家立刻都赞成，和开船时候一样踊跃，三四人径奔船尾，拔了篙，点退几丈，回转船头，驾起橹，骂着老旦，又向那松柏林前进了。（鲁迅《社戏》）

三、汉语特有句式结构与汉英翻译技巧

由于汉语重意念而不重外在形式，因此汉语的句型便难以像英语那样以谓语动词为中心，从形式上去划分，所以汉语句型较宜以表意功能和表达形式为标准来划分。

下面本文拟以汉语中最典型、最具有代表性的几类句式作初步阐述，并探讨各自的英译汉技巧。

1. 流水句

“汉语口语里特多流水句，一个小句接一个小句，很多地方可断可连。”(吕叔湘 1979) 这类句式的特点是主谓难辨，主从不分，主要出现在小说文学作品中。流水句可以看成是一种不带关联词的复句，句意联系比较松散，句段之间难以补上关联词语，但行散而神聚。

现试举一例：

> 河面大小船只泊定后，莫不点了小小的油灯，拉了蓬，各个船上皆在后舱烧了火，用铁鼎罐煮饭，饭焖熟后，又换锅子熬油，哗的把蔬菜倒进热锅里去。一切齐全了，各人蹲在船板上三碗五碗把腹中添饱后，天已夜了。（沈从文《鸭巢围的夜》）

请看这个流水句的译文：

After the boats large and small had moored, all lit tiny oil lamps and fixed up mat canopies. Rice was boiled in iron cauldrons over fires in the sterns, and once this was cooked, the vegetables were fried in another pan of sizzling oil. When the meal was ready, when everyone aboard could wolf down three or five bowls. By then it was dark.（戴乃迭译）

译文基本上是按照原文的时间顺序处理的，其间增添了适当的关联词语。

2. 主题句

由于汉语不受形态变化的约束，没有主谓形式协调一致的关系，所以也就不能利用这种关系来驾驭全句。这样汉语的主谓结构便呈现出极大的多样性、复杂性和灵活性。

英语属于重主语的语言，在造句时主语是不可或缺的，而汉语是重主题的语言。赵元任先生在《汉语口语语法》一书中指出："在汉语里，把主语谓语当作话题和说明来看待，比较合适"。主题语在大量汉语句子中作为基础性的结构固定下来，形成"主题－评论"型句式。汉语的主题句前一部分提出话题，后一部分进行评论，充分表达作者的观点和意图。主题语是句子的结构重心，有了它句子才得以展开。如：

半夜单独出去他难得去做这种事。
这种树当地人说叶子大，花儿少。
这些东西别动！

这几个句子都是典型的汉语主题句，它们很难纳入"主语－谓语"的框架中去分析。

汉语的"主题－评论"句子和英语的主谓结构有本质的区别，它们是两种不同的结构框架。主要区别如下：

第一，英语的"主语"和"谓语"之间存在形式上的一致关系，而汉语的"主题"和"评论"却没有这种关系；

第二，"主题"是说话人想要说明的对象，一般只能置于句首，而"主语"不一定置于句首；

第三，主语和谓语之间因为有一致关系，因而相互之间的联系非常紧密，而"主题"与"评论"之间的联系却非常松散。

3. 连动句

因为汉语不受形态变化的约束，动词的使用十分自由、简便。汉语没有谓语动词和非谓语动词之分，原形动词可以充当各种成分，可以在句中多次使用，甚至可以重复和重叠使用，构成各种各样的动词谓语句。在汉语句子中除少数特殊句子没有动词外，大量的句子都不止使用一个动词。动词优势使汉语的表达呈现动态倾向。这是汉语和英语的一大重要差异。请看例句：

我们谈到自己，谈到前途，谈到旅程，谈到天气，谈到彼此的情况——谈到一切，只是不谈我们的男女主人。

在这个句子中一个动词连续用了 7 次，翻译成英语后是：

We talked of ourselves, of our prospects, of the journey, of the weather, of each other—of everything but our host and hostess. (伍修权，沙博理，等 1995)

动词在汉语中频繁使用，而又不受形态变化的制约，便导致了汉语中大量连动词的存在，这已成为汉语中的普遍现象，同时也给汉英翻译带来一定的困难。在汉语连动句式中，两个或以上的动词出现在同一个句子中，与同一个主语发生了主谓关系，这些动词所表示的动作行为，在顺序上通常不能变动。连动式句子各动词之间不用关联词语，但在意义上是清楚的，暗含各种不同的相互关系，除动作的先后次序外，其中有的动词表示目的，有的表示方式，有的表示结果，有的还表示伴随情况等。

4. 意合句（无关联词语复合句）

如前所述，英语造句常使用各种形式手段，注重显形接应，注重形式完整。相比之下，汉语造句少用甚至不用形式连接手段，注重隐形连贯，注重逻辑事理关系，即注重“以神统形”。汉语的形合手段比英语要少得多，比如没有英语中常用的那些关系代词、关系副词、连接代词和连接副词。另外，汉语中介词数量少，使用频率也低。

一般说来，汉语的这类没有关联词语的复合句主要借助以下几种手段使其意义明确：

4.1 语序

汉语的许多主从复合句、分句之间的逻辑关系在很多情况下主要依靠排列顺序来表示，而往往不用关联词语。如：

人不犯我，我不犯人。
We will not attack unless we are attacked.

4.2 大量反复、排比、对偶、对照句式

词句整齐、匀称，但句内关系却有主有次。如：

聪明一世，糊涂一时。
Smart as a rule, but this time a fool.

4.3 紧缩复句

这类意合复句是由复句紧缩而成的。所谓“紧”就是“紧凑”，各个分句紧紧地挨在一起；所谓“缩”是略去原来分句的一些词语，让它们尽量简约一些。这类句式中，各个分句之间的语法关系和逻辑关系往往是隐含的。请看例句：

一安排好就通知你。
I’ll let you know as soon as it is arranged. (吕瑞昌，等 1997)

在汉语中没有关系词语的意合句中，从表面上看各个分句之间的关系是等立的，没有主从、偏正之分，但实际上它们暗含各种语义关系。因此，翻译这类句子时必须从逻辑上仔细分析，弄清楚各个分句之间的关系，区分开哪个分句为主，然后按照英语表达习惯，确定句子的结构形式。

四、结束语

本文探讨了文化思维方式对语言表达方式的影响，并结合汉英两种语言的差异，就汉语句式特征作了初步探讨，并进而分析了汉英翻译中的某些技巧和应注意的问题。汉语句式的表现方式与英语不同，使其呈现出有别于英语的显著特征，汉语特有的流水句、主题句、连动句和意合句是汉语表现方法的主要特点，在此基础上提出了某些相关的汉英翻译技巧。

参考文献

1. 范仲英.《实用翻译教程》[M]. 北京：外语教学与研究出版社，1994: 161.
2. 吕叔湘.《汉语语法分析问题》[M]. 北京：商务印书馆，1979: 27.
3. 吕瑞昌等.《汉英翻译教程》[M]. 陕西：陕西人民出版社，1997: 56.
4. 伍修权，沙博理等.《中译英技巧文集》[M]. 北京：中国对外翻译出版公司，1995: 78.

批判性思维在农林英语翻译中的应用
——以《世界遗产管理手册》的翻译为例

北京林业大学外语学院 薛天俊 张永萍

摘　要： 本文将以《世界遗产管理手册》的翻译为例，对农林英语的翻译特点进行总结，进而上升到理论的高度，将批判性思维引入到翻译实践案例分析中，分析批判性思维在农林英语翻译中的适用性和指导作用，为以后相关领域的翻译提供借鉴。

关键词： 农林英语　批判性思维　案例分析

一、引言

虽然早在新中国成立之初，翻译学者们已经开始对科技翻译进行研究，但迄今为止，总体上科技翻译研究仍有诸多不足。绝大多数的科技翻译研究都局限于对翻译技巧、语言表达等经验方面的总结研究，而在一定理论指导下的科技翻译研究所占的比例较小，而且最近几年才开始兴起，如李先玉 (2016) 从伦理学的角度对科技文体的翻译进行了分析。其次，随着科学技术的发展，学科门类越来越细化，科技英语也逐步细化为航天英语、农林英语、铁路英语等不同的专业英语。根据每个专业的不同特点，受众群体的差别，不同的专业英语也呈现不同的语言特点，进而在翻译时笔者也应根据各自的特点，采用不同的翻译策略。但当前对于这些具体学科英语的研究相对较少，大部分还是集中对科技英语进行总体研究，从理论角度对农林英语翻译进行的研究更是凤毛麟角。本文将以《世界自然遗产管理手册》的翻译为例，探索批判性思维在农林英语翻译中的应用和指导作用。

二、研究背景

1. 农林英语翻译的重要性

农业是人类的衣食之源、生存之本。自古以来，中国就是一个农业大国，农业一直是国家经济的命脉。但与欧美国家相比，我国的农业基础仍然相对薄弱，不论是技术方面还是管理层面与其都存在较大差距，需要从国外引进。而且，我国多数农民的受教育程度不高，看不懂外文资料。通过翻译，可以帮助农民和从事农业相关工作的人员了解更多的国外先进技术，夯实我国的农业基础，为维护国家的安全稳定做出贡献。

林业生态以前一直未得到应有的重视，但随着环境的不断恶化，林业建设更是成为生态建设和经济发展的重要组成部分，大量开荒造林、城市美化等项目兴起。更重要的是，生态环境的建设与安全早已不是一个国家的问题，而是全人类在 21 世纪所共同面临的问题 (王全志 2014)，需要各国紧密合作，相互借鉴经验，共同为人类创造一个美好、舒适的生活环境。所以，林业各领域英汉资料的高效翻译对中国林业发展具有很大的促进作用。

2.《世界自然遗产管理手册》简介

Managing Natural World Heritage（《世界自然遗产管理手册》）是由《世界遗产公约》下设的三个咨询机构（国际文物保护与修复研究中心、国际古迹遗址理事会、世界自然保联盟）以及它的秘书处（教科文组织世界遗产保护中心）共同撰写，由联合国教科文组织于 2012 年负责出版。编写该书的明确目的就是要为遗产保护机构提供重点指导，如缔约国、遗产保护部门、当地政府、遗产管理者、遗产所在地的基层组织等，以便各国各地能更好地履行《世界遗产公约》，保护遗产的自然价值。这本资源手册不仅为世界自然遗产管理手册提出了相关建议，同时对那些列入《世界遗产名录》的遗产所需承担的责任也进行了梳理，尤其对重点保护领域做了更全面的指导方案。它不仅可以用作遗址保护指南，同时还是对提名遗址进行评定的重要参考。该书共分为六大部分，分别对遗产所处境况、如何制定管理规划、如何保证管理能力、具体管理过程以及如何保证后续监测效果等进行了详细阐述。

3. 研究意义

自 1972 年《世界遗产公约》制定以来，列入《世界遗产名录》的遗产数目不断增加，但在具体管理方面，缔约国缺乏具体指导，为此世界遗产委员会在其 30 周年大会上提出编写主题性《资源手册》的计划，进一步提升遗产管理效率和提高管理者的综合素质。截至 2014 年，中国被批准列入联合国教科文组织《世界遗产名录》中的遗产数目已增至 47 处，仅次于意大利，位居世界第二。中国的世界遗产虽然数量多，但面临的挑战也不容忽视：大肆进行的商业性开发危害了世界遗产地的保护和合理开发；管理主体较多，协调性不高。此书对中国的遗产保护具有借鉴意义，有助于消除公众对世界遗产的认识偏差，增强政府管理机构的管理效率。

作为科技英语的一个分支，农林英语既具有科技英语的特点，比如有大量的专有词汇，为了保证文章的客观性，文章出现了大量的被动句、无主句、名词性机构等。但另一方面，根据文章读者群和出版目的的差异，农林英语的语言特点也会发生变化。以《世界自然遗产管理手册》为例，该书适用于所有对遗产管理感兴趣的读者，鉴于读者群的受教育程度参差不齐，该手册的语言用词简单，没有出现过难、过复杂的长难句。

批判性思维早在古希腊时期已被提出，但直到 20 世纪 90 年代末才真正得到国内学者的重视，将批判性思维运用到英语学习领域更是近几年刚刚兴起的研究方向，而且大多都趋向于教学研究。本文通过详细分析批判性思维在翻译报告案例中的具体运用，来说明批判性思维对翻译质量的重要影响力，从而引起对翻译批判性思维的重视，加强其在以后翻译实践工作中的运用和指导作用。

三、批判性思维

1、批判性思维的来源

批判性思维的理念早在古希腊时期就已出现，但在当时还没有“批判性思维”这一正式术语，历史上与批判性思维相似的观点有苏格拉底的问答法、笛卡儿的普遍怀疑论、康德的批判哲学等。约翰·杜威于1910年在《我们怎样思维》（2011）一书中系统地论述了批判性思维的问题。在该书中，批判性思维被称为“反省思维”（Reflective Thinking）：能动、持续和细致地思考任何概念或被假设的知识形式，洞悉支持它的理由和它进一步指向的结论。由此，许多研究者将杜威的反思思维看作批判性思维心理学研究的重要起源(罗清旭 2002)。1941年，格拉泽在其《批判性思维发展试验研究》一书中开始使用批判性思维这一概念。

批判性思维的研究最早起源于哲学、心理学，代表人物主要有康德、杜威、格拉泽、佩里等，之后不断进入到医学、教育学领域(黄芳 2013: 11)。20世纪40年代，批判性思维成为美国教育改革的标志性词语，在80年代成为教育改革的核心，逐步深入到教学实践的各个领域。相对于批判性思维在国外的发展，我国起步较晚，于20世纪80年代末才开始对其进行研究和探索，目前国内的研究还处于探索和发展阶段。目前，学者开始对其与各学科的结合展开了实质性的研究，出现了评判性思维在逻辑学、教育学、心理学、外语教学、医学护理等领域的作用及具体培养方式等的研究(黄芳 2013: 30)。

2. 批判性思维的定义

对于批判性思维的概念，不同学者给出了不同的定义：

Wastson Glaser (1980) 提出：批判性思维是态度、知识和技能的综合体，一个批判性思维者必须有质疑的态度、阐明引起深思问题的知识以及分析、综合和评价结果的认知能力。

美国批判性思维研究中心主任 Richard Paul 是国际公认的批判性思维权威，他给出的定义为：通过一定的标准评价思维，进而改善思维。批判性思维是积极地、熟练地解析、应用、分析、综合、评估支配信念和行为的那些信息的过程。这些信息通过观察、实验、反省、推理或沟通收集或产生 (1999: 34-35)。

鉴于学术界对于批判性思维的纷争，美国哲学协会（APA）1987年委托著名作家、哲学家 Peter Facione 召集了美国和加拿大45位有名望的哲学家、科学家和教育专家，经过两年、多轮严格的共同探讨，完成了“特尔斐”项目，并提交了一份研究报告。该报告采用了46位不同领域的专家们对批判性思维的一致建议，把批判性思维定义为：有目的的、自我调控的判断。这种判断表现为解释、分析、评价、推断以及判断赖以存在的依据、概念、方法、标准或语境的说明。批判性思维者的气质是：寻找真相、开放思维、具有分析能力和系统化能力、具有好奇心和自信心(黄芳 2013: 17)。

根据翻译学自身的特点，欧阳利锋 (2009) 为译者的批判性思维做出定义，指在翻译过程中译者有意识地对文本做出判断、推理、质疑、反思和调整的个性品质，对文本的真实性、准确性、性质与价值进行个人判断，从而对文本的取舍做出合理决策的过程。它主要表现在：不迷信翻译权威，不盲从文本，敢于质疑；有甄别能力，善于进行逻辑推理、发现和纠正文本中的错误。值得一提的是，译者批判性思维不仅指对原文（包括有效的和有缺陷的）和他者的译文（权威的和非权威的）进行质疑和反思，同样包括对自己的译文进行审查和批判。译者批判性思维的目的既包括发现文本错误、查找弱点等否定性含义，又具有关注文本优点和长处等肯定性的含义，其目的不在于推翻已有，而在于不断完善。

仅仅明白批判性思维的定义还不够，还需要了解批判性思维具体由哪些要素构成，这样才能更具体、清楚地了解批判性思维如何影响翻译的品质。不同专家对批判性思维特质的构成有不同理解，但大致可分为六大点：系统性、开放性思维、寻求真理、好奇心、自我矫正、认知成熟度。结合翻译实践，陈艳杰 (2014: 20-22) 所给出的定义为：

寻求真理：指译者通过明确词义来确保译文准确、客观的能力。

好奇心：表现为重视保持信息灵通，对新知识充满好奇心，这也是进行批判性思维的重要动力。

系统性：表现为合理安排翻译计划，并敢于打破原文结构，让译文条理清晰，增强可读性。

开放性思维：在翻译过程中，勇于接受新的翻译策略，对新观念、新方法保持高度敏感。

认知成熟度：面对多种选择时，译者能审慎地做决定，确保译文的准确度。

自我矫正：指译者对自己的译文进行质疑和反思，不断完善译本。

四、批判性思维的六大特质在农林英语翻译中的应用

1. 词汇分析

1.1 专有词汇

专有词汇顾名思义就是指某个领域特有的词汇，这些词汇往往都有固定的表达，译者所要做的就是利用一切资源找到专有词汇的准确译法。根据专有词汇的查找难度，笔者将《世界自然遗产管理手册》中的专有词汇进行了分类处理：

1）对于一些比较常见，在业界已经有唯一的约定俗成表达的专有词汇，通过遗产保护的专有字典、双语语料库、百度搜索等工具就可确定其译文。

例如：ICCROM、World Heritage Convention

译文：国际文物保护与修复研究中心、《世界遗产公约》

2）有两个或以上固定译文的专有词汇在不同语境中的译文也不同，这类词可以通过阅读中英文对照的平行文本来确定该专有名词的准确译文表达。

例如：General Assembly

译文 1：联合国大会

译文 2：缔约国大会

General Assembly 直接输入到百度搜索栏或有道等双语词典中时，只出现一种翻译，即“联合国大会”，结合上下文和相关背景知识，可知“General Assembly”是围绕《世界遗产公约》召开的会议，与联合国大会的职能并不相符。之后为了进一步确定该词的准确翻译，笔者阅读了中英文对照的平行文本，最终确定“General Assembly”应该译为“缔约国大会”。

3）对于一些还没有固定表达的专有词汇，可以利用计算机辅助翻译技术来确定不同表达的使用频率，以便找到最准确的表达，比如在 Google 搜索栏中输入“英文 + 中文 site: 网站域名”的方式来确定哪种译文表达更符合汉语的表达习惯。

例如：Outstanding Universal Value

译文 1：突出的普遍价值
译文 2：突出的普世价值

笔者将“Outstanding Universal Value 突出的普遍价值 site：cn”和“Outstanding Universal Value 突出的普世价值 site：cn”分别输入到 Google 搜索栏之后，两者的反馈分别 1 条结果和 5 条结果，根据多数情况，笔者将“Outstanding Universal Value”的译文确定为“突出的普遍价值”。

在对《世界自然遗产管理手册》中的专有名词的译文精准性进行求证的过程充分体现了批判性思维追求真理的这一特质。通过不同的方法，对原文中专有词汇的准确译文进行确定，力求最终得出最地道、最专业的译文。

1.2 词义变通

非专有词汇与专有词汇恰恰相反，翻译时不仅要了解该词在权威英汉词典中的确切翻译，更要明确它们在具体语境中的意义，进行词义变通，让文章的内容更加通俗易懂。

例如：The Nara Document on Authenticity provides a practical basis for examining authenticity.
译文 1：《奈良真实性文件》为评估遗产的原真性提供了操作基础。
译文 2：《奈良真实性文件》为评估遗产的原真性提供了参照标准。

通过上述定义可知，译者的认知成熟度是指译者在面对多种选择时，能做出恰当决定的能力。“操作基础”是对“practical basis”的直译，读者通过该译文无法准确了解《奈良真实性文件》为遗产评估起到什么样的作用，而且作为科普文，重要的特点就是通俗易懂，让读者迅速了解到文章作者想要传达的信息。通过查询相关背景资料，笔者了解到《奈良真实性文件》为遗产评估提供了评判标准，基于文本特征要求和对背景知识的了解，笔者最终将“操作基础”改译为“参照标准”，这样可使译文更加通俗，具有可读性。

1.3 介词的词性转换

为了让译文通顺自然，翻译时原文的有些词在译文中需要转换词性。词性转换是英汉翻译中最基本的一种翻译策略，名词、形容词、动词、介词等任何一类词，在翻译过程中可能都会遇到词性转换的问题。鉴于《世界自然遗产管理手册》中介词成分出现的频率较高（如共 5 329 字第一章就出现了 240 多次），而且能真正做到英汉间词性的灵活转换也并非易事，为此，笔者将介词成分的词性转换视为重点分析对象。

例 1：The protection of the World Heritage is the duty of the international community as a whole.

译文：保护遗产是整个国际社会共同的责任。(*adj.*)

如果按照字面意思直译为“作为整体，保护遗产是国际社会的责任。”时，句子显得翻译腔过重，而且也不能清楚地表达原文的意思。而将该介词短语处理为形容词“共同的”时，句子就更加简洁，意思也更加明了。

例 2：While OUV lies at the core of the Convention it also places equal weight on the importance of integrity, authenticity and the standard of care and protection.

译文：虽然《公约》最看重遗产的普遍价值，但其他因素也同样重要，如完整性、真实性以及维护程度。(*v.*)

英语是一种静态语言，多用介词、名词等，而汉语更偏向于动态语言，多用动词。此处将“at the core of”介词短语翻译为动词“最看重”，而没有译为“普遍价值处于《公约》的中心”，意思更加明了，具有可读性。

词性转换体现对不同翻译策略的灵活运用，在开放性思维的指导下，可不拘泥于原文的表层结构，使用灵活的翻译策略，这样既满足了忠实于原文的要求，又达到了通顺的标准。

另外，例 2 也充分体现了批判性思维追求真理的特质，对于翻译的每一句话，译者都应保证其合理性、有意义，让读者能够清楚地接受原文所要表达的意思，如果直接译为“普遍价值处于《公约》的中心”，表达很抽象，没有完全直接地说明原文的意思，会给读者造成阅读困难。

2. 句子分析

在句子方面，英语科普文多用被动句、定语从句，汉语多用无主句，笔者围绕这些方面对科普文的句子翻译进行了分析。另外，科普文除了有内容客观、句子结构严谨等特点外，还应具有可读性。

2.1 定语从句的翻译

有时候定语的职能不仅局限于补充说明，还会有所延伸，表示主语动作发生的时间、目的、条件、假设等。在翻译这类定语从句时，笔者没有采用前置法、后置法等，而是采用了状化翻译法，也就是将原来的定语成分翻译成状语成分，通过添加汉语的逻辑标志词来体现英文的“隐性”逻辑关系。

例如：Most Natural World Heritage sites will also be protected areas, which already suggest that they are special places containing features of high value. But World Heritage status implies much more, specifically that the site has been nominated by a national government for listing as a World Heritage property and subsequently recognized by the World Heritage Committee as having OUV.

译文：大部分世界自然遗产未来也将会是保护区，虽然这完全可以体现出它们的特殊地位和超高价值，但远不及世界遗产这个称号带来的社会地位重要……（让步状语从句）

原文中的定语从句没有用逻辑词清楚地表达出文中所隐含的转折关系，但作为译者有时往往不仅需要将原文中外显的意思翻译出来，更重要的是要挖掘原文中所隐含的意思，然后以增译的方式表达出来，增强译文的可读性。此处笔者将“which”引导的非限制性定语从句翻译为“虽然……但是……”结构的让步状语从句，进一步凸显了原文所强调的“世界遗产”这个称号的影响力。

2.2 被动句的翻译

汉语多用主动句，英语多用被动句，英汉的主被动处理也是翻译过程中较为常见的难点，根据处理方法的不同，笔者从三个方面对被动句的翻译进行了处理。

1）首先，英语的被动句可以译成汉语的无主句（在不知道或者不必说出行为主体时，常常可以发挥汉语译文的优势，把英语的被动语态译成汉语的无主句。这时，原文的主语译为动词的宾语。）

例如：Natural World Heritage sites are established to conserve special values,...
译文：设立世界自然遗产的目的是为了保护遗产的特有价值……

如果直接按原文的表达逐字翻译为“世界自然遗产被设立是为了保护遗产的特有价值”译文显得过于生硬，而且也不符合汉语的表达习惯，笔者在翻译时进行了汉语的无主句处理，让其更符合汉语的语言表达。

2）其次，还可主动表被动，顾名思义就是用汉语的主动句替代英语的被动句。

例如：In most cases, inscription on the Danger List is recommended by the World Heritage Centre and IUCN,...

译文：在大多数情况下，世界遗产中心和 IUCN 共同负责这项工作，……

在处理本句话时，笔者采用了重新确定主语的策略，通过调整主语，将句子结构改为主动句，消除译文的翻译腔。而且结合上下文，译文在此处并没有直接将“inscription on the Danger List”字对字译为“《濒危名录》的提名工作”，而是采用了省译的翻译方法，避免译文显得冗余。

3）以“被动”译“被动”，也就是指在行为主体前加“把”“被”“由”“受”“遭”“给”“为……所”等字。

例如：These necessary actions, so-called “corrective measures,” are usually developed by the State Party in conjunction with the World Heritage Centre and the Advisory Bodies during a monitoring mission and subsequently formally approved by the Committee together with a tentative timescale.

译文：由缔约国、世界遗产中心以及咨询机构共同商讨决定，然后再由世界遗产中心的正式批准，进入试施阶段。

该方法也是英汉互译时常用的翻译手段，如果英文中的一些被动句无法转换为汉语的无主句和主动句时，译者往往会用汉语中表示被动意义的词来进行转译，而不是直译为“被”，这往往也可以体现出英汉语言间形合和意合的区别，英语注重形式的表达，而汉语注重意思的表达。原文中的两处被动句笔者都采用了“由……”的结构，让译文更加通顺、简洁，符合汉语读者的阅读习惯。

笔者对定语从句和被动句所采取的翻译策略也充分体现了开放性思维的重要性，开放性思维就是指在翻译过程中，勇于接受新的翻译策略，对新观念、新方法保持高度敏感。在原文中“that”所引导的是定语从句，但在翻译时笔者并没有按传统的方法将译文看作补充材料，进行前置或后置处理，而是结合具体语境将“that”引导的定语成分处理为状语成分，将隐含的逻辑关系清楚明了地表达出来。除了定语从句外，笔者在被动句的处理上也采用了灵活的处理方法，根据不同的语境和语言特点，运用三种处理方法，力求达到原文通顺、地道的表达标准。

2.3 句子的重组

如何增强句子的可读性是翻译科普文本时应考虑的重点。很多时候，译者为了使译文流畅明了，需要突破原文结构的束缚，对句子结构进行重组，让译文富有逻辑性；除此之外，还可以在译文中使用适当的修辞手法，比如本文中笔者多处使用到了平行结构、四字格等，来提高文章的美感和可读性。

例 1：It is thus presented in eight distinct parts following the structure of a standard business plan: Institutional Analysis, Market Analysis, Marketing Plan, Operational Plan, Human Resources, Risk Analysis, Financial Plan, Action Plan.

译文：依照标准的商业计划书的结构，工具包可以明确分为八个部分：制度分析、市场分析、营销计划、运营计划、人力资源、风险分析、财务分析、行动计划。

例 2：In its forty years of existence, the World Heritage Convention has become the most successful international instrument to recognize the most exceptional natural places in the world, characterized by their outstanding biodiversity, ecosystems, geology or superb natural phenomena.

译文：历经 40 年的发展，如今《世界遗产公约》已成为国际上最具权威认证标准，用以认证世界上最具特色的自然景观，具有生物种类丰富、生态系统完备、地理位置优越、自然现象奇特等特点。

例 3：Institutions (e.g. governments, intergovernmental bodies and national or international non-governmental organizations) charged with sectoral responsibilities, involved in running conservation or development projects in and around natural World Heritage sites.

Communities and individuals living in or near a natural World Heritage site, or likely to be impacted by its designation and management, who want to understand or be involved in its management.

Businesses operating in or alongside a natural World Heritage site, including particularly those with operations based on the values of the site itself (e.g. tourism based on rare or iconic species, such as mountain gorillas, or important landscapes and geological features, etc.).

机构组织：如政府部门、政府间机构、国家非政府组织及国际非政府组织，它们有责任保护世界自然遗产和制订遗产保护计划。

社区和个人：他们想了解或从事相关遗产管理和保护工作，这些人往往居住在遗产境内或附近，生活可能会因为遗产管理和改造而受到影响。

商人：他们居住在世界自然遗产境内或附近，尤其是那些依靠资源本身价值获利的商人（例如，他们中有人依靠稀有或标志性的物种（如山地大猩猩）、重要景观和地貌特征等开展旅游业）。

译者批判性思维的系统性不仅体现在对翻译过程的安排上，也体现在对译文的处理策略上。在翻译时，基于英汉语言差异以及文本特点，译者有时需要打破原文结构，对译文进行合理布局，比如像上面例子中所采用的四字格结构和平行结构等，来增强文章的可读性和逻辑性，让其更符合目的语读者的阅读习惯。

五、结语

本文在《世界自然遗产管理手册》的翻译基础上，依照农林英语的语言特点，对翻译过程中出现的问题和难点，从词汇、句子两方面进行了分析，并根据翻译难点的解决过程，将批判性思维在农林英语翻译中的具体表现进行了总结，以此来强调批判性思维对农林英语翻译的重要影响，为以后的同行翻译提供借鉴。

参考文献

1. John, D. *How We Think* [M]. USA: Readaclassic.com, 2011.
2. The United Nations Educational, Scientific and Cultural Organization. *Managing Natural World Heritage* [M]. Paris, 2012.
3. Paul, R. & Elder, L. *Critical Thinking:Teaching Student to Seek the Logic of Things* [J]. Journal of Developmental Education, 1999, (1): 34-35.
4. Watson, G. *Critical Thinking Appraisal Manual* [M]. New York: Harcourt Brace & World, 1980.
5. 陈艳杰．MTI 学生翻译批判性思维能力对翻译质量的影响研究 [D]. 长沙：湖南大学，2014.
6. 方梦之．英语科技文体：范式与翻译 [M]. 北京：国防工业出版社，2011.
7. 黄芳．大学生批判性思维能力培养方式实践探索 [D]. 上海：上海外国语大学，2013.
8. 罗清旭．批判性思维理论及其测评理论研究 [D]. 南京：南京师范大学，2002.
9. 李先玉．翻译伦理视角下的科技翻译 [J]. 北京：中国科技翻译，2016, (1): 40-59.
10. 欧阳利锋．论译者的批判性思维 [J]. 大连：外语与外语教学，2009, (8): 50-53.
11. 王全志．浅谈林业发展的重要性 [J]. 哈尔滨：科技创新与应用，2014, (12): 253.

社会语言学理论在翻译中的应用研究

后勤学院外派留学生系翻译室　边菲斐　高　波　郭树霞

摘　要：在社会交际中语言作为信息载体或作为信息系统发挥着重要作用。社会语言学的一个内容是从社会生活的变化，来观察语言的变异，并从语言的变化去探索社会生活的变动和图景。在现实生活中社会生活永不停止，语言将持续发展变化，而翻译在将一种语言转换为另外一种语言的过程中，也必将受到社会语言变化的影响，研究社会语言学在翻译中的应用对翻译实践活动意义重大。翻译中必须以社会语言学的基本理论为指导，达到翻译的最佳社会效能。

关键词：功能语言学　翻译理论

一、引言

语言是一种社会现象，是人类最重要的交际工具，是思想的直接现实。在社会交际中语言作为信息载体或作为信息系统发挥着重要作用。社会语言学是从社会生活的变化，来观察语言的变异，并从语言的变化去探索社会生活的变动和图景。社会生活的变化必然会引起语音、语法和词汇的变化，加之科学技术的新发展使新事物或新关系出现，由此产生了相应的新语汇。从这些变化可知语言是随着社会的发展而发展的，在现实生活中社会生活永不停止，语言将持续发展变化，而翻译在将一种语言转换为另外一种语言的过程中，也必将受到社会语言变化的影响，研究社会语言学在翻译中的应用对翻译实践活动意义重大。

二、社会语言学基本理论

1. 社会语言学的概念

社会语言学（sociolinguistics）是 20 世纪 60 年代在美国首先兴起的一门边缘科学。它主要是指运用语言学和社会学等学科的理论和方法，从不同社会科学的角度去研究语言的社会本质和差异的一门学科 (D. Winford 1997)。对这个定义，有一些不同的理解。有的学者认为，此研究应以语言为重点，联系社会因素的作用研究语言的变异；有的学者认为是语言的社会学，研究语言和社会的各种关系，使用语言学的材料来描写和解释社会行为，并将语言当作社会现象考察。在当前中国，主要是一些研究方言学的学者在研究社会语言学，由于方言与文化、方言与民俗之间关系较为紧密，因此这些学者是由方言学的领域中转移过来，这也是促进中国社会语言学形成的重要原因。

2. 社会语言学的研究对象

社会语言学主要包括两个领域的研究：第一，是社会生活的变化将引起语言（诸因素）

的变化，其中包括社会语境的变化对语言要素的影响。第二，从语言（诸因素）的变化探究社会（诸因素）的变化 (P. Stockwell 2002)。在第一个领域中，社会是第一性，社会有了变化，才引起语言的变化。在第二个领域中社会仍是第一性，但不会有像语言相对论者所认为的，有什么模式的语言就会产生什么样的社会模式或者社会文化。社会语言学的任务在于描述“语言和社会结构的共变”。“共变”是现代语言学常用的新术语。该命题说的“共变”是现代语言学常用的新术语。“共变”似乎指语言是一个变数。这两个变数互相影响，互相作用，互相制约，互相接触，从而引起互相变化。

3. 社会语言学的代表性观点

国外学者研究中，在社会语言学研究范围方面，费希曼 (J. Fishman, 1972) 将社会语言学的研究范围分为宏观和微观两方面：微观社会语言学以语言为出发点，研究社会方言和语言变异，考察社会因素对语言结构的影响；宏观社会语言学则以社会为出发点，研究语言在社区组织中的功能。 由此可见，费希曼将社会语言学二分为宏观和微观，他关注的是不同层面的研究对象。对于社会语言学的研究方向方面，索绪尔 (F. De. Saussure 1857–1913) 首先提出社会语言学的研究方向。他认为 Language 分为两个方面：一是语言（Langue）即平时人们研究的语言系统或是总结语言的使用，例如语法、句法、词法等；二是言语（Parole），即社会语言学，语言的当代的使用偏好，与当代社会相关联的研究方向，但并未得到当时学者们的重视。在社会语言学的研究目的方面，海姆斯 (D. Hymes 1974) 提出，社会语言学的重要研究目标有三项：第一，既有社会目标又有语言目标；第二，社会现实的语言学，意指拉博夫及其同事所从事的工作；第三，社会构成的语言学，旨在探究语言在使用中的范围广泛的理论。海姆斯特别强调社会语言学的目标应该具有广泛性、跨学科性和多学科性。在社会语言学的研究内容方面，布莱特（W. Bright 1966）认为社会语言学研究语言变异，其研究内容涉及七个方面，包括说话者的社会身份、听话者的身份、会话场景、社会方言的历时与共时研究平民语言学、语言变异程度、社会语言学的应用。他的视角涉及语境、语言的历时与共时。他的重点放在“语言变异”上，社会语言学本身也是以变异为立足点。

国内学者研究中，在社会语言学概念方面，游汝杰、邹嘉彦指出社会语言学（Sociolinguistics）学科名称是由社会学（Sociology）和语言学（Linguistics）复合而成，内容包括两个方面：一是 Social Linguistics，基本含义是：从语言的社会属性出发，用社会学的方法研究语言，从社会的角度解释语言变体和语言演变；二是 Sociology of Language，基本含义是：从语言变体和语言演变的事实，来解释相关的社会现象及其演变和发展的过程。从研究方向来界定社会语言学，简而言之，前者是从社会研究语言，后者是从语言研究社会。对社会语言学研究范围方面，杨永林认为社会语言学是研究语言与社会之间关系的一个语言学分支。社会语言学研究涉及两个方面的问题，即语言结构和社会语境。通过研究两者之间的交互作用，社会语言学试图透过社会文化现象分析研讨言语行为，并通过语言使用现象说明社会结构及其内在机制问题。语言结构是传统语言学关注的一部分，但是社会语言学的特点是把语言和会话者的背景、所处的语境作为研究的部分，重视社会与语言的相互影响。在社会语言学的研究内容方面，祝畹瑾将研究内容细分为五个方面：第一，一个国家或地区的语言状况和按照各种属性划分的言语共同体使用语言的状况和特征；第二，各种语言变体的构造特点及其社会功能；第三，交谈的情景与选择语码之间的关系以及语码选择与人际关系的相互作用；第四，社会以及不同的集团对各种语言变体的评价和态度以及由此产生的社会效应；第五，由于社会的、文化的、经济的、政治的种种原因以及语言接触所引起的语言变化的方式和规律等。这一界定主要是关注言语共同体、语言变体、语码转换、社会与变体的联系这几个方面。

三、社会语言学理论在翻译中的应用

语言的变化是许多因素促成的，包括时间、地域、社会、社会集团等等。社会语言交际活动不但要求在最经济的条件下传递最大的信息量，同时讲求这个消息能引起最佳社会效能。这一原则同样适用于翻译实践活动，在翻译中同样必须从语言的社会属性出发，用社会学的方法研究翻译实践活动。

1. 翻译的最佳效能原则

在社会交际中消息的传递讲求最佳效能，即能引起最好的效果。为取得最佳效能，必须符合社会准则、思维习惯、语言习惯、心理状态等社会因素，而不光是纯技术问题，这一原则同样适用于翻译活动。例如，我国近几年来由于社会的快速发展而产生的众多汉语流行语，在翻译中必须以中国当代社会发展为背景，结合英语国家社会语言的习惯进行翻译。其中几个典型的词句有：神马都是浮云 It’s all fleeting cloud；山寨 fake, counterfeit, copycat；纠结 ambivalent；哥只是传说 Brother is only a legend；你懂的 It goes without saying that…；吐槽 disclose one’s secret；小清新 like a breath of fresh air；穿越剧 time-travel TV drama；至于你信不信，反正我是信了 Whether you believe it or not, I am convinced；拼爹 daddy-is-the-key; parents privilege competition；做人呢，最重要是开心 Happiness is the way；卖萌 act cute；淡定 calm，unruffled；羡慕嫉妒恨 envious, jealous and hateful；富二代 rich second generation；海归（海龟）overseas returnee；蚁族 ant-like graduates；范儿 style；剩女 leftover ladies；3S women (3S=single, seventies, stuck)。

2. 翻译的简洁原则

在时间紧迫的社会交际场合传递一个信息，为力求达到这个消息的最大信息量，就要求在翻译中直截了当、言简意赅。例如在中国《政府工作报告》的翻译中容易出现“中式英语”倾向，尤其是带有中国特色的新词语、新提法难以从英文词典中找到现成的对应词，这是由中国与英语国家在历史背景、政治经济体制、社会文化形态等方面的差异，以及中国人与英语国家人们思维方式和语言习惯的差异造成的。这就需要在透彻理解原文的基础上，熟悉英文词法句法特点，避免将中文搭配强加在英文上，简洁明了地表达出原文的本意。例如，“要标本兼治，重在治本。”可译为“We should seek both temporary and permanent solutions to the problems, with emphasis on the latter.”；“国家创新体系建设积极推进。”可译为“Significant progress was made in establishing China’s innovation system.”；“全面建设小康社会”可译为“build a well-off society in China in an all-round way”。

3. 翻译随社会效能的增减原则

为使主要信息达到最大值，同时取得最佳社会效能，翻译中有时要排除冗余信息，减少次要信息，有时却要根据特定的社会环境，有意识地增加冗余信息，有时为了达到最佳社会效能还需加上感情因素，特别是在处理潜信息的场合。例如在将奥巴马演讲翻译为中国文言文时，不仅需要将英文原文进行凝练，还需要有深厚的中文文学功底。“If there is anyone out there who still doubts that America is a place where all things are possible, who still wonders if the dream of our founders is alive in our time, who still questions the power of our democracy, tonight is your answer."可译为"余尝闻世人有疑，不知当今美利坚凡事皆可成就耶？开国先贤之志方岿然于世耶？民主之伟力不减于昔年耶？凡存诸疑者，今夕当可释然。"; "That's the true genius of America: that America can change. Our union can be perfected. What we've already achieved gives us hope for what we can and must achieve tomorrow. "可译为"天自有道，地自有德，恩赋吾邦无上异禀——无他，唯变而已矣。美利坚变革不怠，合众国日趋尽善。当以过往先贤之伟绩，助吾侪今日之雄心，开子孙万世之辉光。"

四、结论

社会语言学涵盖了大量有关语言和社会的问题，包括语言的社会功能和语言使用者的社会特征。社会语言学研究语言多样性的特征，语言的功能特征和说话者的特征以及这三者在言语社团中持续的交互作用和变化。它试图揭示出那些能解释和限制言语社团中语言行为和作用于语言行为的社会规则和规范，同时，也努力去确定语言多样性对于说话者的符号性价值。而这种由语言的多样性产生的符号性或象征性特征，是语言功能差异的必然结果，这必将对翻译实践活动产生重要影响，翻译中必须以社会语言学的基本理论为指导，到达翻译的最佳社会效能。

参考文献

1. Bright, W. *Sociolinguistic:Proceedings of the UCLA Sociolinguistics Conference* [A]. The Hague: Mouton, 1966.

2. Fishman, J.A. *The Relationship Between Micro- and Macro-Sociolinguistics in the Study of Who Speaks What to Whom and When.* In: Pride, J. and Holmes, J., Eds., Sociolinguistics [M]. England: Penguin Books, 1972.

3. Hymes, D.H. *Ways of Speaking. In R. Bauman & J. Sherzer* (Eds.), Explorations in the Ethnography of Speaking [M]. Cambridge: Cambridge University Press, 1974.

4. Saussure, F. Cours de lin g uistique génér α le, édition critique; préparée par Tullio de Mauro [M]. Paris, 1972.

5. Stockwell, P. *Sociolinguistics: A Resource Book for Students* [M]. Routledge, 2002.

6. Winford, D. *Language in Society: An Introduction to Sociolinguistics by Suzanne Romaine (Review)* [M]. Language, 1997.

7. 杨永林．社会语言学 [M]. 北京：外语教学与研究出版社，2014.

8. 游汝杰，邹嘉彦．社会语言学教程 [M]. 上海：复旦大学出版社，2016.

9. 祝畹瑾．社会语言学概论 [M]. 长沙：湖南教育出版社，1992.

“It pays to be honest”的翻译
——基于三大门径的思考①

首都经济贸易大学外语系　刘重霄　许博祥

摘　要： 翻译实践受到三大局限的影响，即语言本身、语言能力和价值取向。本文以“It pays to be honest”这句话的理解和翻译为例，探讨了翻译过程中的三大局限和解决局限的三大门径，揭示了在翻译过程中，译者与原文不对等以及译者和原作者会选择不同语义等现象。

关键词： 翻译实践　局限性　语境　主体间性

一、问题引入：“It pays to be honest”的出处

本研究中的“It pays to be honest”来自2003年的大学英语四级作文题，原文表述如下：Directions: For this part, you are allowed thirty minutes to write a composition on the topic “It Pays to Be Honest.” You should write at least 120 words according to the outline given below in Chinese.

1）当前社会上存在许多不诚实的现象

2）诚实利人利己，做人应该诚实

“词无定义”，无论是一个单词还是一句话，都需要有一个明确而具体的语境。从作文题的Directions部分可以看出，出题者给出了“It pays to be honest”这句话的语境，即“1）当前社会上存在许多不诚实的现象；2）诚实利人利己，做人应该诚实”。因此，学生进行作文写作时，对于这句话的理解应该不存在疑义，即“诚实能够产生收益或带来回报”。但假如这不是一个作文题目，或者在没有给出明确语境的情况下，对这句话的理解和翻译又将是怎样的呢？笔者做了一个小样本的调研。随意抽取了某高校英语专业大一学生30余人，将四级作文题中的“It pays to be honest”这句话单独提取出来，去掉题目中的Directions部分和中文概要，询问他们在没有任何提示（亦即具体语境）的情况下，如何理解和翻译“It pays to be honest”这句话。调研的结果是，15名学生将这句话基本翻译为“诚实会带来回报”②，5名学生将这句话应该翻译为“诚实需要付出代价”，其余10名同学表示不能确定。笔者对以上三种情况做进一步调研，采取前两种译文的学生们表示，自己完全按照句子的字面意思理解和翻译，而且对译文背后所隐含的社会意义完全接受。而第三种情况的学生认为，“pay”的基本含义是“偿付，付给”，也就是应该将该句话翻译为“诚实需要付出代价”，但这似乎不合常理，因此感觉到自己的理解可能不正确，但

① 本论文为首都经济贸易大学校级教改立项项目（“泛英语课堂”环境下学生书面提问的立体化模式构建研究）部分研究成果。

② 15名学生的译文不一，这里没有一一罗列，但在基本含义上大同小异，可以归纳为“诚实会带来回报”。下面的“诚实需要付出代价”译文来源同上。

又找不到更合适的翻译。

从 “It pays to be honest” 这句话的不同理解和翻译可以发现，译者的主观因素（这里主要指价值观念和自身经历或外界影响）嵌入了翻译过程，并影响了对原文的理解和翻译的结果。有人会抛开社会文化因素仅从语言和字面理解；有人则会受社会文化的影响，基于自身经历和感受来理解句子。

二、翻译实践的三大局限

1. 语言本身的局限性

语言的局限性是一个历史悠久的话题。纵观人类文明史，有一部分思想家和哲学家曾经对语言自身的局限性问题进行探讨，并形成一定的理性认识。在中国古代，老子在《道德经》一书中曾写道:“道可道，非常道；名可名，非常名”(《道德经·第一章》)。一言以蔽之，即“道”不可说。老子所谓的“道”的玄妙之处就在于，它无法用语言来描述。庄子也曾说:“道不可闻，闻而非道;道不可见，见而非也;道不可言，言而非也”(《庄子·知北游》)。语言在描述事物中存在缺陷，在面对诸如“道”的抽象概念时，语言文字往往是“无能”的。这是因为，“语言是应人类的交际需要而产生的，同时也随着社会文化的变迁发展而不断得以丰富和完善。语言的不断发展恰恰说明了语言在表情达意方面总是存在局限性，它自身就是一个变化发展的过程。” (黄海英 2011: 165)

西方学者对语言局限性的认识也较为充分。被誉为“西方哲学之父”柏拉图曾说过:“语言是一种粗劣的工具。所以，任何明智的人都不会把他的理性所体会到的东西付之于语言 , 都不会写成固定的文字形式。” (付义荣 1999: 79) 由此可见，古今中外的学者们对于语言局限性这个问题，在一定程度上达成了共识。在他们看来，语言的局限性导致其本身不足以完整地描述客观世界。

而在翻译实践中，语言自身的局限性在一定程度上导致了不可译现象的出现。不同的语言的起源存在差异，中国的汉字是由象形文字转化而来，而西方国家的语言文字多数是由字母文字转化而来。萨丕尔—沃尔夫假说中所包含的基本观点之一就是语言决定论，即“一个人的思维完全由母语决定，因为一个人只能根据其母语中编码设定的范畴和区别定义来认识世界，语言决定思维、信念、态度等，语言不同的民族，其思维方式完全不同” (鲍文 2007: 629)。因此，象形文字使中国人的形象思维及图像感较强，字母文字使西方人的逻辑思维和抽象能力较强。这是根据不同语言的自身特点所决定的，不同语言各有其优势与不足，其描述客观世界的侧重点也各有区别。举个简单的例子，汉语中较为常见的一些亲属关系的概念，如“亲家”和“小姨子”等，在英语中就没有能够直接与之相对应的词 (范志坚 2006: 81)。所以，语言的局限性导致了不可译现象的出现，不难推断，翻译实践本身也存在一定的局限性。

2. 价值取向的局限性

译者价值取向的局限性对翻译实践也会产生较大影响。译者作为独立的个体，对客观事物具有其自身的道德判断和价值选择，而译者的道德判断和价值选择往往会受到其所处的社会环境和文化的影响。举个例子，在当今的中国社会中，老人摔倒无人敢扶的事件屡屡发生，这是因为曾经出现过不止一起好心人扶起老人反遭讹诈，使好心人蒙受巨大损失的案例发生。这并非是人们良知泯灭的表现，而是信任危机下上演的悲剧（光明日报

2011）救死扶伤、见义勇为、助人为乐以及诚实守信是中华民族的传统美德，然而现在由于社会环境和文化的改变，这些传统的价值观念受到前所未有的挑战。在“好心没好报”的社会环境下，“多一事不如少一事”的观念会渐渐变为主流。

从翻译研究的角度来看，译者价值取向的局限性还会涉及翻译的主体间性研究。简单来讲，翻译的主体间性研究的主要内容是作者、译者与读者之间的关系。翻译研究的三种范式为：“作者中心论—文本中心论—译者中心论”，这三种范式是一个历史演进的过程。在译者中心论的范式之下，译者的地位凌驾于作者和读者之上 (陈大亮 2005: 4)。但是，笔者认为，译者中心论有非常明显的缺陷。比如在“韬光养晦”这个成语的英译过程中，美国国防部在 2002 年首次公布的《中国军力报告》里对“韬光养晦”这一成语所用的英文为“hide our capabilities and bide our time”，意为“掩盖自己的能力，等待时机东山再起”。其言外之意就会存在着阴谋论的色彩，而熟悉中国文化和成语的人则明白“韬光养晦”和越王勾践的“卧薪尝胆”并不是同义词，“韬光养晦”更倾向于表现行事低调、谦让的内涵 (熊光楷 2010: 56)。而西方译者对于“韬光养晦”的曲解和错译，反映了其对于中国在意识形态上的固有偏见，这不仅揭示译者中心论所存在的问题，还体现译者的价值取向对翻译实践的有着不可忽视的影响。

所以，社会文化因素对译者价值观的影响，会导致译者对文本出现不同的理解。假如译者经历过扶起摔倒老人后反被讹诈的事情，那么，其对“It pays to be honest”的理解就容易倾向于诚实需要付出代价。因为译者由于自己的乐于助人吃过亏，而趋利避害是人的本能。如果好心帮助别人却为自己招来灾祸，那么，人们不但会在以后遇到类似的事情时袖手旁观，还很容易会把诚实和吃亏划上等号，而这反映到译者身上就是把“It pays to be honest”理解为诚实需要付出代价。相反地，如果译者经常因为做到诚实守信而受到赞扬和公正的对待，或者身边其他不诚信的人往往都会受到应有的惩罚，那么，相应地，译者就会更倾向于把“It pays to be honest”理解为诚实带来回报，因为这时与诚实相对应的含义就是回报而不是代价。

3. 语言能力的局限性

语言能力的局限性主要包括听、说、读、写、看以及思考能力等方面的局限性。中国人通常擅长形象思维，西方人则擅长逻辑思维。有研究表明，说汉语的中国人对音乐比西方人更为敏感，主要原因是汉语有四种声调，比英语的音调复杂。对于只说英语不会说汉语的华裔，他们对于音乐的敏感程度和西方人类似，略逊于母语为汉语的中国人。这个例子从侧面佐证了所有高层次的思维都依赖于语言。

由于中国人的母语是汉语，所以对于英文词汇的理解一般不像对中文词汇的理解那样全面和透彻。中国学生无论是在最开始学习 pay 这个单词还是在之后使用这个单词时，它的常用含义是“付钱”，而另外一种含义“回报”则很少遇到。因此，笔者本人在第一次接触“It pays to be honest”这句话的时候，也很容易就把 pay 这个单词和 pay the price 联系起来，并把这句话理解为诚实需要付出代价。由此可见，译者的语言能力也是限制因素，需要具备一定的英语水平才能够得到正确的翻译，否则会比较容易出错。

三、超越翻译局限性的三大门径

接下来，笔者将要讨论如何超越翻译工作中的三大局限。以“It pays to be honest”这句话为例，第一门径是在英文语境中分析和理解句子，这对中国人有一定难度，因为英语并非中国人的母语，很难把句子融入英文语境中进行理解和分析，因此这是一个相对困难的方法。第二门径是在中文语境中分析和理解句子。这个方法对于中国人更具可行性，毕竟用母语思维在分析和理解句子时更具优势。第三门径则是在翻译语境中理解和分析句子。

1. 英文语境

在《牛津高阶英汉词典》和其他一些英文词典中，pay 一词的含义为“回报”，是与积极的、正面的内容相联系的。这种现象，在英文语境中，是对“It pays to be honest”这句话的含义的正向引导。因为，在一般的英文语境中，pay 的含义是正面的，所以在这种语境下，对于 honesty 这种品质就应该是肯定的。词典中收录的词汇含义一般来讲都是使用较为普遍和大众化的，因此，总体来看，在英文语境中把“It pays to be honest”理解为诚实带来回报应该是占据主流位置的。

不过，在英文语境中也是存在反例的。在杨立民先生主编的英语专业本科教材《现代大学英语精读 3》的课文 *We Are Only Human* 中有这样一句话：“Integrity, honesty and honor may not give immediate rewards or gratification, and they can be life-threatening. The absence of integrity, honesty and honor on the other hand, does not always bring punishment or scorn (In fact, connivers and cheats often gain power and wealth).” 其内涵是：“正直、诚实和荣誉也许并不能立刻获得奖赏和成就感，反而有可能威胁到自己的生命。如果你不具备这些品质，也并不总是遭受惩罚或者被人鄙视。实际上，倒是投机取巧者更容易得到权力和财富。”除此之外，在美剧《纸牌屋》中，也描绘了一个美国的国会议员在晋升国务卿的时候，被曾经的政治盟友欺骗。他并没有以德报怨，而是用谎言和阴谋报复所有背叛他的人，最后登上权力之巅。由此可见，在英文语境中，诚实需要付出代价的这种语境也是存在的，在这种情况下的英文语境属于负面引导。不过，这种语境并不是很常见。所以，这在一定程度上也可以说明，虽然诚实需要付出代价这种概念也存在于英文语境之中，但同样并非主流。

2. 中文语境

儒家思想对于中国人的影响是极为深远的，绝大多数中国人都在儒家思想的耳濡目染之下成长。孔子作为儒家的代表人物，他的一些名言警句从两千多年前起一直流传至今，比如，“言必信，行必果，硁硁然小人哉”（《论语·子路》），讲的就是言而有信和说到做到是作为一个普通人就应该做到的事情，可见古人对于诚信是非常重视的，因为他们会认为诚信是对一个人最基本的道德要求。此外，司马迁的《史记》中也记载了关于诚信的史料，比如《史记·季布栾布列传》中的“得黄金百，不如得季布一诺”，讲的就是季布为人诚信，具备只要答应别人的事情就一定做到的优秀品质，成语“一诺千金”就是出自这个典故。这正是中国的历史文化对于“It pays to be honest”这句话的正面引导，在中文语境下，这样的语境曾经是主流。

然而，中文的传统语境下也存在和英文语境中类似的情况，即同样存在不诚信者能够攫取巨大利益的语境。如“窃钩者诛，窃国者侯”这句话最早出自《庄子·胠箧》中的“彼窃钩者诛，窃国者为诸侯；诸侯之门，而仁义存焉”。用来讽刺旧社会窃钩小盗被诛、窃国大盗掌权的反常现象。显然，偷窃不但属于不诚信的行为，而且其在历朝历代几乎都是罪行。而“窃国”这种极端的反诚信行为却能夺取国家政权，获得巨大利益，并且不会得到惩罚。因此，结合这样的中文语境，也可以把 “It pays to be honest” 理解为诚实需要付出代价。这属于 “It pays to be honest” 的负面引导。

3. 翻译语境

在翻译语境下，“It pays to be honest” 这句话来源于大学英语四级的作文题，而且题目明确地用中文给出了这句话的语境，那么，笔者暂且把这种给出明确语境的方式称为 “显性语境”。不过，根据大学英语四级考试的性质，假如题目中并没有明确给出中文的语境（笔者在进行实验时曾故意把题目要求去掉，只保留 “It pays to be honest” 作为题目，笔者把这种方式称为 “隐性语境”），做题的大学生也应该可以根据常识推断出，出题人的意图应该是正面引导。显然，大学英语四级的考试目的主要为了测试考生的英语水平，它的作文题并没有必要引导学生去写揭露社会阴暗面的文章。这属于在翻译语境中，根据文本来理解 “It pays to be honest” 的意义。

不过，如果抛开语境的影响，其实对于 “It pays to be honest” 这句话本身是可以有多种解释的。译者在理解过程中会受到各种限制因素的影响，往往会做出不同的抉择，导致在翻译语境下的理解有所偏差。比如，笔者曾经因为说真话而受到了不公正待遇，这种情况就是来自译者自身的直接经验；此外，译者对于他人经历的感受，就像上文中提到的古代文献中所记载的 “窃钩者诛，窃国者诸侯”，这就属于来自于译者自身经历之外的间接经验。

四、结论

在翻译实践中，译者个人的理解和原文作者的意图往往会因为语言、道德价值和思维方式存在局限性，而出现翻译内容与原文含义不对等的问题。不过，只要译者能够正确认识翻译的主体间性和译者中心论，结合中英文语境和翻译语境，尽量在翻译过程中抛开自身的价值判断不预设立场，这样就能更容易超越翻译实践中存在的各种局限性，从而对原文进行相对合理的阐释。

参考文献

1. 鲍文．萨丕尔—沃尔夫假说解析 [J]. 沈阳农业大学学报（社会科学版），2007, (9), 629-632.
2. 陈大亮．从主体性向主体间性转向 [J]. 中国翻译，2005, (2), 3-9.
3. 范志坚．可译性与不可译性 [J]. 宿州教育学院学报，2006, (1), 80-82.
4. 付义荣．论语言的 “不足述意” [J]. 东方论坛（青岛大学学报），1999, (1), 79-81.
5. 光明日报．“老人摔倒无人敢扶” 事件频发 专家称因信任危机——中新网 [OL] 中国新闻网 . [联机] 中国新闻网 , 2011 年 1 月 13 日 . [引用日期 : 2015 年 8 月 11 日 .]
http://www.chinanews.com/sh/2011/01-13/2785324.shtml
6. 黄海英．论语言局限性的成因与超越 [J]. 理论界，2011, (4), 165-167.
7. 熊光楷．中文词汇 “韬光养晦” 翻译的外交战略意义 [J]. 公共外交季刊 2010, (4), 55-59.

对研究生法律翻译课程设计的再思考
——以法律翻译职业化为视角 ①

中国政法大学 王 芳 英国埃克塞特大学 李 利

摘 要：随着对法律翻译需求量的持续走高，翻译职业的诸多变化在很短时间内发生，这需要我们对传统的课程设置加以调整，使课程内容体现对译者其他一些能力的要求。项目选择了中国政法大学的一个研究生班为试点，以培养法律翻译职业人员为目标对研究生阶段的法律翻译课程设计提出建议：改善学习效果；实施任务型教学法；课程体现职业道德和技能；实施过程教学法和结果教学法；课程内容包括专家指导和专业工作坊。文章对课程提议的学习效果的评估进行讨论，初步数据来自学生的学习档案和一份问卷调查。

关键词：课程设计 任务型教学法 法律翻译 专业工作坊 学习效果

一、概述

过去 20 年间，世界翻译领域经历了重大变革。业务量的增加和复杂程度的提高造成了批量生产翻译方法的出现，使得近几年出现了翻译技巧的专业化。语言产业的这些趋势也渗透到法律翻译领域。随着全球化进程的加速，诸如国际诉讼、医疗事故、电子行业和国家安全等领域，对法律翻译人员的需求量在不断增加，这要求语言服务供应商和语言专业人士具有特定领域的专业知识 (Way 2012)。根据当前国内外翻译学科的发展态势和国际化趋势，我国法律翻译教育在不久的将来将发展成培养职业法律翻译人才的专业教育。为了培养一批能提供涉外高水平法律服务的口笔译人才，法律翻译的教学亟待加强。

本文对中国政法大学开设的研究生课程（法律翻译理论与实践）进行详细介绍，该课程实现的学习效果与目前的行业需求密切相关。由于法律翻译本身的专业化和复杂程度日益增加，除了普通翻译课程所必须掌握的翻译技巧外 (Shreve 2002: 156)，法律译员必须具备更复杂的翻译技能。本文建议的授课内容规定成为一名合格职业法律翻译人员所必备的一些技能、知识与特殊能力；课程设置借鉴了国际翻译家联盟法律翻译和法庭口译委员会提出的一些法律翻译基本技能的建议。为了增强法律译员培训的课程设置，课程中也加入了有关产业发展趋势的内容。由于法律翻译的实践性特征，教师必须缩小课堂任务和实践的差距，因此课程选择了任务型教学法 (González Davies 2004)。此外，将专家指导和翻译工作坊列入课程设置可以加强任务型教学法的效果；将真实案例融入课程设置，使其成为任务型教学的一部分，也可以增强译员培训的结果教学法和过程教学法。

① 本文是中国政法大学人文社科项目“全球治理背景下构建‘和谐法律语言’学术共同体相关问题研究”（批准号：13ZFQ74001）的研究成果；中国政法大学“全球治理与国际法治协同创新中心”资助研究成果；本文作者现在英国埃克塞特大学访学，本文也是此次访学的科研成果之一。

如今，在线学习越来越受到青睐，重新定义法律译员培训课程所要实现的学习效果至关重要。随着对在线法律翻译课程的需求不断增长，确立标准化的学习效果势在必行。因此，在这门试开课中，在对翻译研究做了广泛文献回顾基础上，我们对学习目标与相应的学习效果进行了调整，重点放在行业需求和一般翻译所必须的基本技能上。这门课共持续了 18 周，每周有 1 小时的理论讨论时间和 90 分钟的课内工作坊。初始数据的搜集来自学生最后一个翻译项目的成绩、学生平时完成的翻译任务、学生测评和一份调查问卷。除了对学习效果进行评估外，本文也将对学生反馈进行讨论。

二、法律翻译理论与实践课程设计

1. 大纲和授课内容设计

法律翻译课程面临的主要挑战是在翻译技巧和法律知识间寻求恰当平衡。有学者(Monzó Nebot 2008) 认为，教师的主要目标应该是寻找一种平衡，这样“法律翻译人员就不必非得是法律领域的专家……但是必须扎实掌握理解文本需要的法律体系知识”。本课程建议对攻读硕士学位的研究生开设，选修本课程的同学必须已经修完两大法系（大陆法系和普通法系）的相关基础理论课程或者对两大法系基本的法律知识有深入了解。同时，为了保证学生们具备恰当理解文化、语言和理论的能力，选课学生必须修完翻译研究导论这门课程。

本课程运用的是任务型教学法，教师从语言学入手讲授课程，同时也融合了两种法律体系间主要的文化差异。课程选用的法律翻译样本涵盖的法律领域非常宽泛，并仿效真实翻译场景。教师给学生们讲授主要原理和法律术语概念，也给学生们提供法律翻译实践所需的资源，并给他们提供机会开发可以应用到未来项目中去的新工具。

关于授课内容的灵活性这一问题，尽管中西教育制度存在重要差异，但随着中国大学的国际化程度越来越高，在课程内容的编排上也逐渐与国际接轨。教师拥有很大的灵活性，只要所授课程是大学课程目录上的课程，那么在遵循特定审批流程的前提下，教师通常有权根据自己对特定课程主题相关性的理解，灵活变更授课主题以及每个主题所需的讲授时间。本课程的授课内容如下：

第 1 周：普通法和大陆法体系；法律译员的角色

第 2 周：法院结构和管辖权

第 3 周：法律语篇的语言特点：词汇特点、句式特点

第 4 周：法律翻译文本类型

第 5 周：情态动词的翻译、禁令的翻译

第 6 周：民法

第 7 周：刑法

第 8 周：邀请法院工作人员作报告

第 9 周：民事诉讼法

第 10 周：专业工作坊

第 11 周：邀请法律翻译专家作报告

第 12 周：刑事诉讼法

第 13 周：继承法

第 14 周：家庭法
第 15 周：专业工作坊
第 16 周：合同法：租赁协议和劳动协议
第 17 周：职业道德和职业礼仪
第 18 周：期末翻译

课程开设时间是 2012 年 9 月至 2012 年 12 月，有 14 名学生参加，课程为 3 个学分。学生每周参加一次时长 150 分钟的课，但需要花费数小时做准备工作。课程将理论和一手翻译任务相结合，任务涉及的工作语言为英语和中文。教师提前布置阅读材料；在下一周上课时的前 50 分钟，大家将采用鱼缸观鱼法对阅读材料进行讨论。每周由两名学生组成一个小组进行理论概念演示，然后全班进行小组讨论。其余面授时间全部用于课堂工作坊。因此，课堂时间被用于进行翻译实践，并将老师布置的法律翻译实践情景化，而以前的翻译任务是家庭作业。教师作为辅助人员解决实践中出现的问题，并讨论与目标文化或法律语境相关的非语言层面的职业话题。

课程中加入工作坊提高了学生的课堂参与度、促进了师生间的动态交流；学生可以灵活选择何时参与讨论；工作坊使得从基础到复杂法律概念的转变更为容易；各种材料的结合为课程提供了活力。每个工作坊的职业情景和工作场景都是模拟的。在工作坊中融入真实的翻译实践任务不仅可以对学习者起到激发作用，也有助于他们过渡为一名胜任的语言行业专业人员。工作坊的全部工作量估计多达 15 个小时。课程工作坊和每周翻译任务的法律文本包括：结婚证、笔录、授权委托书、起诉状、上诉状、出生证、法庭意见书、租房合同和遗言遗嘱。

专家指导增强了任务型教学法的效果。本课程邀请领域内知名专家为学生开设讲座，培训双语经验；专家们也参加工作坊的研讨，为学生们提供直接的专业指导。本课程还使用讨论板，这是一种在线工具，可以使一群人进行交流和协同工作。这一合作工具被成功用于分享辅助文档、专业词汇表和主题词表，提出研究中出现的问题，进一步解释复杂的法律概念，这对于成功完成最终的翻译产品至关重要。讨论板也有助于接收其他同学和指导教师的即时反馈。

2. 课程目标和学习效果

2.1 课程目标

本课程计划实现的目标是，本学期结束时，学生们能够从语言和非语言层面比较、对比和分析源文本和目标文本；识别翻译中存在的问题，运用法律翻译策略和技巧解决这些问题；使用高级术语管理的原理和研究方法；提交高质量的法律目标文本；按照客户的建议执行他们提出的反馈意见；提高法律翻译的方法、能力、技巧和策略；重视语言行业中存在的法律职业方面的问题，并发展批判的、分析的和有效的团队合作技能；理解理论和实践之间的差异，识别法律翻译的语言学层面和文化层面的问题。

2.2 学习效果

学习效果在高等教育中发挥着重要作用，为教师提供了评估课程或项目具有的优势和劣势的机会。学习效果也可以将师生间建立更好的交流作为目的 (Kelly 2005: 36)，从而增强学生的学习体验。在评估过程中，学习效果也可以被用来鉴定教学质量，并用于解读反馈干预和改进教学手段。在翻译研究中，Kelly (2005: 33) 从 Bologna 框架的观点入手，认为学习效果可以巩固以学生为中心的学习。现有的一些文献主要讨论的是法律课程的课程设计 (Kelly 2005)，而并未涉及法律翻译的教学目标和特定的学习效果。在中国的教育制度中，教学大纲必须对学习效果进行清晰的表述。本课程期望学生能够：

a. 解释、阐述并运用法律翻译的理论原则。

b. 展示出在语篇分析中识别特点的能力，并能将这些特点运用到高度专业化领域的文本类型中去。

c. 展示出分析法律翻译过程的能力，并运用同样的过程来生成各类翻译成果。

d. 区分法律概念和体系，并对法律概念和体系进行深入研究，以获得大陆法系和普通法系的精确含义。

e. 分析翻译过程，展示改进最终翻译成果的能力。

f. 展示生成高质量译文的能力。

g. 识别并检查出文本以及文化方面存在的问题，并很好地运用解决翻译问题的技巧。

h. 展示以一种职业态度提交作业的能力。

i. 在翻译过程中广泛运用计算机辅助工具和一些新的资源。

j. 在译文中选择并运用学到的概念和原理。

三、学习效果数据分析

对学习效果的直接度量使用的是每次作业成绩和期末翻译成绩（大约 3 000 个单词的翻译项目）；间接评估通过学生对调查问卷的反馈以及学生所做的课程评价。项目采取过程型和结果型方法对全部翻译任务的学习效果进行初步直接测定。结果型检测的内容包括：错别字、拼写和语法错误、标点符号、术语翻译的精确等值、重要语言特征的再现等等。过程型检测的内容包括：翻译工具的运用（SDL Trados Studio、语料库等等）、平行文本的有效性、截止期限，等等。

我们也通过多任务方式对学习效果进行评估。例如，在所有任务中都对效果 (a) 进行了测定。在期末翻译项目中，对效果 (a)、(i) 和 (j) 同时进行了评估；学生们在翻译期末项目时，运用了目的论和多种翻译技巧，并借助计算机辅助工具。大部分学生取得这三种学习效果，80% 的学生期末成绩超过 85 分。此外，学生们为取得一定的翻译成果而对过程进行修改，因此我们在第 6 次和第 9 次工作坊中对效果 (c) 进行了评估。风格指南和术语管理方法的应用被用于评估效果 (e)，因为学生们利用这两种工具来提高最终译文的质量。遗言遗嘱翻译的平均成绩是 79 分。课程使用了一种计算机辅助翻译工具来翻译授权委托书，对效果 (d), (f) 和 (j) 的评估也是借助这一工具完成的；在这项翻译任务中，全班的平均成绩是令人满意的，是 86 分。专业工作坊被用来进一步评估所取得的效果 (d) 和 (g)。法庭意见书展现了翻译任务的高度复杂性，对学生的知识储备和能动性是一个挑战。工作坊专家们给予的帮助和反馈使学生们不仅能够加深对普通法和大陆法差异的理解，也能够提高自身的研究技巧，从而找到准确对等的法律概念。三个法庭意见书译文的平均成绩分别为 91、90 和 87 分。在翻译结婚证和遗言遗嘱时，学生们不但对单词层面以外的语言问题进行了分析，也对宏观结构特点进行了分析，这说明实现了效果 (b)。

在学期结束时，学生们要完成一份调查问卷。大学也要求学生在线提交测评表。14 名学生全部参与了这两项调查；正如官方课程测评结果（平均分 4.7 分，满分 5 分）所示，学生们对本课程普遍持肯定态度。我们在后期对从学生的问卷调查中搜集来的数据进行处理，对问卷中每个问题的回答都计算出平均值、中数和众数。对调查问卷上所有问题的回答都用李克特五级量表予以记录，该量表的最小值是 1，表示“非常同意”，最大值是 5，表示“强烈反对”。从 1—5 依次为：非常同意、同意、不同意也不反对、反对、强烈反对。下面对问卷中的一些主要问题进行分析。

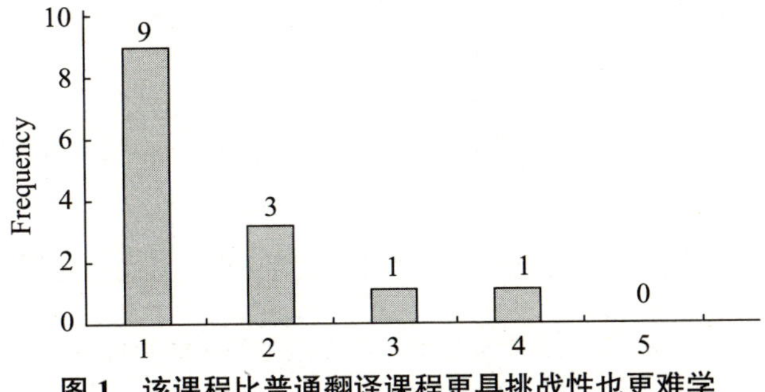

图 1　该课程比普通翻译课程更具挑战性也更难学

图 1 的众数为 1 表明，大多数同学认为法律翻译更加复杂且具有挑战性、学习起来更难。选课学生都具备必要的法律背景，可以理解复杂的法律概念；学生们也表示，他们的语言熟练程度足以胜任修读法律翻译课程。但是，法律语篇的特殊性以及任务的高度复杂性可能导致他们积极性不足并容易气馁。因此，对学生们来说，一个学期的法律翻译课程实在是极具挑战性。

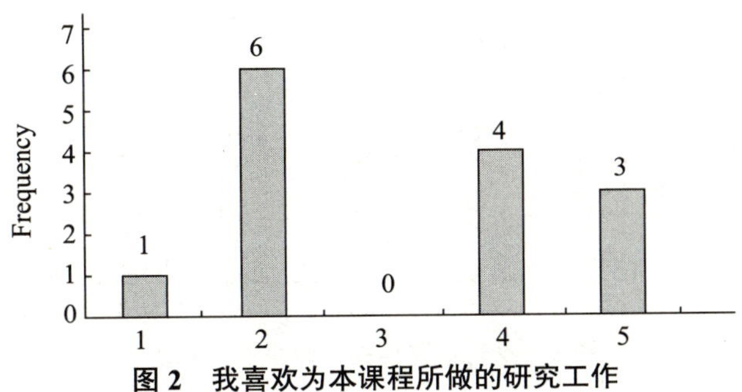

图 2　我喜欢为本课程所做的研究工作

图 2 表明，有 50% 的调查对象并不“喜欢为这门课程所做的研究工作”，但是众数为 2 表明，他们多少还是有点喜欢这种研究工作的。在问卷调查中，学生们也证实了这门课程中真实例证的有用性，认为“全部作业都是真实案例”（平均值为 1.5，众数为 2）。

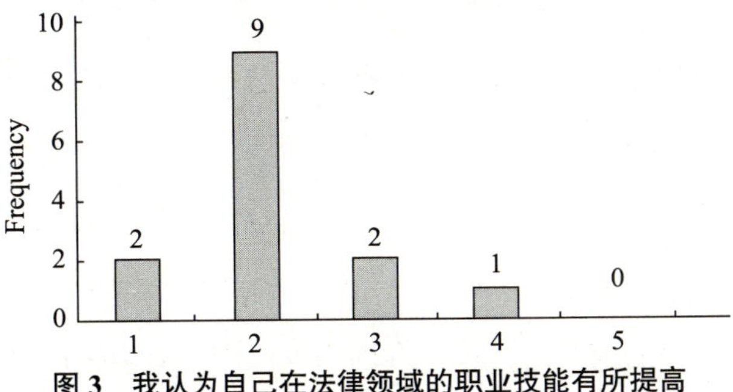

图 3　我认为自己在法律领域的职业技能有所提高

图 3（中数为 2）中的众数 2 显示，大多数同学在结课时认为自己的法律翻译职业技能有所提高。当被问及是否在翻译任务中能将理论和实践结合起来时，9 位学生表示是完全可以的（平均值为 1.7；众数为 1）。这两个问题的答案表明本课程设定的主要目标基本

实现了。

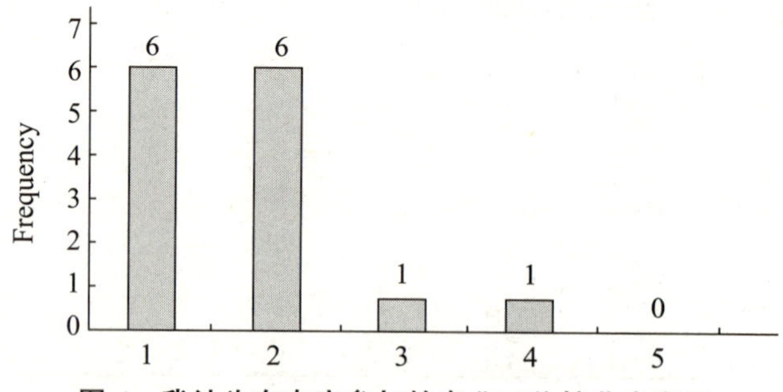

图 4　我认为有专家参与的专业工作坊非常有用

平均值为 1.7，众数为 2 的图 4 表明，学生们对专家参与的工作坊持肯定态度。将专家指导和专业工作坊融入授课内容，为亲身实践和课堂展示的理论材料提供补充，从而提高学生的学习经验。有同学在调查问卷最后注明，希望专业工作坊的设计在难易程度和时间分配上能够更加人性化一些，因为他们认为，与同样参加工作坊的行业专职人员相比，自己的译文质量并不高。

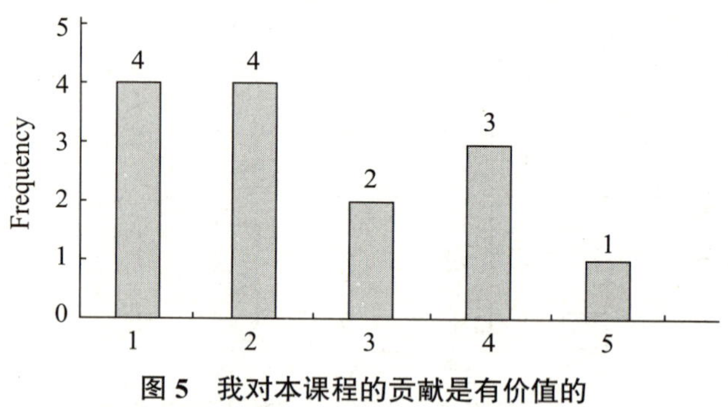

图 5　我对本课程的贡献是有价值的

当问及对课程的贡献是否有价值时，分歧达到了最高点，平均数为 2.5。但众数 2 表明持肯定态度的同学占了多数，同学们认为对课程的参与体现了自身的价值。

此外，同学们认为教师对平时的翻译任务和最终的翻译项目给予的反馈非常有用，平均值是 1.5，众数是 1。而至于是否需要教师和专家对译文提供更多反馈，众数 3 表明没有这种必要。

数据分析不但使我们理解了可能促进本课程学习效果的方法，也证实了任务型教学法的有效性。

四、结论

事实上，在学期开始的前几周，进行准确的等值翻译对学生们仍有难度，因为由于两大法系的差异，将基本翻译技巧熟练运用到法律文本的翻译中需要一个适应过程。教师必须等到学生们解决问题的技能达到了要求的标准，才能够介绍术语管理概念。所以，为期 18 周的课程无法涵盖项目所提出的大量专业授课内容。本项目以法律翻译职业化为导向，根据经常在法律翻译情景中遇到的话题选择将何种法律领域的知识纳入课程，再根据复杂程度对这些主题的授课时间进行排序。上述数据显示，这门试开课设定的学习效果大部分都实现了。我们也认识到，课程内容的分配能够重新进行调整，在课程中增加工作坊和更多的专业投入能够改进教学目标和学习效果。

总之，以法律翻译职业化为目标的课程设计不仅能够提高过程型和结果型学习，也能够提供大量资源和应用工具，从而促进学生向就业市场过渡。但是，必须承认，对初始数据的研究结果暴露了课程中需要改进的地方。例如，由于本课程是第一次开设，我们有意保持较小的课堂容量，所以对这个研究来说，样本量比较小；而要做进一步的改进和数据分析的话，就需要一个更大的样本量，甚至一个对照组。为了体现法律翻译的职业化特点，下一步的研究工作除了扩大样本量得到综合性结论，也需要从客户和法律译员培训者那里收集更多的数据，评估他们对课程内容和学习效果的鉴定意见，从而改进教学手段并提高学习效果。

参考文献

1. González Davies, M. *Multiple Voices in the Translation Classroom. Activities, Tasks and Projects*. Benjamins Translation Library. Amsterdam, Filadelfia: John Benjamins, 2004.
2. Kelly, D. *A Handbook for Translator Trainers, Translation Practices Explained*. Manchester: St. Jerome, 2005.
3. Monzó Nebot, E. M. *Corpus-based Activities in Legal Translator Training. The Interpreter and Translator Trainer,* 2008, 2 (2): 221-252.
4. Shreve, G. M. "Knowing Translation: Cognitive and Experiential Aspects of Translation Expertise from the Perspective of Expertise Studies." In *Translation Studies: Perspectives on an Emerging Discipline*, edited by A. Riccardi, 150–171. Cambridge: Cambridge University Press, 2002.
5. Way, C. "A Discourse Analysis Approach to Legal Translator Training: More than Words." *International Journal of Law, Language and Discourse,* 2012, 2 (4): 39-61.

电影字幕翻译赏析与批评
——以五部英美电影字幕翻译为例

北京林业大学外语学院　武立红

摘　要：影视字幕翻译涉及多学科理论知识与翻译技巧。近十年来中国英语电影字幕的翻译质量不断提升，然而仍不断发现一些值得商榷之处。论文以五部英美电影为例，分析了字幕翻译中出现的五种主要失误，并提供了修改译文。

关键词：字幕　翻译　赏析与批评

近十年来中国英语电影的翻译质量不断提升，影视翻译队伍的水平日臻提高，电影翻译中不乏精彩智慧妙语，确实值得欣喜。然而，深入研究市场上的英语影视译制片的字幕翻译，仍不断发现一些值得商榷之处。以下影视字幕赏析与批评基于对五部英美电影的字幕翻译研究，这五部电影是《死亡诗社》《穿 Prada 的女魔》《喜福会》《克莱默夫妇》及迪斯尼改编的《木兰》。通过对其字幕翻译的赏析与批评研究，其字幕翻译出现的主要问题可以归纳为以下五个方面。

一、信息不准，内涵传递不到位

词语可包含多重信息要素，在不同语境中可表达褒义、贬义、中性之意，突出的语义成分也有差异。译者需要认真体会原文信息及其传递的内涵，品味词语在原文读者中可能产生的效果，在译文中力求再现原文的信息与内涵，让译文读者的感受与原文读者近似，这也是 E. Nida (1969) 所倡导的。阐释学派的代表人物 G. Steiner (1929–　) 在其著作《通天塔之后——语言与翻译面面观》(*After Babel—Aspects of Language and Translation*, 1975) 中明确指出，文学翻译要做到透彻理解原文：译者打破语言外壳深入到原文内部，将核心的思想抽取出来。下列译句对原文信息和核心思想内容把握不准，译文内涵传递不到位。

例 1：选自 *The Devil Wears Prada*（《穿 Prada 的女魔》）电影原声版，双语字幕：

Myranda: By all means, move at a glacial pace. You know how that thrills me. (80:45-49)

你应该知道你这种慢吞吞的样子总让我抓狂。

影片中，米兰达是个极其高贵傲慢又睿智干练的时尚杂志的主编，她对待工作的态度极端认真，她说的话应该符合她的身份和性格。原语这句话是她在抱怨助手安德莉亚动作太慢。原文中用了反语“move at a glacial pace”，讽刺助手动作太慢，其真实意图是命令、督促助手加快速度。原文采用了短句，节奏较快，而译文却改为 14 字的长句，不符合原文的节奏。译文也应该采用短句，忠实表达原文的节奏、语气和人物语言特性。另外，原文短语“at a glacial pace”中的意象对西方人来说生动形象，而译文没有相应生动的隐喻体现。这里可以采用归化法，用中文语义类似的意象来替换表达，如“蜗牛”。再者，原文中的“thrill”这个词，译文用了年轻人的时尚流行语“抓狂”，此语义虽然和“thrill”有一定的相符度，但是这句话不可能是米兰达这样的人物能说出来的，与影片的人物年龄、身份和性格均不相符。考虑到影视翻译特有的时空限制，这句话的译文也不够简洁明了。综上分析，这句话可改译为“快点，别像蜗牛，真让我心急。”

例 2：选自 *Joy Luck Club*（《喜福会》）原声版，双语字幕：

June：In fact, I used to go out of my way to prove my mother wrong that I wasn't cut out to be the best anything I could only be me. (10:46-53)

事实上，我努力地想证实母亲错了。我不是什么天才，我只是平凡的我。

原文是君和妈妈在作斗争，以获得自己想要的“独立自由”，她想告诉妈妈不要对她期望太高。原文动词短语具体生动（cut out to be the best anything），具有动感，语气很强（only），感情色彩浓重。译文却语气平淡，“cut out to be the best anything”化解为客观的系表结构的陈述“我不是什么天才”。仔细分析，可以将其改译为“我不是玉，雕不成器”，这里增译了“玉”表达了原文的隐含之意（the best anything），用“雕”呼应了原文具体生动的动词“cut”，也同时和玉前后呼应。原文的最后一小句“I could only be me”表达了君的强烈情感，然而译文“我还是平凡的我”毫无强烈的情感信息传递，可以改译为“我就是我！”，重复“我”与原文用词呼应（I-me），增加感叹号，强烈的情感和希望自己得到认可的愿望溢于言表。

二、意象缺失，表达欠生动

美国诗人和翻译理论家庞德极力主张译者应再现作者刻意塑造的意象 (image)，倡导翻译时要精确再现细节和形象。暨南大学翻译学院教授陈毅平 (2013: 68) 也明确指出，文学语言的根本特点是意象性。然而，因为英汉两种语言表达习惯的差异，译者有时无法在译文中照搬原文细节而仍保留其艺术审美特征，这时译者只能进行 A. Lefevere 所提倡的“改写”或“操控”了，再造类似艺术氛围，以期为译文读者提供类似于原文读者所享受的那种审美愉悦。电影语言生动活泼，修辞比喻丰富。影视剧翻译不应淡化了原语丰富的意象，使原语的生动比喻无法传递给译语观众，原语的形象趣味性大打折扣，这对译语观众而言可谓一大损失。请看例句：

例 1 ~ 4 均选自 *Dead Poets Society*（《死亡诗社》）电影原声版，a）是电影剧本翻译，b）是电影中文字幕：

例 1: Dr. Nolan: Mr. Anderson, you have some big shoes to fill, young man. Your brother was one of our finest. (4: 43-45)

a) 安德森先生，你的责任重大，令兄是我们最杰出的学生之一 。

b) 安德森，你的前途很大，年轻人。令兄是我们最出色的学生之一 。

例 2: Neil: Listen. Don't mind Cameron. He's, uh, born with his foot in his mouth.

(6: 00-04)

a) 别介意卡麦隆的话，他天生拙于言词。

b) 听我说，别理会卡麦隆，他呃，狗嘴吐不出象牙。

例 3: Cameron: Business as usual, huh? Hey, I heard you got the new kid. Looks like a stiff! (5: 51-53)

a) 和以前一样，对吧？听说你有个新室友，看来很古板。

b) 跟以前一样，呵？嘿，听说你有了个新室友，像个木瓜一样。

例 4: Charlie: Well, I wouldn't lose too much sleep over it.

It's just a bunch of jerks trying to impress Nolan (9: 01-03)

a) 我不会为此难过的 不过是一群笨蛋想取悦诺伦。

b) 要说这事，我也不会想太多 就是帮疯子想编点哗众取宠的东西呗（原文如此，缺标点符号）

以上四句原文都运用了明喻或隐喻的修辞手法，语言表达生动形象，如“have some big shoes to fill”，“born with his foot in his mouth”，“Looks like a stiff!”和“lose too much sleep over”。然而，这四句剧本的译文均采用了淡化白描法，转具体为抽象，去掉生动的意象，即：“have some big shoes to fill”译成了“责任重大”，“born with his foot in his mouth”译成了“天生拙于言词”，“Looks like a stiff!”译为“看来很古板”，“lose too much sleep over it”译成了“为此难过”。虽然这些译语语义基本正确，但是这样的翻译使语言意象图式丢失，丧失了语言的灵动性和趣味性，语言从原语的生动形象转为译语的抽象呆板，审美愉悦效果锐减。事实上，译者没有充分利用中文的优势，没有挖掘中文表达丰富之宝库，中文也有类似意义的形象生动之比喻，例如“have some big shoes to fill”可以译成“重担在身”，“born with his foot in his mouth”可以译为“天生笨嘴拙舌”，“Looks like a stiff!”可译为“看起来像个木桩”，“lose too much sleep over it”可译为“为此烦心失眠”。可喜的是，电影字幕翻译明显在此方面做了一定的改进，提升了译文质量，如例 2 和例 3 的字幕翻译。但是，例 2 的译文“狗嘴吐不出象牙”贬义比原文程度更强烈，例 3 的“木瓜”如改为“呆瓜”会更为准确和生动。

三、风格变形，美学价值流失

针对翻译的风格、风韵和美学价值，国内外众多学者各抒己见，英雄所见略同。英国翻译理论家泰特勒（Alexander Fraser Tytler 1747–1814）在其《论翻译的原则》（1790）一书中提出的著名的翻译三原则之一就是译作的风格和手法应和原作属于同一性质。郭沫若在《理想翻译之我见》（1923）一文中曾说过译诗要向原诗，要不失原作的风韵，即字句、意义、气韵三不走样。许渊冲在《翻译的艺术》（1984）中提出译诗的标准：三美论，即要音美、意美，形也要美。王东风认为译者应该具有“敏感的文体或风格意识”，应该能敏锐地识别原文的“变异或陌生现象”，洞悉蕴含其中的美学价值，并尽量用相应的目的语语言形式传译出来 (2001: 43-47)。

综上所言，译文的风格、气韵与美学价值在翻译中应予以重视。任何一个语篇，都具有意图性（intentionality），作者期望此语篇能达到某种目的，总会想方设法谋篇布局。(平洪 2012: 85) 然而，笔者发现，电影字幕翻译中原文风格时时遭遇变形，美学价值流失。

究其原因，也许是译者缺乏“问题意识”，一种觉察问题的意识。原文的个性化特征，译文如要体现，就必须首先弄清作者要表达之意，以及遣词造句及风格的选择，以使译文的总体氛围与原文相匹配 (王维东 2012: 124)。

下文选自于迪斯尼 Mulan（《花木兰》）电影原声版，双语字幕中的唱词，a）是电影剧本翻译，b）是电影中文字幕 (06: 15-36)：

We're gonna turn this sow's ear into a silk purse.
a）把这只灰色麻雀，变成金凤凰。
b）我要将这平凡的女孩蜕变成窈窕淑女。
We'll have you washed and dried
a）先把你，洗干净
b）得先把你洗干净
Primped and polished till you glow with pride
a）冰清玉洁才能惹人爱
b）容光焕发才会人人爱
Trust my recipe for instant bride,
a）经过我细心打扮的姑娘，
b）经我细心装扮的新娘，
You'll bring honor to us all.
a）会为我们争荣光。
b）我们都会以你为荣。

这段唱词中，“Primped and polished till you glow with pride”被译成“玉洁冰清才能惹人爱 / 容光焕发才会人人爱”。仔细分析，原文视角强调的是木兰的主体感受：梳妆整齐、打扮漂亮，会让木兰充满自信，而译文的视角转换为客体的感受，也就是木兰打扮漂亮是为了让男人喜爱她。这里出现了主客体转换，也是一种文化价值观的转换。美国女权主义精神折射在这个小句的最后三个词中，即“glow with pride”，也就是打扮好了，木兰会充满自信，这样体现了迪斯尼木兰的人物塑造与中国传统观念的花木兰有本质的差别，她具有西方独立主义和个人主义精神；而中国文化中女性的被动含蓄也反射在译文的最后三个字中，即“惹人爱 / 人人爱”，招惹男人喜爱 / 让男人喜爱，主体是被动的，依赖于客体来显示自己的价值，男人具有决定权。另外，剧本译语中的“冰清玉洁”是描述女孩的外表和性格，外表干净，性格纯洁高贵，也是中国文化价值观潜意识的投射。然而，这个短语用在迪斯尼木兰身上，可谓与影片中的人物性格大相径庭。迪斯尼木兰是个假小子（Tomboy），并不是中国传统文化中的文静高贵内敛的淑女，因而剧本译语与原语意义偏差甚大。同时，原文中的这个小句有三个词采用了首韵修辞法（alliteration），形成一种押首韵，即以“P”开头的词 (Primped，polished，pride)，译文对此修辞和形式美没有任何体现。文学翻译要“尽量传译原文的异质因素”，包括原作的异域文化特色、原作的特殊语言形式和作者的异常写作手法 (孙致礼 2002: 43-44)。这里，译者由于缺乏审美意识，致使原文的美学价值流失。译者需要通过再次创作，把原文的美感传递给译文观众，让译文观众感受到的美学效果和原文的一样。因而，可以将原文重译为：“梳妆打扮，自信相伴”。改译采用了两个四字格，形式工整对称，更接中国地气，再加上两个尾韵（ban）相押，来转换原文的韵律，达到了一种类似的美感效果传递。

四、择义不当，语义分寸把握欠佳

翻译“不允许对细节的轻忽，因为任何细小的失误都可能成为无法遮掩的瑕疵”(郑军荣 2013: 49)，翻译应该是“通过准确传达细节以忠实原文，不为单纯追求译文漂亮而牺牲或忽略原文细节”(陈毅平 2013: 68)。下例失误均源于译者对原文细节和分寸把握不准而导致的偏差。翻译时不对照上下文认真分析，很容易产生误解，结果轻则表达不到位，重则歪曲原意。确立对应关系的一个重要层面是把握分寸。出现分寸偏差，是因为译者未能准确把握原文中各种信息要素，未能在译文中不折不扣地再现这些要素，未能做到既不过分又无不足，力度恰如其分(蔡力坚 2012: 80)。

例 1: 选自 *Joy Luck Club*（《喜福会》）电影原声版，双语字幕：

I tell you the story because I was raised the Chinese way. I was taught to desire nothing, to swallow other people's misery and to eat my own bitterness. (105: 36-50)

我说这故事是因为我长于中国，从小被教导要无欲无求，忍受他人的侮蔑，吞忍一切的苦楚。

这句话是妈妈和女儿在述说自己的故事。比较原文与译文，译文有几个地方和原文语义细节上有差异，择义不当，分寸把握欠佳。原文中原因状语从句“I was raised the Chinese way”的意思是“我成长过程中接受的是传统的中国文化教育”，并不是所指的地点“我长于中国”。第二句中，原文是“to swallow other people's misery”，译文是“忍受他人的侮蔑”，在这里“misery”和“侮蔑”的语义相差甚远，“misery”是“痛苦、悲惨、不幸”的意思，而“侮蔑”是“鄙视、蔑视、轻视”之意，因而译文歪曲了原文之意。此外，第二句的后半部分是两个平行结构的短语“to swallow other people's misery”和“to eat my own bitterness”，区别语义为“other people's”和“my own”的对比，译文没有把这两个平行短语结构的核心差异译出来，也未能不折不扣地体现原文对仗结构的美学信息要素。因而，这句话可改译为“我从小接受中国传统文化的教育，没有奢望，承受他人的不幸，吞咽自己的痛苦”。

例 2: 选自 *Joy Luck Club*（《喜福会》）电影原声版，双语字幕，a）是电影剧本翻译，b）是电影中文字幕：

And over there, she will always be too full to swallow any sorrow. (1: 38-42)

a）她将衣食无缺，不必忍辱负重。b）她会很幸福美满，不必吃苦受罪。

影片中，这句话表达的意思是母亲希望孩子到了美国，不再忍受饥饿，不再悲伤痛苦。剧本译文用了两个四字格“衣食无缺”和“忍辱负重”，看似表达简洁整齐，有一定的韵律美感，符合汉语表达习惯。然而，译文对细节把握不准，对原文不忠，虽然译文形式上有美感，但是不应该单纯追求译文美感而忽略原文细节。译文中“衣食无缺”，增译了“衣”，后半句增译了“负重”。前者的增译可以接受，但是后者的增译却与原文之意相差甚远，毫无根基。“to swallow any sorrow”和“忍辱负重”的语义不能等同，“忍辱负重”的意思是“为了成就一件大事或重要的工作而忍受羞辱”，因而译文与原文细节语义似是而非，译文语义把握欠佳。字幕译文在这点上比剧本翻译的语义把握更为准确，然而在前小句的语义准确性上与原文相差甚大，把“too full to swallow any sorrow”译成“幸福美满”，过分扩大外延含义。将这两个译文结合起来，各取一半，稍加修改，也许更为准确：她将衣食无缺，不会忍辱受累。

五、语义不清，原译文假象对应

字幕翻译，需要最大限度地结合影片之语境进行，目的是使观众付出最小的努力理解剧情。下列的失误是由于译者没有充分理解原文的内涵，没有分析和考虑原文的语境与情节，只关注文字的字面对等，缺乏仔细斟酌原译文之间的语言表达习惯及其差异，导致翻出了语义表达不清、似是而非的假象对应的译文。

例 1: 选自 *Kramer vs. Kramer*（《克莱默夫妇》）电影原声版，双语字幕：
I was incapable of functioning in that home. (77: 56-57)
我在那个家不能运作。

这句话的难点是“function”如何翻译，语义表达到位才能意思明晰。译者看到此词，也许立即想到对应词“操作、运作”等意思，在译文中将之翻译成“运作”，表面上是形成一种假象词汇对应。然而，译文显然语义不清，没有把克莱默夫人要表达的内涵译出来。“运作”一般用来描述“机器”或“系统”，而不是人。这里，克莱默夫人当时是全职太太，负责家务和照顾孩子，这句话是她描述自己当时离家出走时的原因。克莱默夫人曾经是名设计师，生完孩子后她辞掉工作，但她一直希望自己能再次外出工作，有自己的事业，但是丈夫不同意，渐渐地她抑郁寡欢，心理出现问题。她当时认为自己当不好这个家，照顾不好孩子，不是个称职的妈妈，孩子离开她会更好。因而，结合中国文化，采用归化翻译法，这句可改译为“我照顾不好那个家”或“我当不好家庭主妇”。

例 2: 选自 Kramer vs. Kramer（《克莱默夫妇》）电影原声版，双语字幕：
However, I have since gotten some help, and I have worked very, very hard to become a whole human being. (78: 09-13)
但后来我得到一些帮助，而且我非常努力成为一个健全的人。

这句话的译文看起来忠实原文，没有什么不当之处。然而，译文将“a whole human being”译成“一个健全的人”，隐含之意是克莱默夫人身体上有缺陷，而影片中克莱默夫人身体上并没有任何残疾，她是心理上有一些问题，经过治疗，她恢复了自信。因而，将“a whole human being”译成“健全的人”是一种假象对应，应改译为“一个身心健康的人”更为符合剧情人物。

六、结语

随着中外文化交流的不断加强与深化，日益增多的外国影视剧进入中国市场，以英美剧占据榜首。很多大学也开设了影视欣赏课或影视翻译课，学生们在观赏影片时了解了中西文化及价值观、思维方式、生活方式，同时也在学习语言与翻译。然而，电影字幕翻译仍有值得讨论商榷之处。翻译不仅是词汇意义上的对等，还包括语义、风格和文体的对等(Nida 1969: 202)。通过上文对字幕翻译的赏析与评判，总结出了字幕翻译在五个方面的失误与不当，并对译文进行了修改，以期影视字幕翻译能不断提高质量，减少失误发生。翻译要以自身的艺术修养为根本，如果“无敏感之心灵，无热烈之同情，无适当之鉴赏能力，无相当之社会经验，无充分之常识（杂学）”，很难彻底理解原作，也就不可能深刻领悟其内涵(傅雷 1951)。

参考文献

1. Nida, A. E. & Taber, C. *The Theory and Practice of Translation*. Leiden: E. J. Brill, 1969.
2. Reiss, K. *Type, Kind and Individuality of Text: Decision Making in Translation.* In L. Venuti (Eds.), The Translation Studies Reader. London and New York: Routledge, 2000, 160-171.
3. 蔡力坚．英汉翻译实践中的词义误区．中国翻译，2012, (1), 78-82.
4. 蔡力坚．脱胎换骨，再现实意．中国翻译，2012, (6), 104-105.
5. 陈毅平．改写与细节：对“‘达旨’与细节”一文的补充．中国翻译，2013, (4), 68-69.
6. 傅雷．高老头·重译本序．上海：上海平明出版社，1951.
7. 平洪．汉英翻译过程中的语篇补偿．中国翻译，2012, (6), 85-89.
8. 孙致礼．中国的文学翻译：从归化趋向异化．中国翻译，2002, (1), 43-44.
9. 谭载喜．西方翻译简史（第二版）．北京：商务印刷馆，2004.
10. 王东风．译家与作家的意识冲突：文学翻译中的一个值得深思的现象．中国翻译，2001, (5), 43-47.
11. 王东风．有标记连贯与小说翻译中的连贯重构——以意识流小说 Ulysses 的翻译为例．外语教学与研究，2006, (5), 303-309.
12. 王维东．译者的“问题意识”[J]．中国翻译，2012, (4), 124-125.
13. 许渊冲．《翻译的艺术》．北京：中国对外翻译出版公司，1984.
14. 郑军荣．翻译中译者的开放及细节处理．中国翻译，2013, (5), 49-51.

Application of Theme and Rheme Theory from Systematic-Functional Grammar in Chinese-English Translation

北京林业大学外语学院　戴　琪

Abstract : The systematic-functional grammar, put forward by Halliday, provides a framework for discourse analysis. There are some published researches about English-Chinese translation in terms of theme and rheme theory. This paper did a literature review from the following aspects: theme and rheme; theme and rheme theory and translation and summary. It is hoped that this paper can reveal the application of theme and rheme theory in translation and its significance. In addition, the progression patterns of theme and rheme is focused in this paper when doing the case study. Only the translation examples from Chinese to English are chosen in the paper because the sentence structure in Chinese is more random and the conjunction between the sentences is more complicated. In this way, using progression patterns of theme and rheme in Chinese to English translation will be more meaningful and beneficial.

Key words: systematic-functional Grammar　theme and rheme theory　English-Chinese translation　progression patterns

1. Introduction

This paper is going to do a literature review on the topic of applying theme and rheme theory in translation and then to give a case study of using the progression patterns of theme-rheme in Chinese to English translation.

Halliday, as the founder of systematic-functional grammar, has put forward 6 core thoughts and the view of language, which have great influence on the later scholars when they are doing research in this field. Halliday's view of language can be divided into three categories: 1. symbolic nature of language; 2. university and variability of language; 3. language behavior. In translation these views need to be taken into account because the differences between the two cultures, between the dialects and official languages and between societies will play an essential role in the understanding of the source language and target language. In addition, with the help of the meta-function theory, scholars can explore the translation from a new aspect, such as the two articles published by Professor Huang Guowen (2002a, 2002b), which study the poem, Qingming from the perspectives of interpersonal meta function and experiential meta function. Professor Huang believes that the relationship among the characters in the poem can be identified with the help of interpersonal meta function (2002b). In this way, by virtue of systematic-functional theory, people can correctly analyze the reliability of the translation text.

The thought of theme and rheme is first developed by Vilém Mathesius (Halliday 2000: 37-38). This school, in the beginning, divided a sentence into three parts according to the distribution of information—Theme, Rheme and connection (Firbas 1966), while Halliday argues that from the angle of systematic-functional grammar, a sentence or a piece of message composites only two parts—Theme and Rheme. Theme is the beginning of the information, which can point out the information. In this way, theme is always the known information which appears first in the sentence. On the contrary, rheme is the remaining part of the sentence, which is designed to further explain the theme and provide new information.

2. Literature Review

2.1 Theme and Rheme

Theme and rheme, as a small branch in the functional grammar, makes an important contribution to the Chinese-English translation. Zhou Zhijian (1994) has used the "theme and rheme" structure, which is proposed by Halliday in the book of *An Introduction to Functional Grammar*, to analyze the translation texts. The paper sets some examples to show the application of theme-rheme theory in the translation. That is to say, the translators first analyze the information and meaning in the source language with the help of theme-rheme theory, which focuses on the distribution and importance of the information. Then they translate the source language into the target language and place the information in the right place according to its code of language.

Though many scholars support Halliday's opinion, there are some disagreements in this field. Xu Shengheng disapproved his opinion in his previous paper *Theme and Rheme* and put forward his new opinion in his later paper *Rediscuss Theme and Rheme* by arguing that the common thought that accepted by most people is not complete enough. He claimed that the result of theme and rheme theory is not polarized but complicated.

1. He (T1) / made his living by selling bread (R1). And most of his money (T2) / was used for paying his rent (R2).

2. I (T1) / went to a conference (R2). The host (T1) / was a handsome guy (R2).

3. The second floor of the international terminal (T) / offers a view of the airfield and all coming and outgoing flights (R).

4. Now (T) /, let's begin (R)!

As we can see from above, T2 in (a) cannot be called the total new information because T2 is a kind of new information including part of the information in R1. That is to say, only when R1 exists, the appearance of T2 can be reasonable. Hence, T2 is categorized into partial new information.

T2 in (b) is a new word, which can be easily mistaken as new information. However, when readers see the word "conference" in R1, they can have some prediction about the following information, so the occurrence of "host" cannot be regarded as the total new information to readers. In this way, this kind of information which has relationship with R1 can fall into the category of related information.

Sentence (c) is abstracted from a comprehension text in IELTS. As the beginning sentence of the whole passage, the theme in the sentence is absolutely new information without any additional knowledge.

Lastly, the word "now" in (d), as the theme, can only complete the function as guidance without providing any information.

All in all, from the perspective of information attributes, theme can be 1. known information; 2. partial known information; 3. related information; 4. new information and 5. guidance.

2.2 Theme and Rheme Theory and Translation

Halliday's explanation of theme and rheme theory becomes the foundation of the research for the following scholars, most of which applies Halliday's thought in their research. Xu Shengheng quoted Halliday's theory in the first chapter of his paper *Theme and Rheme,* and the remaining paper is based on this theory. Liu Shicong and Yu Dong (2000) believe that theme and rheme should be regarded as the translation unite. What is more, Zhu Hong (2005), Li Xiaoying (2005), Zou Yuting (2012), Zhang Nan (2006) and Song Yazhi (2008) all support Halliday's opinion that theme is the known information and rheme is the unknown one. Among these people, Zou Yuting, Zhang Nan, Li Xiaoying explore the translation from the aspect of theme and rheme, and their writing patterns are similar in the following steps. Firstly, determine the theme and rheme structure of the source language; secondly, analyze the meaning of the sentences, and finally, translate the source language into target language. However, there are some special features in their papers, such as Li Xiaoying and Zou Yuting. Li also analyzes the sentences from the perspective of theme and topic. For example, while "一对情侣" is the theme in "一对情侣走进了电影院", "那场洪水" in "那场洪水，多亏了我们的救灾人员", at the beginning of the sentence, they can only be called topic instead of theme. They have a strong connection with Chinese sentence structure. Zou directly analyzes the sentence from Chinese and English logic structures. It is clear that Chinese sentences are combined by logic while English sentences by structure. That is to say, using various clauses to connect sentences. Hence, when translating, people need to pay attention to the logic structure of Chinese and English by using different modes of thinking to decode and encode the source language and target language respectively.

Xu Shengheng's understanding of information attributes in theme and rheme brings new thought to translation. He acclaims that the information attributes are not the most important thing in the understanding of the logic among sentences, while distinguishing "subject and predicate" and "theme and rheme" is. He put forward 4 progression patterns of theme-rheme in his paper Theme and Rheme, which could explore the transitional situation between themes and rhemes, clarify the logic orders among sentences and eventually put a solid foundation for translation. These four progression patterns of theme-rheme are:

1. Parallel Progression
2. Continuous Progression
3. Centralized Progression
4. Crossed Progression.

a. Paralle Progression

$T_1 \to R_1$
$T_1 \to R_2$

b. Continuous Progression

$T_1 \to R_1$
$\|$
$T_2 \to R_2$

c. Centralized Progression

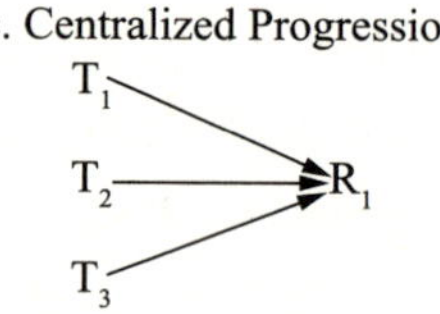

d. Crossed Progression

$T_1 \to R_1$
$\|$
$T_2 \to R_2$
$\|$
$T_3 \to R_3$

These four patterns are accepted by many other people like Zhong Fangfang (2010) and Yang Changqian (2001) when they are exploring the translation from the theme and rheme aspect. Similarly, Huang Yan (1985) concluded 7 kinds of patterns according to his research, among which, model 2 is consistent with continuous progression, model 3 is similar to centralized progression and model 4 is the same as crossed progression. In this way, these two ways of categorizing the progression patterns have their overlaps and their own features. Model 1 in Huang Yan's research is used to describe T1 from different aspects. Take written pattern as an example, M1 is similar to the "General-Evidence-Conclusion" pattern. In addition, M5 is designed to do a comparison between two themes. What is unique is that Huang argues no specific relation can also be one of the progression patterns. So it is clear that when analyzing the discourse, there may not always be some rules or principles to follow.

Based on Xu's four progression patterns, only when translators grasp the logic relationship between sentences and determine their transitional situations, can the translators choose the appropriate SVO structure, pick the correct conjunctions and express the meaning of the sentences precisely.

M1:

$T_1 - R_1$
$T_2\ (=R_1)\ - R_2$
$\vdots$
$T_n\ (=R_1)\ - R_n$

M5:

$T_1 - R_1$
$T_2 - R_3$
$T_3\ (=R_1)\ - R_3$
$T_4\ (=R_2)\ - R_4$
$\vdots$
$T_n\ (=T_1)\ - R_n$
$T_m\ (=R_2)\ - R_m$

M7:

$T_1 - R_1$
$T_2 - R_3$
$\vdots$
$T_n - R_n$

2.3 Summary

Theme and rheme theory is just a small branch in the systematic-functional grammar; however, its contribution to translation is significant. Chinese to English translation does not concentrate on the independent sentence, while focusing on the text based on the logic structure among sentences. Theme and rheme structure and its information attributes can be regarded as the essential part of the text. In this way, analyzing the theme and rheme structure and clarifying the progression pattern will be beneficial to the understanding of the sentence structure and sentence meanings of source language. Hence, it builds a solid foundation to the "faithfulness" of translation.

3. Case Study

Firstly, this part will begin with the independent sentences instead of concerning about the relationship between sentences. Hence the progression pattern will not be used here.

e.g. (1) 这几天 (T)/ 将持续雾霾 (R)。

(2) The haze (T)/ will linger these days (R).

Chinese, unlike English, doesn't follow very strict rules in syntactic structure, which usually need to have subject and predicate. What's more, in English, the subject and the theme are always overlapped and the rheme is similar to the predicate. So the theme and rheme structure can be seen as SP structure. However, in Chinese, this phenomenon is not common. In sentence (1), the theme is " 这几天 ", which cannot be regarded as the subject, so when translating this sentence into English, the first thing is to find the subject. The rheme in (1) is a predicative phrase in Chinese, but we can transform it into a noun and assign it in the place of theme, like sentence (2). In this way, the theme in (1) becomes a component in the rheme in (2) and the part of the rheme in (1) becomes the theme in (2).

e.g. (3) 桌上 (T)/ 有一个苹果 (R)。

(4) There is (T)/an apple on the table (R).

Sentence (3) is a very common sentence in China and when enchanting this sentence, the first translation popped into our mind is sentence (4). However, when we compare the theme and rheme structure between (3) and (4), we will find that, the theme in (4) is a totally new component, which cannot be found in (3). And the theme in (3) becomes a part in the rheme in (4). Hence, not only the theme and rheme structure but also the sentence pattern are changed when translating (3) into (4).

When translating the sentence, the differences in theme and rheme between Chinese and English need to be concerned. So copying the theme and rheme structure from the source language into target language inflexibly will make the translation not native enough. What's more, when translating, keep in mind the SP structure and the special syntactic pattern in English should be kept in mind.

Secondly, this part is going to explore the compound sentences, which are more difficult and the theme and rheme structure in them is more complicated.

e.g. (5) 今晚 (T1)/ 若有采莲人 (R1), 这儿的莲花 (T2)/ 也算得"过人头"了 (R2)。

(6) If there were (T1) /people picking lotus seeds here tonight (R1), they (T2)/ might indeed find lotus exceeding them in height (R2).

This example is abstracted from Zou's paper. When analyzing the theme and rheme structure in sentence (5), she claimed that R1 in the first part of the sentence has no relationship with T2 in the second part. The gap between them shows the change of thinking when the author was writing this sentence. Hence, if just duplicate the progression pattern in sentence (5) when doing translation, there will be no consistence in the translated sentence. However, this paper thinks sentence (5) follows the second progression pattern mentioned above, that is to say, "Continuous Progression Pattern." This sentence is similar to sentence (b) in the previous section, when translators see the word " 采莲人 " in R1, they can predict the occurrence of " 莲花 " in T2, so

T2 cannot be regarded as the total new information to them. In this way, T2 has a relationship with R1, so the progression pattern of this sentence can be categorized into "Continuous Progression Pattern" and the translation version (6) using "they" as T2 is appropriate.

e.g. (7) 一层雨 (T1) / 过 (R1)，云 (T2) / 渐渐地卷向了西去 (R2)，天 (T3) 又青了 (R3)，太阳 (T4) / 又露出脸来了 (R4)。

(8) Soon when the rain (T1) / is over (R1), the clouds (T2) / begin gradually to roll towards the west (R2) and the sun (T3) / comes out in the blue sky (T3). (Translated by Zhang Peiji)

(9) When the rain (T1) / subsides(R2), the sun(T2) / reappears in a blue sky(R2), and the clouds(T3) / drift slowly westward (R3). (Translated by Wang Jiaosheng)

(10) After a shower(T1) /, the clouds gradually roll to the west(R1), the sky(T2) / becomes blue again(R2) and the sun(T3) / appears (R3). (Translated by Wang Mengjing)

Sentence (7) is picked from the prose—Autumn in Peiping, and the following three sentences are translated by three difference people—Zhang Peiji, Wang Jiaosheng and Wang Mengjing. This part is going to compare these three translations with the original sentence and the distinction among these three versions.

On appearance, sentence (7) follows the M7, that is to say, all these themes and rhemes in the sentences are parallel and have no relationship. However, when we look inside the logic relationship between them, we can conclude that, like example (5), example (7) also follows the continuous progression pattern, because when translators see the former part, they can predicate the later part of the sentence. Hence, all these three translators obey this progression pattern and they make a coincidence in using adverbial clause of time in translation. In this way, the total number of theme and rheme is reduced in the translated version and the logic relationship between sentences is more clearer and easier to be understood. However, sentences (8) and (9) combined T3 and R3 in (7) in R2 in (8) and (9) respectively, while sentence (10) follows the pattern of source language and make it the independent sentence. This paper think sentences (8) and (9) are better than sentence (10) because the sentence will be more concise and united.

4. Conclusion and Discussion

Hence, though the examples listed above are simple, the inspiration revealed from the examples is useful to the translators.

First of all, we should grasp the differences between Chinese and English syntactic patterns. English sentences usually follow the principle of SPO structure while Chinese sentences are more random and flexible.

Secondly, when translating the sentences, the most important thing is to clarify the progression pattern of theme and rheme among sentences. That is to say, organize the logic relationship among sentences, especially in Chinese sentences. Chinese sentences always ellipse subject and the conjunctions between sentences. Therefore understanding the logic relationship is the step when analyzing the sentence. Sometimes, the progression pattern in the source language is not easy to be determined, such as example (5), however, when we read carefully in the definition and category of theme and eliminate the stereotype that theme is the known information and rheme is the unknown one, we can eventually decide the correct progression pattern.

Finally, after determining the progression pattern, we should choose the appropriate syntactic pattern according to the cord of language in the target language. Right syntactic patterns cannot only make the sentence precisely and logically, but also keep the sentence simple and concise.

All in all, applying theme and rheme theory and the progression patterns of theme and rheme in translation will be beneficial to the correctness and conciseness of the translation. Hence, when analyzing the source language, translators can keep the progression pattern of theme and rheme in mind, when translating they can organize their language with the help of syntactic structure and when revising the translated text, they can compare the two versions from the aspect of theme and rheme theory to see whether they translate the text properly.

References

1. Firbas, J. "On Defining the Theme in Functional Sentence Analysis", Travaux Linguistiques de Prague, 1., 1966.
2. Halliday, M. A. K. *Language as Social Semiotic: The Social Interpretation of Language and Meaning*. London: Edward Arnold, 1978.
3. Halliday, M. A. K. *Introduction to Functional Grammar*. London: Arnold, 1985, 1994, 2004.
4. 黄国文. 功能语言学分析对翻译研究的启示——〈清明〉英译文的经验功能分析 [J]. 外语与外语教学，2002, (05): 1-6, 11.
5. 黄国文.〈清明〉——诗英译文的人际功能探讨 [J]. 外语教学，2002, (03): 34-38.
6. 黄衍. 试论主位与述位 [J]. 外国语（上海外国语大学学报），1985, (05): 34-38, 20.
7. 李小英. 主位推进与翻译——语篇视角 [D]. 上海：华东师范大学 , 2005.
8. 刘士聪，余东. 试论以主 / 述位作翻译单位 [J]. 外国语（上海外国语大学学报），2000, (03).
9. 宋雅智. 主位–述位及语篇功能 [J]. 外语学刊，2008, (04): 85-87.
10. 杨常倩，范头姣. 主位–述位推进模式与翻译 [J]. 湖南大学学报（社会科学版），2001, (03).
11. 徐盛桓. 主位与述位 [J]. 外语教学与研究，1982, (01).
12. 徐盛桓. 再论主位与述位 [J]. 外语教学与研究，1985, (04).
13. 张楠. 论功能语言学的主位述位理论在翻译中的应用 [D]. 哈尔滨：东北林业大学，2006.
14. 周之鉴. 信息意义与英汉翻译 [J]. 现代外语，1994, (02).
15. 邹玉婷. 从系统功能语法主述位理论的角度谈英汉翻译 [C]. 福建：福建省外国语文学会 2012 年会论文集，2012.
16. 仲方方. 主位–述位推进模式及其在翻译中的应用 [J]. 文教资料，2010, (16): 32-34.
17. 朱红. 英语主述位结构分析研究 [D]. 哈尔滨：黑龙江大学，2005.
18. 张培基. Autumn in Peiping. 英译中国现代散文选. 上海：上海外语教育出版社，1999: 204.
19. 王椒升. Autumn in the Old Capital. 英语世界精选. 北京：商务印书馆，2008: 286.
20. 张梦井. Autumn in the Old Capital City. 中国名家散文精译. 青岛：青岛出版社，1999.

第四部分
语言、文学与文化

CCTV-NEWS 与 BBC 对“MH17 事件”的报道比较分析：语料库视角

中国科学院大学 外语系　邵　春　李欣悦

摘　要：本文以 2014 年引发国际关注的“MH17 事件”的报道为研究对象，以系统功能语法作为理论依据，结合语料库语言学的分析方法，对 CCTV-NEWS 和 BBC 两家新闻机构对此事件的新闻报道进行对比分析。研究主要从三个方面展开：概念功能的高频词汇和分类系统、人际功能的情态系统、语篇功能的主位系统。分析结果表明，与 BBC 相比，CCTV-NEWS 新闻报道时效性不足；不能准确把握新闻焦点；在报道尚未定论的新闻时，CCTV-NEWS 的语气不如 BBC 婉转。通过对比分析，发现两台报道的差异、语言与意识形态的关系，这对今后 CCTV-NEWS 发展的方向具有借鉴意义。

关键词：“MH17 事件”　CCTV-NEWS　BBC　批评话语分析　新闻报道

一、引言

2014 年 7 月 17 日 23 时左右，距离马航 MH370 事件仅四个月后，马来西亚航空 MH17 航班在乌克兰靠近俄罗斯边界坠毁。机上载有 283 名乘客与 15 名机组人员，共 298 人全部遇难。事故发生后，马来西亚航空公司已宣布永久停用 MH17 航班号，改为 MH19。这一事件引发了巨大国际关注，给国际航空和金融市场带来了恐慌。不同政治背景主导的调查将国际社会舆论对此事件的批评态度分别引向不同国家。MH17 航班失事调查结果于 2015 年 10 月 14 日宣布，由于超过一半遇难者来自荷兰，荷兰安全委员会主导马航 MH17 航班客机失事原因的国际调查，澳大利亚、马来西亚、乌克兰、英国、美国、俄罗斯等国参与调查。根据荷兰安全委员会的最终调查报告结果，MH17 是被山毛榉导弹击落的。

批评性话语分析是 20 世纪 70 年代兴起的话语分析方法，近几十年来迅猛发展，并被广泛应用于分析各种文本 (辛斌 2005: 3)。它通过分析语篇的语言特点来考察语言结构背后的意识形态意义，进而揭示意识形态对语篇形成的影响和语篇对意识形态的反作用。新闻语篇一直都是批评性话语的重点研究对象。戴炜华、高军 (2002) 认为语言学家将新闻语篇作为批评话语分析的研究对象，通过研究新闻语篇的倾向性，揭示新闻报道所持的观点和立场，发现新闻报道背后的意识形态。

语料库语言学是在语料库的基础上对语言进行分析和研究的科学，为语言研究提供了一种全新的方法和思路，它以真实的语言数据为研究对象，对大量的语言事实进行系统分析，通过考察语言的实际运用来寻找语言使用的规律。话语分析可以借助语料库为工具。这种专门的小型语料库可以用来研究某一机构的语篇，一个具体时期的语篇特征，或者一个专门政治事件等等。

本文以马航 MH17 事件中的世界新闻报道为研究对象，以系统功能语法作为理论依据，结合语料库语言学的分析方法，对 BBC 和 CCTV-NEWS 两家新闻机构对此事件的新闻报道进行对比分析。

二、理论框架

本文采用系统功能语言学的理论框架，将批评性话语分析的研究方法置于这一理论框架之下。

系统功能语言学认为研究语言的功能就是研究语言实现意义，完成交际任务与语言结构之间的关系。所以“功能”是建立在语法的结构形式之上的，由于语言可以实现不同的意义，所以同一成分结构可以有不同的功能结构同时存在，能够实现多种功能和意义的对应。

Halliday (1978) 通过语篇的三个纯理功能将语言与社会联系起来，即概念功能（ideational function）、人际功能（interpersonal function）和语篇功能（textual function）。概念功能指语言用于表达说话者的内部经验世界及其各事物之间的逻辑关系的功能，主要由及物系统来实现；人际功能指语言用于建立、维护或确立社会人际关系的功能，主要由情态系统来实现；语篇功能指语言将其本身与使用者所处的情景环境相联系的功能，主要由主位系统来实现。

本文以 Halliday (1994) 的系统功能语法为基本理论框架，对 CCTV-NEWS 和 BBC 两台的新闻报道进行比较分析，试图发现 CCTV-NEWS 和 BBC 新闻报道的差异。

三、数据收集

本研究的语料选自 CCTV-NEWS 和 BBC 从 2014 年 7 月 23 日 0 时到 2014 年 7 月 24 日 24 时关于“MH17 事件”的新闻报道，总时长为 48 小时，报道主题为第一批遇难者遗体从俄乌边境运回荷兰。所有语料都被转写成文字，存入 txt 文档，建成一个小型语料库。

选择 CCTV-NEWS 和 BBC 两个电视台的原因在于，中国中央电视台英语新闻频道（CCTV-NEWS）是中央电视台拥有的以英语新闻为主的频道，是向世界传递中国意识形态的窗口，新闻质量和受众数量近几年也在迅猛增长。英国广播公司（BBC）是英国最大的新闻广播机构，也是世界最大的新闻广播机构之一，其电视台的英语新闻播报覆盖全球，新闻质量高、受众广泛，在英语新闻里具有极高的地位。作为新兴发展的英语新闻频道，CCTV-NEWS 和 BBC 的新闻播报必然存在差距，因此本研究选取两个电视台的新闻播报进行对比分析，发现不足以进一步促进 CCTV-NEWS 的发展。

马航 MH17 航班在俄乌边境被击落这一事件是 2014 年国际上的重大事件，全球很多媒体都对此事件进行了长时间大篇幅的新闻播报，因此，这一事件新闻播报有足够的关注度和语料。此外,“MH17 事件”是涉及俄罗斯与乌克兰境内的利害冲突,不涉及英国和中国，因此两国电视台在播报此新闻时的态度也较为客观，不会存在太大的偏颇。

本文选择 2014 年 7 月 23 日 0 时到 2014 年 7 月 24 日 24 时这一时段的报道是因为，事件发生当天的播报形式多为突发新闻的滚动直播，主要是播报事件的实况，没有确切主题，且不同电视台的播报时长差别很大；而 23 日到 24 日这 48 小时的新闻报道，都是围绕着当天第一批遇难者遗体运回荷兰这一主题，时长、内容、语言上都具有相对可比性。

四、研究结果与讨论

本文以 Halliday 的系统功能语法为基本理论框架对 BBC 和 CCTV-NEWS 两台的新闻报道进行比较分析。Halliday (1978) 通过语篇的三个纯理功能将语言与社会联系起来，即概念功能、人际功能和语篇功能。概念功能构建社会活动，人际功能实施社会关系，语篇功能建立符号链接。批评语言学运用系统功能语法的这些理论试图在及物性（transitivity）、情态（modality）、转换（transformation）、分类（classification）以及连贯（coherence）、顺序（order）和整体（unity）等些方面进行文本分析 (Fowler & Kress 1979: 198-213)。本研究拟分别在概念功能、人际功能和语篇功能进行分析。具体做法是：在概念功能方面主要从词频进行分析；在人际功能方面，主要从情态进行分析；在语篇功能方面，主要从主位选择方面进行分析。分析工具采用 WordSmith 2.0，分析方法是定量分析和定性分析相结合。

4.1 词频

词频可以解释媒体在报道新闻时的倾向性以及隐含其中的意识形态（郭秀珍 2007）。通过 WordSmith 的 WordList 功能获取词频最高的 100 个词，去掉其中的虚词，如："to""and""in" 等，得出高频词表（见表 1）。

表 1　两台报道的高频词

排序	BBC			CCTV-NEWS		
	词语	次数	百分比	词语	次数	百分比
1	Ukraine	205	0.621	Ukraine	130	0.5758
2	Flight	145	0.4393	Bodies	99	0.4385
3	Bodies	142	0.4302	Flight	93	0.4119
4	Victims	127	0.3847	Russia	86	0.3809
5	Dutch	122	0.3696	People	83	0.3676
6	People	122	0.3606	Investigation	71	0.3145
7	Russia	114	0.3453	Military	69	0.3056
8	Name	109	0.3302	Crash	64	0.3012
9	Netherlands	109	0.3302	Victims	62	0.2835
10	Plane	109	0.3302	Government	58	0.2764

从表 1 可看出两台报道出现频率最高的三个词是一样的："Ukraine"（乌克兰），"flight"（航班）和 "bodies"（遗体），而且出现频率最高的词都是 "Ukraine"（乌克兰）。本研究所选取的语料就是关于 MH17 航班在乌克兰境内被击落，遇难者遗体被运回荷兰的新闻报道，因此在两个台的报道中，这三个词成为出现频率最高的词是很自然的。

对于两台报道中出现频率不同的词，则能看出两台新闻报道的侧重点和倾向性。在 BBC 的报道中，"victims"（遇难者）出现的频率排在第四（0.38%），这说明 BBC 的新闻报道的关注点在此次事件的遇难者。“Dutch”（荷兰人）的频率排在第五（0.37%），通过 WordSmith 的 Concord 功能查找“Dutch”的搭配情况可以发现，“Dutch”在报道中出现时，有时是涉及事件中遇难的荷兰人的报道，有时是关于荷兰人民悲痛情绪的报道。此外，BBC 的报道中还频繁出现了“Russia”（俄罗斯）、“name”（姓名）、“Netherlands”（荷兰）等词，说明 BBC 除了着重报道遇难者遗体运回之外，也涉及了 MH17 事件的原因等。

而在 CCTV-NEWS 的报道中，词频排在第四（0.38%）的是“Russia”（俄罗斯），由于乌克兰境内政府武装和民间武装产生交战，MH17 是在俄乌边境乌克兰境内被击落，事件详情正在调查，责任方尚未明确，在报道中高频率出现“Russia”说明 CCTV-NEWS 的报道更关注事件的原因，而“victim”（遇难者）出现频率仅排在第九（0.28%），说明 CCTV-NEWS 对遇难者的关注度远远低于对事件原因的关注程度。此外，报道还频繁涉及“investigation”（调查）、“military”（武装）、“crash”（坠毁）、“government”（政府），多是关于事件原因调查的报道，而对遇难者遗体运回荷兰的事情关注度不太高。

对比 CCTV-NEWS 和 BBC 报道的高频词可以看出两台报道的立场和媒体的倾向性。BBC 着重报道的是当天的焦点事件——遇难者遗体运回荷兰，而 CCTV-NEWS 依然在局限于 MH17 坠毁事件本身，对于当天焦点事件却缺乏关注。由此可以看出，BBC 作为老牌成熟的英语新闻媒体，能够准确地把握新闻事件的焦点展开报道，客观及时且充满人文关怀。相比之下 CCTV-NEWS 新闻报道不够及时，没能准确把握新闻焦点，相对来说缺乏人文关怀。

4.2 情态

田海龙 (2009) 指出，批判语言学通过对文本中有生命主语和情态类状语类别的统计来分析作者与读者之间的距离，从而揭示文本是否具有客观性。本研究通过情态动词的统计来研究人际功能，表 2 列出了语料中两台播报出现情态动词的频率。

表 2　语料中的情态动词

情态程度	情态动词	BBC		CCTV-NEWS	
		次数	百分比	次数	百分比
低	can	78	21	84	17
	may	10	3	20	4
	could	39	10	57	12
	might	5	1	13	3
中	will	158	42	211	44
	would	44	12	49	10
	should	13	3	24	5
高	must	7	2	7	1
	need	21	6	21	4
总计		375	100	486	100

从表 2 中可以看出，“will”在两个台的报道中出现的频率都是最高的。“will”是表示将来的时态，说明两个台的报道都着眼于接下来事件的调查与发展。此外，CCTV-NEWS 的报道大多用“can”、“may”等，相比之下 BBC 的报道多用“could”、“might”等，语气更加委婉。在 MH17 事件尚未展开进一步调查之前，BBC 的报道更多地使用了委婉的语

气，报道内容也更为客观。

4.3 主位选择

本研究通过被动语态的统计来研究语篇功能。通过 WordSmith 的 Concord 功能，查找语料中含有“is”、“are”、“was”、“were”的被动语态的句子，be 动词前面的结构通常就是主语主位。表 3 和表 4 列出了两台语料中检索出的部分被动态句子。

表 3　BBC 语料中的主位选择

主语主位	被动态
As more bodies	are flown to Netherlands
The victims	are being taken from Ukraine
Coffin after coffin	are removed from the aircraft

表 4　CCTV-NEWS 语料中的主位选择

主语主位	被动态
Russia	is being urged to withdraw support from the rebels
The crash site	is virtually destroyed
An independent investigation	is being carried out

可以看出，BBC 报道中主语的选择多围绕着“遗体运送”这一话题，如 bodies、victims、coffin 等；而 CCTV-NEWS 的报道中主语依然围绕着“MH17 事件”这一大话题，未深入到当天“遗体运送”这一焦点事件。不难看出，CCTV-NEWS 在新闻播报虽然客观细致，但在时效性、焦点把握准确度上，都略逊于 BBC，这也是 CCTV-NEWS 今后努力的方向。

五、结语

Halliday 的系统功能语法应用于批评话语分析是一种行之有效的分析方法，也是批评话语分析的理论基础 (关恩娣 2012)。通过研究可以发现，BBC 作为成熟的老牌新闻媒体，能够准确地把握新闻事件的焦点展开报道，客观及时且充满人文关怀。在报道尚未定论的新闻时，CCTV-NEWS 的语气不如 BBC 委婉。相比之下 CCTV-NEWS 新闻报道不够及时，没能准确把握新闻焦点。

CCTV-NEWS 作为新兴发展的英语新闻频道，能取得当前成绩已属不易，但依然存在不足，也是以后努力的方向。

参考文献

1. Halliday，M.A.K. *Language as Social Semiotics: the Social Interpretation of Language and Meaning* [M]. London: Edward Arnold, 1978.

2. Halliday, M.A.K. *An Introduction to Functional Grammar* [M]. Beijing: Foreign Language Teaching and

Research Press & Edward Arnold, 1994.
3. Fowler, R. & Kress，G. *Language in the News Discourse and Ideology in the Press* [M]. London: Routledge, 1991.
4. Fowler, R. et al. *Language Control* [M].London: Routledge and Kegan Paul, 1979.
5. 戴炜华，高军. 批评语篇分析理论评述和实例分析 [J]. 外国语，2002, (6).
6. 关恩娣. 对《中国日报》与《纽约时报》关于日本大地震报道的批评话语分析》. 硕士学位论文 [D]. 南京：南京师范大学，2012.
7. 郭秀珍. 《纽约时报》和《中国日报》关于伊拉克问题新闻报道的批评分析 . 硕士学位论文 [D]. 济南：山东科技大学，2007.
8. 田海龙. 语篇研究：范畴、视角、方法 [M]. 上海：上海外语教育出版社，2009.
9. 辛斌. 批评语言学：理论与应用 [M]. 上海：上海外语教育出版社，2005.

基于三语习得理论下的韩国学生汉语学习中的语序偏误初探

北京理工大学外国语学院　曾慧玲

摘　要：随着来华韩国留学生的数量不断增长，韩语为母语的学生习得汉语的研究也显得日益重要。而韩国普遍推行英语教育，因此韩国留学生习得汉语属于第三语言习得。本文在三语习得理论的指导下，比较分析韩国学生在习得汉语时，产出的语序偏误是否存在母语迁移或第二语言迁移的情况。结果表明，韩国学生在习得汉语时，在语序层面上，既受到母语的影响，也受到第二语言英语的影响。

关键词：三语习得　分析　语序偏误　韩国学生

一、引言

教育部官网于 2015 年 3 月 12 日发布了 2014 年来华留学生数据统计。其中数据显示，韩国留学生在来华留学生中占比重最高，以 62 923 人居于第一位。这一数据显示了韩国留学生的汉语教学工作在留学生汉语教学工作中的重要地位。而这些留学生基本上已在韩国接受过高中、大学本科甚至硕士研究生的教育，英语水平虽良莠不齐，但大部分都达到了可交流的程度。所以汉语的学习对于韩国来华留学生来说，属于第三种语言的习得。随着全球化的日益加深，世界各国对于多语人才的需求更加旺盛。同时，随着人口的流动率不断增长，各国人民掌握多门外语的情况较之以前也更为常见。1987 年 Ringbom 的《第一语言在外语学习中的作用》的出版，标志着“三语习得”研究的正式开始。随即，越来越多的学者将目光转到“三语习得”的研究中来。从此，“三语习得”逐渐从“二语习得”的理论中脱离出来，慢慢发展成一个独立的学科（曾丽，李力 2010）。

本文有感于作者在对韩国留学生的教学中，发现学习者部分语序上的偏误不是来源于其母语韩语，而是来自于其第二语言英语。因而产生以下疑问：韩国留学生在习得第三语言汉语时，所产出的语序偏误是否存在母语迁移或第二语言迁移？若存在，何种迁移的程度更高？

二、文献综述

本文在前人研究的基础上，首次将三语习得理论与对比分析理论结合，分析将汉语作为第三语言的韩国留学生的语序偏误问题。汉韩两国学者对于两国语言的对比分析，以及国内学者对三语习得理论的引入与应用都对本文起到了巨大的指导与借鉴作用。

1. 汉韩语言对比

对比语言学兴起于 20 世纪 40 年代，源头分别在欧洲和美国，是一门以结构主义为理论依据，在日益普遍的外语教育的刺激下形成的新型学科。潘文国 (2002: 60) 总结，对比研究是对两种或两种以上的语言进行共时的比较研究，描述它们之间的相同、特别是不同之处，以促进人们对所对比语言的研究，并为语际翻译、语言教学和双语词典的编撰等提供理论指导。

许余龙于 1992 年将对比语言学分为理论对比语言学和应用对比语言学两种。其中理论对比语言学主要是为了构建对比研究的合理模式和理论框架，深入分析和描述两种及两种以上的语言之间的异同，从而确定语言之间的等同、相仿和对应等概念。而应用对比语言学则是将理论对比语言学的研究成果应用到外语翻译、教学、双语词典编纂等一些与所对比语言相关的实际活动中去，并在应用中探讨一些理论和方法问题。本文主要是应用对比语言学。

汉韩语言对比的研究自 1992 年中韩建交以来便开始飞速发展，在两国学者的共同努力下，至今已形成一个完整的理论体系。其中不仅涉及汉语对韩语或者韩语对汉语的单向对比，还有从更高角度将两种语言进行的双向对比；既有从微观角度如状语、补语、情态范畴等方面做的探讨，也包括从宏观角度出发，即从整体上区别二者之间的异同的研究。李琳琳 (2013) 从语义的角度分析了汉语 7 种补语在韩语语法体系下的对应情况，发现虽然韩语中补语的概念一直定位模糊，有所争议，但汉语中的这 7 种常见补语能在韩语的语法体系下一一对应起来，为汉语在韩国学生中的教学起到了促进作用；韩国学者郑圣珉 (2013) 用对比分析的方法，系统地说明了“从，在，对，给”这四个偏误频率较高的介词在韩语中的相应体现，对于韩国学生规避母语干扰而引起的语法上的偏误起到了很好的作用；吴仑真 (2013) 综述了截至 2011 年中韩两国学者 370 篇关于中韩语法对比的研究，内容涉及词法、词类和句法，为我们呈现了一个全面的、清晰的汉韩语言对比研究的概况，即词类对比研究比重较大，而综合性对比研究、词法对比研究与句法对比研究不足。

2. 三语习得

三语习得起源并兴起于欧盟的多语政策，主要研究了三语间的语际迁移、词汇习得与加工的心理机制、中介语等方面，提出了多语学习有利于语言元语言意识的发展，三语语际间双向迁移，语言、文化和世界知识对三语习得有影响等观点。其中三语语际迁移最为重要。主要观点如下：1）源语言与目的语在类型上越接近，其词汇越有可能借用到目的语中；2）在语法方面，第二语言社会地位及习得水平与迁移程度成正比；3）在语音和写作方面，除学习者近期一直处于第二语言的语言环境下的情况以外，迁移主要来自学习者的母语；4）第三语言的习得可以促进学习者元语言意识的发展，从而为其第二语言甚至母语的学习提供一个更加清晰的语法框架 (曾丽 2010:144-145)。

武思敏 (2004) 通过大量案例分析，调查了汉语为母语、英语为第二语言、第三语言为法语的学习者的语际迁移，发现语际迁移不仅体现在词汇层面上，在结构性和非结构 性的语法层面上均有体现，而且三语之间的迁移不仅是单向的，更是双向的。也就是说，在三语习得中，不仅有二语知识迁移到三语中，三语也会影响到二语的习得，甚至是促进学习者母语的发展。朱效惠 (2008) 从语言迁移理论的角度分析了三语习得过程中学习者母语、二语与三语间相互作用的本质和复杂性，为双外语专业教学带来一些启示。韩国留学生虽然不是双外语专业学生，但无可否认的是他们的英语普及教育也给他们的语言学习打下了深刻的烙印，在本质上也属于三语习得者。

三、汉韩英基本语序对比分析

萨丕尔—沃尔夫假说认为，语言反映人的思维，并决定人的思维方式。而一种语言的基本语序便是它的内核，深深影响其母语者的思维方式。根据中介语理论，学习者的第二语言习得无法达到目的语的水平，只能无限靠近目的语水平。所以说无论韩国留学生的第二语言达到何种水平，其影响都不能达到其母语的水平，但其是否具有影响，且影响多大还需研究进一步证明。

汉语的基本语序为“主谓宾”，韩语的基本语序为“主宾谓”，英语的基本语序为“主谓宾”，与汉语一致 (侯玲玲 2008)。汉语的主要句法成分包括主语、谓语、宾语、定语、状语、补语，自然语序一般是：主语（定语 + 中心语）——状语—谓语动词—补语——宾语（定语 + 中心语）。有关韩语的句子成分围绕着“补语”成分存在着不同的见解，本文选取韦旭升、许东振的《新编韩国语实用语法》中的观点，“韩国语的句子成分有六种：主语、谓语、宾语、补语、定语、状语；此外，还有独立成分”。其基本语序为“主宾谓”，且由于韩语属黏着语，其突出特点为谓语词尾变化形式丰富，用来表示时态、格、语气等变化，一般置于句尾。所以补语一般置于谓语之前 (吴仑真 2013: 21)。英语也是典型的主谓宾型语言，但与汉语不同的是状语的位置：汉语的状语位置在动词前，即谓语的前面，而英语的状语都是后置 (李建芳 2003)。

四、案例分析

本案例属个案分析。首先，将受试者的语料进行整理，筛除重复和不完整语料；其次，将语料与汉语、韩语和英语正确语序进行对比，分析其语序偏误与其母语还是第二语言一致，进而确定该偏误属于母语迁移还是第二语言迁移。

1. 调查对象

调查对象为 24 岁男性韩国留学生，本科学历，学习英语时间为 8 年（12 ～ 20 岁），英语水平良好 (TOEFL: 82)。该对象的汉语水平属于初学者中的初级水平，汉语学习时间仅为 1 个月。具有一定典型性，能代表大部分来华韩国留学生的基本情况。

2. 语料来源

调查者与调查对象是师生关系，案例分析的语料主要有两个来源：一、调查对象与调查者的微信聊天记录；二、调查对象与调查者上课的录音。本文所选取的语料符合两个标准：一、由调查对象独立输出；二、输出环境为自然状态，即非课堂操练以及练习中出现的句子。重复语料也只选择其一作为案例分析。 本文侧重于语序上的偏误分析，所以在此不考虑语音、词汇等其他因素。

3. 对比分析

为达到更直观的效果，作者将三种语言与语料的对比以表格的形式列出来。第一列为句子序号，第二列为调查对象输出语料；第三列为目的语，即第三语言，汉语；第四列为调查对象母语，韩语；最后一列为调查对象习得的第二语言，英语。分析方法如下：第一步，通过对比，找出语料与目的语不对应之处；第二步，将不对应之处与 L1 和 L2 的语序分别比较，看是否与之相符；第三步，若不对应之处与 L1 相符，则认为是母语迁移；若不对应之处与 L2 相符，则认为是第二语言迁移；若与 L1、L2 均相符，即 L1 与 L2 在某些语序上一致，仍判定为母语迁移；若与二者均不相符，则判断为此处无迁移，只因该语言点没掌握。例如：1 号句子与汉语不对应之处在于，“明天”与“见”的顺序相反。而调查对象的顺序与其母语不符，反而与其第二语言一致，所以此处判定为第二语言迁移。

表 1　语料对比分析表

	语料	汉语句子（L3）	韩语句子（L1）	英语句子（L2）
1	我们见明天。	我们明天见。	우리 내일 만나자。 （我们 明天 见面）	See you tomorrow. （见 你 明天）
2	你来用单词“比较”可以造句吗？	你可以用单词“比较”来造句吗？	“比较” 를 사용해서 예문을 만들 수 있어？ （“比较” 用 句 造 可以 你）	Can you make a sentence with the word “compare”？ （可以 你 造句 用“比较”）
3	我们 7 点可以有课吗？	我们可以 7 点上课吗？	우리 7 시에 수 업해도 돼？ （我们 7 点 课 可以上）	Can we have class at 7? （可以 我们 上课 7 点）
4	你五分钟可能等吗？	你可以等五分钟吗？	분만 기다려 줄수 있어？ （五分钟 等 可以 你）	Can you wait for 5 minutes? （可以 你 等 五分钟）
5	你和我一起可以去吃煎饼吗？	你可以和我一起去吃煎饼吗？	나랑 같이 煎饼（전병）먹으러 갈 수 있어？ （我 一起 煎饼 吃 可以 你）	Can we go to eat pancake together? （可以 我们 去吃煎饼 一起）
6	你叫什么这个名字？	你叫这个什么名字？	이거 어떻게 말해？ （你 这个名字 什么叫）	How would you call this? （怎么 你 叫 这个）
7	你必须拿这个书包从这儿到那儿。	你必须把这个书包从这儿拿到那儿。	가방 꼭 저기 갖다 놔야해。 （你 这儿从那儿 到 拿 这个 包 把 必须）	You have to carry this bag from here to there.（你 必须 拿这个包 从这儿到那儿）
8	我学习这书到八课了。	这书我学到第八课了。	이 책 8 과까지 배웠어。 （这书 我 八课 学 到）	I have learned this book to Unit 8. （我 学 这书 到 八课）

注：该表内韩语译文为两名韩语母语者提供，二人皆为中高级汉语学习者。英文翻译来自于本篇论文作者。

由表可以得出，调查对象产出的八个句子中，4 句（2、3、4、5）为母语迁移；3 句（1、7、8）为第二语言迁移；1 句（6）为无迁移。

五、结论

本文在三语习得理论的指导下，通过对比分析语序偏误，发现该名韩国学生在学习第三语言汉语时，母语与第二语言都产生了负迁移，造成了语序上的偏误。其中以母语迁移为主。但第二语言迁移所占比重仅略低于母语迁移，超出了前人的研究。本文作为将三语习得与语言对比相结合的一次探索，具有一定的创新性。且调查对象较为典型，能代表大部分来华韩国留学生的情况，具体表现在其英语水平、年龄、学历及汉语水平等方面。同时，由于国内韩语教师的缺乏及留学生国别的复杂程度，大部分来华韩国留学生在初级阶段的教学，仍采用英语与汉语相结合的方式。所以本篇论文对于目前来华韩国留学生的教学工作仍有一定借鉴作用。

但本研究存在以下三个局限性需进一步改善：首先，语料过少。这表现在两个方面：第一，调查对象仅为一人，欠缺代表性；第二，句子数量过少。其次，调查的侧重点不同。本文只考虑了语序的因素，而忽略了句法、词法、写作等方面的考察。最后，教学用语的影响。由于调查者与调查对象的共同语言为英语，因此在教学中主要采用英语结合汉语的方式授课，从而加强了调查对象的第二语言环境，可能加强了其第二语言迁移的程度。个案研究属于探索性研究，所得结论需要通过实证研究或语料库研究进一步验证。

参考文献

1. Ringbom, H. *The Role of the First Language in Foreign Language Learning* [M].Clevedon: Multilingual Matters, 1987.
2. 侯玲玲．韩国学生汉语学习中常见语序错误简析 [J]. 青岛大学师范学院学报，2008, 25(3): 101-102.
3. 李建芳．汉语语序与英语语序特征的对比分析 [J]. 河南职业技术师范学院学报，2003, 31(4): 90-91.
4. 李琳琳．汉语补语在韩语语法体系下的对比表达探究 [D]. 山东：山东大学，2013.
5. 潘国文．汉英对比研究一百年 [J]. 世界汉语教学，2002, (1): 60.
6. 吴仑真．韩汉语法对比研究之研究 [D]. 上海：上海交通大学，2013.
7. 武思敏．二语在三语习得中的迁移 [D]. 吉林：吉林大学，2004.
8. 许余龙．对比语言学概论 [M]. 上海：上海外语教育出版社，1992, 7-18.
9. 曾丽．国外“三语习得”研究——缘起与进展 [J]. 贵州民族学院学报，2010, (4): 143-145.
10. 曾丽，李力．对“三语习得”作为独立研究领域的思考 [J]. 外语与外语教学，2010, (2): 6-9.
11. 郑圣珉．汉语介词“从，在，对，给”与相应的韩语表现对比分析 [D]. 吉林：吉林大学，2013.
12. 朱效惠．三语习得中语言迁移研究及其对双外语专业教学的启示 [J]. 广东外语外贸大学学报，2008, 19(5): 109-111.

英语职业委婉语的委婉标记探析

北京林业大学外语学院　彭北萍

摘　要： 职业委婉语用恭维话、溢美之词抬高那些社会评价较低的职业及其从业人员的社会地位。很多英语职业委婉语是有标记委婉语，含有一个指称人的语素或名词作委婉标记，如职务标记、专业技术标记、品位标记和中性标记。添加委婉标记的职业委婉语使“低微”职业高贵化、技术化、提升从业者的地位、淡化性别歧视。这是语言交际中维系人们社会关系的重要手段，也是一种交际策略，在交流中能保证双方的愉悦性，使人际交往更加和谐、顺畅，具有很强的交际功能。

关键词： 职业委婉语　委婉标记　交际功能

一、引言

职业委婉语（occupational euphemism）是对社会地位相对“低下”的职业及其从业人员的美称，它是人们在社会交往中为谋求理想的交际效果而创造的一种适当的语言表达形式。人类社会有各种职业分工，职业是社会生活中的敏感话题。职业委婉语是委婉语中最活跃、最具生命力的一个组成部分。张宇平等 (1998: 38) 在专著《委婉语》中提出“有标记委婉语”的概念。邓永桂、刘清波 (2005) 在论文《英汉职业委婉语的委婉标记比较》中对“委婉标记”做了分析解读。这些都为委婉语的研究做出了很大的贡献，也为委婉语的研究提供了一个新的视角，是我们进一步研究“委婉标记”的坚实基础。我们对职业委婉语的委婉标记进行了深度解读，查阅了大量的英语词典和英文字根字典、英文后缀字典，进一步研究发现，专业技术标记用后缀“-ician”，“-ologlist”，“-ist”和“-ian”与其他语素一起构成名词，都有“……的专业人员，专长于的……人”的意思，也都是典型的专业技术标记。我们把委婉语的研究对象缩小到“带有标记”的职业委婉语，以期发现职业委婉语的特点，以便对其正确地理解、鉴赏，并运用它们达到成功的交际目的。

二、带有标记的职业委婉语

“判断一个委婉语是否有标记，是从两个对立的角度来看的，即一个委婉语的构成成分（语素或者词）中是否含有较为固定的委婉意义，据此可将委婉语分为有标记委婉语和无标记委婉语”(张宇平等 1998: 38)。由刘纯豹编著的《英语委婉语词典》为我们提供了丰富的语料，供我们客观地、科学地分析、解读委婉语。我们看到，很多职业委婉语的语素或者词中具有固定的委婉意义，属于有标记委婉语（marked euphemism）。例如，beautician（美容师）和 domestic manager（家务管理者）中的后缀“-ician”（……专家）和名词 manager（经理，管理人）都有助于词义的升格，都是衍生委婉意义的标记。beautician（美容师）其实就是 hairdresser（理发员），manager 其实就是 housewife

（家庭妇女）。人们用这些带有语义上扬的后缀或词构成的委婉语来完成交际，表示尊敬、避免尴尬。从语义分割上可以看出职业委婉语含有指称人的语素（后缀）或者一个人称名词作委婉标记，如含有后缀“-ician, -ist, -or”和人称名词 officer, manager, engineer 等。委婉标记的构词能力很强，为英语职业委婉语的生成提供了基本的语义基础。无标记委婉语（unmarked euphemism）在结构上有不可分析性，是在后天的语言运用中获得委婉意义。

1. 低微职业高贵化

1.1 职务标记：officer（官员），consultant / counselor（顾问），representative（代表），manager（经理），director（指导者），administrator（管理者），executive（执行者）

人们有意识地使用一些语义上扬的词语创造职业委婉语，以替代一般意义的词语或可能使人联想到工作地位低的词语以提升职业地位，将低微职业高贵化。通过添加职务标记普通工作人员就获得了动听的头衔。

“工作通常单调乏味，占去了我们大部分时间，我们创造了大量委婉语来描述我们所从事的工作就不足为奇了，委婉语使我们感到自己在工作中比实际更重要。……尽管‘officer’（官员）只负责消防演习和其他一些小事，‘manager’（经理）的工作就是整天忙于打包裹——其实也就是 despatcher（邮件派送人），……”(Enright 1985: 97)。“每种职业都必然有自己独特的方式使令人不快的事物变得悦耳动听，绕过刺激性的表达，用抚慰性的话语表达真实意思，抬高卑微职业的身价”(Enright 1985: 105)。

officer（官员）经常用以提高一些“卑微”职业的地位。用 correctional officer（教养院官员）替代 prison guard（狱警，狱卒），用 animal welfare officer（动物福利官员）替代 dogcatcher（捕犬人）。其他的还有：police officer（本义：警官，委婉义：巡警，警察），peace officer（本义：维护和平的官员，委婉义：警察），pest control officer（本义：害虫控制官员，委婉义：捕鼠工，灭蟑螂工），truant officer（本义：逃学调查官，委婉义：[调查逃学的] 教务员）。

consultant / counselor（顾问）也常受到人们的青睐。20 世纪医生首先称自己是 consultant。由于在社会上医生颇受尊敬，以后各行各业的人纷纷效仿，以 consultant 来美化自己的职业。接着出现了 business and management consultant（商业管理顾问），后来又出现了以下委婉语：chimney consultant（本义：烟囱顾问，委婉义：烟囱工），moving consultant（本义：搬运顾问，委婉义：搬运公司的估算员），mortuary consultant / bereavement counselor / funeral counselor（本义：丧葬顾问，委婉义：殡葬工）。

representative 是一个商界广为流传、众人仰慕的美称，如 manufacturer’s representative（本义：厂商代表，委婉义：厂商的经销人），sales representative（本义：销售代表，委婉义：营业员，推销员），publicity representative（本义：宣传代表，委婉义：宣传员，公关人员）。

还有，用 aisle manager（通道经理）替代 floor walker（百货商场的巡视员）；用 funeral director（丧葬指导）替代 funeral undertaker（丧葬承办人，殡葬人员）；用 information retrieval administrator（信息检索管理人）替代 file clerk（档案员）；用 household executive（家庭执事）替代 housewife（家庭妇女）。

通过添加职务标记的委婉语，使“卑微”职业升等升级，显得冠冕堂皇，使人感到自己有地位，增强了从业者的自信心和成就感。

1.2 低微职业技术化

——专业技术标记：后缀 -ician, -ologlist, -ist, -ian 和名词 engineer（工程师）

“卑微”职业以简单劳动、体力劳动为主，处于职业声望的底层，很容易使从业者产生低成就感。但为了迎合从业者的心理需求，肯定其职业是有“技术”、有“手艺”的，人们往往以技术专家相称，使其听起来仿佛具有一定的技术含量，具有高超精湛技艺和操作技能特长，似乎从事这些职业的人是技能型专门人才，是技术专家。一些受人歧视、技术含量低的职业通过添加专业技术标记的委婉语来表达会马上变得身价倍增。几乎所有“卑微”职业都有一个动听悦耳的美称，让从事这些职业的人有进步感、上升感、价值感、成就感，极大地满足了人们的心理需求。“抬高卑微或无特殊技能的工作——代之以动听的头衔，似乎薪水也很高——把 garbagemen 升级为 sanitation engineers 或 waste-reduction managers，‘闻起来有玫瑰的芳香’，他们似乎成了技能很高的技师或管理人员”(Neaman & Silver 1983: 289)。

“-ician”是一个拉丁语后缀，意思是“……（专）家”(梅厄 2011: 916)。politician（政治家)、mathematician（数学家)、musician（音乐家)、physician（医生)、academician（科学院院士）等职业在西方社会颇受尊敬，后来附庸高雅者也竞相效仿，纷纷为从事“低微”职业者冠以各种技术型人才的美称。用“-ician”这个后缀创造了一大批委婉语，在字面上对一些职业名称加以美化。如用 bootbackitician（皮靴染黑师）替代 bootblack（擦鞋工)，用 locktrician（制锁师，修锁师）替代 locksmith（锁匠)，用 shoetrician（鞋靴专家）替代 cobbler（补鞋匠)。用 cosmetician（美容专家，化妆师）替代 female guests hairdresser（女宾理发师)。另外，fizz 是个拟声词，指开瓶后能嘶嘶发泡的饮料，如汽水和香槟等。加上后缀“-ician”就成了“fizzician”(发泡饮料师，香槟师)，用来替代“soda jerker”（卖汽水的人，卖饮料的服务员)。technician（技师）是个广泛适合于各种工人的委婉词。technician 一般指受过专门教育或技术训练的技术人员，在本行业中经验丰富。它提高了工人的地位，受到了工人们的喜爱。实际上，“technician, grade one”（一级技师）和“technician, grade two”（二级技师）这些工人电工技术、水工技术和木工技术都略通一二，算不上是那个行业的专门工人。

-ologlist 的意思是“……学家”(梅厄 2011: 1305)，“研究……学科的人，……科学家”(英国柯林斯公司 2008: 1108-1109)。如 thanatologist（死亡学专家，临终学专家）是殡葬人员（funeral undertaker）对自己的雅称，meat technologist（肉类工艺师）是屠夫、肉商（butcher）对自己的雅称，cosmologist（美容专家、美容师）是女宾理发师（female guests hairdresser）对自己的雅称。这些都是从 technologist（技术专家)，biologist（生物专家）处获得“灵感”而缀以 -ologlist 构成的。

-ist 的意思是“……的专业人员”(霍恩比 1997: 795)、“从事……的专家”(刘毅 2010: 719)、“专门从事某种研究的人”(蒋争 1981: 112)。用 journalist（新闻工作者）替代 newspaper / magazine reporter（采访员，记者)，用 garbologist（垃圾学专家）替代 garbage collector（垃圾集运工)，用 tonsorial artist（理发艺术大师）或 hair stylist（发型专家）替代 barber（理发师)，用 automobile internist（汽车内科医生）替代 automobile mechanic（汽车修理工)，用 mixologist（调酒学专家，调酒大师）替代 bartender（酒吧招待员)。这些都是从 physicist（物理学家)，chemist（化学家)，violinist（小提琴家)，pianist（钢琴家)，artist（艺术家）处获得“灵感”而缀以 -ist 构成的。

-ian 的意思是“专长于……的人；……专家”(霍恩比 2009: 1008)。如 optician（本义：眼镜专家，委婉义：眼镜商)，custodian（本义：监管人，委婉义：[大楼的]看门清洁工），甚至还出现了 cuspidorian（本义：痰盂工作者，委婉义：痰盂清洁工）。这些都是从 pediatrician（儿科专家，儿科医生），physician（内科医生）、mathematician（数学家）处类推而来。

名词 engineer 作委婉标记，同样有助于提高“卑微”工作的地位。engineer 具有一定的专门技术，冠以 engineer 头衔的职称可以提高从业者的身价。mechanic（机修工）成了 automobile engineer（汽车工程师），dry cleaner（干洗工）成了 dry cleaning engineer（干洗工程师），garbage collector（垃圾清运工）成了 sanitary engineer（环境卫生工程师，环卫师），plumber（暖气工，管子工）成了 heating engineer（供暖工程师）或 pipe engineer（管道工程师）。“有人统计，由 engineer 美化的职称竟达两千种以上，它成了最受人们喜爱的拔高词（uplifting word）”（刘纯豹 1993: 23）。

我们注意到，某些低微职业同时荣获好几顶桂冠。带有专业技术标记的“垃圾集运工”有 garbologist（垃圾学专家），sanitary engineer（环卫师）；带有专业技术标记的“女宾理发师”有 cosmetologist / cosmetician / beautician（美容专家，美容师）；带有专业技术标记的“殡葬工”有 mortician（丧葬师），thanatologist（死亡学专家），还有带有职务标记的“殡葬工”funeral director（丧葬指导），mortuary consultant / bereavement counselor/ funeral counselor（殡葬顾问）；同样，带有专业技术标记的“家庭妇女”有 domestic engineer（家庭工程师），还有带有职务标记的“家庭妇女”domestic manager（家庭经理），household executive（家庭执事）等，不一而足。

2. 带有高雅的拉丁语后缀，从视觉上提升从业者的地位——品位标记：-or

英语“在吸收希腊语、拉丁语、梵语等古典语言以及现代语言的基础上，成长为词汇丰富、表现力强的语言之一”(李自修，从莱庭 1990: 前言 1)。“更有甚者，连本族语后缀 -er 也要改成拉丁语后缀 -or，以示高贵典雅”（李国南 1999: 276）。拉丁语后缀被认为是高贵的、文雅的，而本族词则被认为是普通的、甚至粗俗的，带有拉丁语后缀 -or 的词看起来比本族词间接而婉转。“有些职业本身具有不够高雅、不够洁净的工作特点，从事这些职业的人出于一种补偿心理希望获得其他社会成员的尊重，而其他社会成员出于一种愧疚心理希望表现自己的平等意识，于是人们在用语中竭尽全力从词的品位上下功夫，对职业名称中的相关词或语素进行调整和改变，换上一些高品位的语义标记”（邓永桂，刘清波 2005: 140）。

拉丁语后缀 -or 的意思是“工作者”、“行动者”，经常缀加在一些“高贵”的工作后面来增强视觉上的高雅度，如 inventor（发明家），administrator（管理者），supervisor（监察人），doctor（医生），grantor（授予者），sponsor（发起者，赞助者）等，所以 -or 也就成了雅称的一种标记，常被用来创造职业委婉语。“用‘高雅’的拉丁后缀‘-or’来取代那个‘土气’的本族词尾‘er’，从视觉上抬高某些职业的身价”（刘纯豹 1993: 2）。如 advisor（顾问）是用来替代 adviser 的高雅拼法，insuror（承保人）是用来替代 insurer 的高雅拼法。其他的还有：weldor（=welder）电焊师傅，preachor（=preacher）牧师，wild animal trainor（=trainer）训兽师，furnitor（=furniture dealer）家具商，merchantor（=merchant）商业工作者，publicitor（=press agent）公关人员，Realtor（=real estate men）[realtor 中的“r”在英文中经常大写] 房地产经纪人。同样，professor（教授），educator（教育家）看起来比 teacher 更值得尊敬。还有，author（作者，作家）是个源于拉丁文的外来词，看起来也比 writer 这个通俗的本族词要高雅。因此，常用 Authors Guild（作家协会）来替代 Writer's Union。

3. 淡化性别歧视——中性标记：person

在以男性为主的英美社会中，男性意味着主动、征服和创造，女性意味着被动、服从和接受。这些性别角色的差异和个性特征，使社会上自觉不自觉地存在着重男轻女的观念。“从早期的字典可以看出当时那个时代社会对两性的态度。20 世纪的一些字典里在举例说明词的意思时，形容男性时用到 ‘manly courage’（男子汉的英勇）和 ‘masculine charm’（男人的魅力）；相反，形容女性时则用到 ‘womanish tears’（女子的泪水）和 ‘feminine wiles’（女人的花招）。当代字典开明得多，用词谨慎，尽量避免使用带有性别歧视的语言”(Fromkin Rodman & Hyams 2011: 474)。男性在政治、经济、文化领域都占有绝对的主宰地位，有些语言体现了对女性排斥贬低的色彩。Spender (1985: 14) 认为男性创造了语言，语言中存在着性别歧视。人们开始探索避免使用带有性别歧视含义的语言，力争在语言使用上男女平等，避免抬高男性，歧视女性的现象，旨在从语言上淡化性别歧视，追求男女平等。男性在语言构词中起着决定作用，大量表示职称的名词都含有“-man”这个后缀。性别歧视现象体现在某些合成词中，如 chairman、spokesman。女权主义者认为这些词的语义范围过于男性化，偏袒男性，抹杀了妇女的社会作用。她们认为语言上的解放是女性获得成功的第一步，提倡使用中性词（neutralized word），如 chairperson（主席），spokesperson（发言人）。

中性标记 person 也常替代 girl、lady、woman。cleaning person（[女]清洁工）是 cleaning girl、cleaning lady 和 cleaning woman 的委婉语，隐去了职称中的性别特点，以示对妇女的尊重，体现了男女平等的现代意识。大多数含有 -person 的职称词在有妇女在场的情况下，或在正式的、公开的场合，都婉指女性，如 Congressperson（[女]议员）[congressperson 中的“c”在英文中要大写]，statesperson（[女]政治家），committeeperson（[女]委员），selectperson（[女]行政委员），copyperson（[女]排版工），draftsperson（[女]起草人），businessperson（[女]商人），salesperson（[女]售货员），cleaningperson（[女]清洁工）。当然，这些词有时也婉指男女双方。

还有一些不便加上 person 的职业名称用其他不带性别标记的词来代替，如用 press operator（新闻工作者，印刷工人）婉指 press man。press man 是有性职称，而 press operator 是中性职称。operator 源自“高雅”的拉丁文，它使职称中性化，这使女权主义者感到易于接受，避免了女权主义者的责难。另外，还有 cameraman 被改称为 camera operator（摄影工作者），fireman 被改称为 fire fighter（灭火战士），mailman 被改称为 mail carrier（邮递员）。

如今，在社会工作中男女两性扮演的角色逐渐区分不大了，很多有性别偏向的词被中性词所取代。这些中性词体现了女性的社会价值与个人价值，以及女性越来越多地享受与男性平等的机会。

三、结语

职业委婉语在语言交际中凭借职务标记、专业技术标记、品位标记、性别标记等具有委婉义的语素或词来实现语义的扬声，增加委婉效果。将低微职业高贵化、技术化，提升从业者的地位，淡化性别歧视使交际双方达到预期的交际目的。委婉标记的使用既显示出低微职业从业者对自我价值的认同和对社会平等地位的渴求，也表现出人们对他们的理解和尊重，体现了深刻的人文关怀。只有对委婉标记进行细心的研究，才能更准确地理解职业委婉语的构成及交际功能，做到既体现自身的语言修养又尊重他人，以获得最佳的交际效果。

参考文献

1. Enright, D. J. *Fair of Speech: The Uses of Euphemism* [M]. Oxford [Oxfordshire]; New York: Oxford University Press, 1985.
2. Fromkin, V. Rodman, R. & Hyams, N. *An Introduction to Language* (9nd Edition) [M]. Boston, Mass: Wadsworth, Cengage Learning, 2011.
3. Neaman, J & Silver, C. *Kind Words: A Thesaurus of Euphemisms* (Expanded & Revised Edition) [M]. New York: Facts on File, World Publishing Corp, 1983.
4. Spender, D. *Man Made Language* (2nd Edition) [M]. London: Routledge & Kegan Paul, 1985.
5. 邓永桂，刘清波．英汉职业委婉语的委婉标记比较 [J]. 湖南人文科技学院学报，2005, (5): 138-140, 147.
6. 霍恩比 (Hornby, A. S.) 著，李北达译．牛津高阶英汉双解词典 [Z]. 北京：商务印书馆，1997.
7. 霍恩比 (Hornby, A. S.) 著，王玉章等译．牛津高阶英汉双解词典 第七版（缩印本）[Z]. 北京：商务印书馆，2009.
8. 蒋争．英语构词解析——前缀、后缀与词根（Prefixes· Suffixes ·Roots）[Z]. 北京：北京出版社，1981.
9. 刘纯豹．英语委婉语词典 [Z]. 南京：江苏教育出版社，1993.
10. 刘毅．英文字根字典（A Dictionary of English Word Roots）[Z]. 北京：外文出版社，2010.
11. 李国南．英语修辞格对比研究 [M]. 福州：福建人民出版社，1999.
12. 李自修，从莱庭等编译．A Dictionary of English Euphemisms 英语婉语详解词典 [Z]. 武汉：湖北教育出版社，1990.
13. 梅厄（Mayor, M）主编，王立第，等译．朗文当代英语大辞典（英英·英汉双解）新版（Longman Dictionary of English Language and Culture [English-Chinese]）New Edition [Z]. 北京：商务印书馆，2011.
14. 英国柯林斯公司编，姚乃强等审译．柯林斯高阶英汉双解词典（Collins Learner's English-Chinese Dictionary）[Z]. 北京：商务印书馆，2008.
15. 张宇平，姜燕萍，于年湖．委婉语 [M]. 北京：新华出版社，1998.

试论葛兰西的"知识分子理论"

北京外国语大学英语学院（在读博士）、北京林业大学外语学院（教师） 白雪莲

摘　要： 意大利共产党创始人之一、20 世纪最重要的西方马克思主义理论家之一安东尼奥·葛兰西，在被意大利法西斯政权关入监狱后开始反思欧洲诸国的无产阶级革命为何未能像在苏联那样取得胜利，期间对知识分子进行了深入的考察与研究，提出了著名的有机知识分子理论。他认为，智力活动并非知识分子的本质特征，知识分子的本质应当从承担社会职能的角度去界定，而只有连接上层社会和市民社会两个阶层并使之融合，才是知识分子的有机性。本文拟通过探讨葛兰西对知识分子以及有机知识分子概念和内涵的界定，揭示葛兰西的知识分子理论对当下的现实意义。

关键词： 葛兰西　知识分子　传统知识分子　有机知识分子

安东尼奥·葛兰西（Antonio Gramsci），意大利共产党的创始人，20 世纪最重要的马克思主义理论家之一。他于 1891 年 1 月 22 日生于意大利撒丁岛的阿莱斯，1937 年 4 月 27 日在罗马逝世。葛兰西早年家境贫寒，靠着勤工俭学和奖学金读完都灵大学，并在那里受到意大利唯心主义哲学家贝奈戴托·克罗齐（Benedetto Croce 1866–1952）的影响。1913 年，他参加了意大利社会党（PSI），并且开始为社会主义报刊撰稿。1919 年，在葛兰西的协助下，都灵创办了一份新的社会主义周刊——《新秩序报》。该报为当时正在迅速发展的工厂委员会运动进行宣传，试图移植俄国革命的经验教训。1921 年 1 月，在葛兰西的帮助下建立了意大利共产党（PCI）。1922—1924 年间，葛兰西先后在莫斯科和维也纳为共产国际工作。1924 年葛兰西被选入意大利议会，他回到意大利，担任党的领导工作，对意大利共产党进行改造。他于 1926 年 11 月被墨索里尼意大利法西斯政府逮捕，并被判 20 多年的徒刑。在狱中服刑期间，葛兰西开始思考国际共产主义运动、意识形态理论、文化领导权理论、知识分子理论、美学和历史学等理论，撰写了被誉为"人类意志的极限"的意大利现代思想史上的重要著作《狱中札记》。书中对知识分子的论述尤其引人瞩目，他对知识分子阶层的社会、政治功能进行的思考和探索，提出的有机知识分子理论，对我们当下关于知识分子的历史使命的讨论，颇有裨益。

一、知识分子的概念

可以毫不夸张地断言，在人类社会发展史上知识分子比普通大众留下了更为恒久而清晰的痕迹，因此研究社会历史问题的专家学者们无不对知识分子的研究投注相当的热情。然而迄今为止，关于知识分子这一范畴的定义仍处于"见仁见智"的阶段，比如有研究者从宽泛的意义上把"知识分子"定义为"任意社会中颇为频繁地运用一般抽象符号，去表达他们对人、社会、自然和宇宙的理解的人"(许纪霖 2005: 1)，有研究者根据其彪炳史册的成就狭窄地定义知识分子为"文化的瑰宝"(2005: 1)，还有研究者根据其社会功能定义

知识分子应该是“向权力说真话”的人 (Bennett et. al., 2005: 189)。第一种对知识分子的定义似乎把知识分子等同于文化人，第二种定义则强调知识分子对文化的传承，有把知识分子等同于文化产品之嫌；第三种定义虽然肯定了知识分子的社会作用，但仅局限于站在权力的对立面，并未关注知识分子对权力的改造功能。那么，葛兰西是如何界定知识分子这一范畴的呢？

葛兰西秉承并发展了列宁对知识分子范畴的描述。列宁主张从社会职能的视角来考察知识分子。他认为，在无产阶级革命的过程中“没有革命的理论，就不会有革命的运动”(列宁 1995: 113)，而革命的理论是由革命的知识分子创造的；不仅如此，知识分子还要把自己创造的革命理论灌输到工人阶级和革命群众中去，成为革命运动的组织者和领导者 (1995: 317-318)。葛兰西认同列宁提出的知识分子是革命理论的创造者和宣传者、革命运动的组织者和领导者这一思想，不同的是他进一步拓宽其范畴。1931 年，葛兰西在写给塔齐娅娜的信中说：“……无论如何，我的知识分子概念比一般的‘大知识分子’概念要广泛得多。”(葛兰西 1992: 574)。“大知识分子”是葛兰西在发表于 1926 年的《南方问题的一些情况》一文中首次提出，是指在文化、思想和教育领域占据主流的智识阶层，特别是思想观念影响广泛的文化人，如在意大利享有盛名、对葛兰西产生过深远影响的哲学家贝奈戴托·克罗齐 (1992: 572-576)。在葛兰西看来，这样的知识分子概念过于狭窄，因为它强调的仍然是知识分子的智力活动，而智力活动并非只是知识分子固有的本质特征，即使是工人阶级从事的任何形式的劳动都涉及一定的智力活动，因而提出了“所有人都是知识分子”(葛兰西 2000: 4)。通过考察知识分子在真实历史进程中的这两种表现形式，葛兰西指出“工人或无产阶级的显著特征并不在于他们从事手工或使用工具劳动，而在于他们于特定的条件下和特定的社会关系中从事这种劳动” (2000: 4)。他批评那些从知识分子活动的本质上去寻求其与其他社会集团的区别标准而不是把它放置在社会关系的总体中去考察的做法。他说，“在任何体力劳动中，甚至在最为低级和机械的劳动中，也存在着最低限度的技术要求，即最低限度的创造性智力活动”，因此，“我们可以说所有的人都是知识分子，但并非所有的人在社会中都具有知识分子的职能”(2000: 4)。表面上看，葛兰西对知识分子的界定非常宽泛，但实际上他强调的是那些承担社会职能的——也就是具有“有机性的”知识分子才是真正的知识分子。葛兰西从广义和狭义两个层面对知识分子这一范畴所做的独特而深刻的思考，为我们理解知识分子这一概念提供了全新的角度，也无疑为当代知识分子研究注入了“有机的”活力。

二、有机知识分子理论

很明显，葛兰西理解的知识分子，既不是那种单纯掌握了知识技能的人，也不是单纯传播知识文化的人，而是那些掌握了知识财富并积极参与社会结构中上层建筑构建并争取文化领导权的人。因而，所有社会集团都有自己的知识分子，但并不是一切人都在社会中执行知识分子的职能 (Gramsci 2007: 4)。把知识分子阶层与其他集团区别开来的是他们在历史的进程和现实的诉求中所承担的社会职能。根据他们承担的不同社会职能，葛兰西把知识分子划分为传统知识分子和有机知识分子。

传统知识分子，是指在社会变动过程中，凭借文化的持续传承而保持相对稳定地位的知识群体。由于这种稳定性，从表面看来，他们似乎可以超越具体的社会和阶级而独立存在。传统知识分子是与旧的社会制度相联系的知识分子，他们代表着历史的过去，体现了历史的连续性。传统知识分子往往是由文人、哲学家、艺术家等构成的，他们的思想相对保守落后，对社会的发展往往持一种消极甚至是对抗的态度，因而阻碍了历史的前进 (Gramsci 2007: 419-420)。因此，葛兰西并不认为传统知识分子能够肩负起文化领导权的使命。

葛兰西认为“每个社会集团都产生于经济社会原初的基本职能领域，因而它会同时制造出一个或多个知识分子阶层，这样的阶层不仅在经济领域而且在社会、政治领域将同质性以及对自身功用的认识赋予该社会集团，”[①] (Gramsci 2007: 1)“每个新阶级随自身一道创造出来并在自身发展过程中进一步完善的‘有机的’知识分子，大多数都是新的阶级所彰显的新型社会中部分基本活动的‘专业人员’”(Gramsci 2007: 2)。有机知识分子是新生阶级的知识分子，他们代表着历史的未来，体现了历史的发展趋势。因此，资本主义企业家同自身一起创造出工业技师、政治经济专家、新文化和新法律体系的组织者等知识阶层对资产阶级取得社会的文化领导权起着重要作用，属于“有机的”知识分子；而封建领主虽然也拥有一种特殊的技术能力及军事能力，农民群众在生产界也起着必不可少的作用，但他们不代表新型社会中的“专业人员”。这里，我们不仅清晰地感觉到马克思“经济决定论”和“唯物史观”对葛兰西的影响，而且可以看出作为无产阶级革命理论家的葛兰西为无产阶级革命谋略的路径：培养自己的“有机知识分子”。

葛兰西的有机知识分子不是固定不变的概念。他认为“每个从过去的经济结构中走上历史舞台并作为该结构发展之表现的‘重要’社会集团，都发现知识分子范畴早已有之，而这的确好像代表着一种历史的连续性，这种连续性甚至未被最复杂和激烈的政治与社会变革所打断。”(Gramsci 2007: 2) 我们可以领悟到葛兰西的用意：传统知识分子与有机知识分子不是恒定不变的两个完全独立的范畴，在一定的历史条件下是可以互相转换的。因此，尽可能地把传统知识分子转变成有机知识分子无疑是取得文化领导权的有效手段。

葛兰西认为衡量不同知识分子阶层的“有机性”及其职能，要把它与上层建筑联系起来。上层建筑有两个“阶层”：一个可称作“市民社会”，另一个可称作“政治社会”或“国家”。这两个阶层一方面相当于统治集团通过社会行使“领导权”职能，另一个相当于国家和“司法”政府所行使的“直接统治”或管辖职能。知识分子是统治集团的“代理人”，教化人民大众“自发地”接受或同意统治集团所认可的“社会生活总方向”，并使对统治集团积极或消极地认可的其他社会集团在可规约的范围内。(2000: 204-208) 这里，葛兰西强调“市民社会”对牢固的上层建筑具有举足轻重的作用，而知识分子在构建一个稳定的“市民社会”中作用重大。但与此同时，他似乎把知识分子的“有机性”等同于与统治集团的“切适性”，即在多大程度上与统治集团所代表的诉求相符合、一致。这无疑与赛义德在《知识分子的代表》一文中所倡导的知识分子活动的目的是“为了增加人类的自由和知识”大相径庭 (赛义德 2002: 16)。

三、结论

可以认为，葛兰西是在 20 世纪初欧洲无产阶级革命遭受严重挫折的历史条件下提出了他的“知识分子论”的，其初衷无疑是希望壮大无产阶级知识分子队伍，其学术有着极强的政治功利性。但是，剥去其政治功利性的外衣，我们也应当承认，其市民社会与政治

① 该引文为笔者翻译。文章中引文凡用英文标注出处的，均系笔者自己根据原文翻译。

社会的分层法，有着相当程度的合理性。而其对于知识分子的定义，较之于以往是按照知识多寡的传统理解，葛兰西的定义更加动态，完全是从知识分子在前述两种分层中的活动以及他们在这两种分层中发挥某种功能而衡量的活的定义，换言之，葛兰西定义下的知识分子不再是静谧地宅在社会某个深宅大院的乡绅，而是在社会中具有巨大影响力、可以影响政治生活和市民社会的权威人士和意见领袖。这些人承担着上下两方的游说工作。其天然的使命便是使得政治社会正确认知和理解市民社会，而市民社会则在知识分子的引导下与政治社会相吻合妥协。这种功能性的解析使得葛兰西定义的知识分子一下子成为了矗立在社会中间的活生生的人，也使得其所立身的背景，政治社会与市民社会的双方的权利与义务、对立与冲突、调和和妥协的路径与底线更加清晰，这种关系的认识，可以看到其比一般的马克思主义者更容易与西方的资产阶级政治学对接。当然，这并不意味着笔者苟同其描述的知识分子与统治集团“有机的”关系。恰恰相反，虽然葛兰西的有机论的确是部分知识分子的现实观照，但这种实然的描述，并不能代表知识分子的应然理想。特别是知识分子出于成为主要集团的附庸的描述，只是为了某个历史条件而设置的观点，是我们所不能认同的。相较而言，笔者更认同抽掉特殊背景后的知识分子的独立使命感，更认同赛义德对知识分子的描述，即知识分子应该是那些“为了增加人类的自由和知识”、敢于“向权力说真话”的人。求诸中国方式的表达，其实就是宋代大儒张载的“横渠四句”：为天地立心，为生民立命，为往圣继绝学，为万世开太平。舍此，所谓的知识分子就会失去自己的精神家园。

参考文献

1. Bennett, T, L Grossberg & M Morris. (eds.) *New Keywords: A Revised Vocabulary of Culture and Society* [M]. Oxford: Blackwell Publishing, 2005, 189-192.
2. Gramsci, A. *Prison Notebooks* [M]. New York: Columbia University Press, 2007(1975), 1-155; 351-380; 419-425.
3. 葛兰西．葛兰西文选 [M]. 李鹏程编．北京：人民出版社，1992, 571-576.
4. 葛兰西．狱中札记 [M]. 曹雷雨、姜丽、张跣译．北京：中国社会科学出版社，2002，1-37; 204-208.
5. 列宁．列宁选集（第 1 卷）[M]. 中央编译局译．北京：人民出版社，1995, 112-114; 317-318.
6. 赛义德．知识分子论 [M]. 单德兴译．北京：生活·读书·新知三联书店，2002, 1-45.
7. 许纪霖．二十世纪中国知识分子史论 [M]. 北京：新星出版社，2005, 2-35.

Intercultural Studies from Amy Tan's Novel

北京师范大学外文学院　樊英波

Abstract: Chinese culture and Western culture are on the two opposite sides of the axis. Nobody knows it better than the Chinese American writers. Amy Tan is one of those who knows the difference clearly through her own experiences. Her novel *The Bonesetter's Daughter* displays the relationship between mother and daughter from feud to harmony, revealing the sharp opposition of Western culture and Chinese culture and the evolutionary process from the collisions to the reconciliation of the two cultures. From this novel, we can know that two different cultures can coexist in the world.

Key words: culture　conflict　reconciliation

Intercultural studies are drawing more and more attention due to the fast globalization in the modern society. Language barriers and difficult culture values can make people hard to communicate with each other smoothly. In this case, when two different cultures meet each other, uncountable misunderstandings and conflicts occur. Intercultural studies aim to diminish the conflicts for a more harmonious relationship of respect and prosperity. Amy Tan shows us how to achieve the harmony with her novel *The Bonesetter's Daughter.* This paper aims to analyze Tan's novel to see how the relationship of the mother and the daughter moves from conflicts to reconciliation.

1. The Author and the Novel

Amy Tan was born in 1952 in Oakland in California after her parents emigrated from China. She received a Master's degree in linguistics from San Jose University and worked as a free writer. Growing up in a Chinese immigrants' family, Tan's unusual experience provides her with enough literary materials and rich emotions. Tan is a Western-born girl, while Tan's mother is a traditional Chinese woman. Quarrels with her mother owing to different viewpoints seemed to be an important part of Tan's adolescent years. When Tan was fifteen years old in 1967, her elder brother died of malignant brain tumor. After seven months, Tan's father died. Two family members' death in one year was a big tragedy to Tan and her mother. Tan's mother thought she deserved it and became more superstitious than before. From then on, Tan's mother was becoming more and more ill-tempered and sometimes she was even out of control when facing to Tan. Tan tried her best to rebuild her relationship with her mother. It is a hard process, in which Tan realized the communication problems between the two different cultures. Finally Tan worked out the novel *The Bonesetter's Daughter*, which talked about the story about her mother and grandmother.

Published in 2001, *The Bonesetter's Daughter* is Amy Tan's fourth novel, and is said to be her most autobiographical fiction. The line of daughter's connection to mother plays an essential role when the daughter faces to her culture identity. With the contemporary San Francisco and pre-war China as the novel's background, *The Bonesetter's Daughter* is an excavation of the human spirit. With great warmth, Amy Tan gives us a moving story of a mother and a daughter discovering together that what they share in their bones is priceless. The novel's structure is unique and interesting, which runs back and forth from the mother's past experience to the daughter's modern life. In the novel, the mother named LuLing Young begins to feel the importance of life when she is eighty years old. In order to hold on to the past, she starts to write down all she can remember of her life in China. Meanwhile, her daughter Ruth, who is a ghostwriter for authors of self-help books, is losing the ability to speak up for herself in front of the man she lives with in some days. Because of different experience, LuLing's relationship with her daughter is bad. Therefore, Ruth has begun to suspect that something is wrong with her mother. Her mother often says many confusing and contradictory things. Ruth decides to leave her boyfriend aside and move to live with her sick mother. LuLing gives Ruth some papers to write her stories in Chinese, which can be called the autobiography before she forgets all of the things happened in China. The papers record her past life when growing up in a remote mountain village known as Immortal Heart. LuLing writes many secrets such as a cave where dragon bones are mined, where Peking Man is discovered, the crumbling ravine known as the End of the World, who is Precious Auntie and where Precious Auntie's bones lie and so on. The autobiography also explains the reason why LuLing has to leave China and go to America. After reading the whole autobiography, Ruth gradually understands her mother's actions and the culture her family belongs to, which helps her to make up her relationship with her mother.

2. The Conflicts of Chinese Culture and Western Culture

In the novel, Tan describes the conflicts of Chinese and Western cultures from three points, such as medicine, marriage, and family education. The Chinese often believe that human beings are shaped by the land around them and people should listen to the nature while western people always consider they can conquer the whole world. LuLing comes from China and Ruth is born in America, so there must be difference between the two. Educated and lived in a Feudal society, LuLing cannot easily change her mind and thought. Besides, educated and lived in a capitalist society, Ruth cannot understand and accept LuLing's lifestyle and behavior. Lacking of communication is the reason why there exist some conflicts between two different cultures. In other words, LuLing stands for Chinese culture and Ruth stands for Western culture, therefore different cultures result in the conflicts.

2.1 Chinese Medicine and Western Medicine

In this novel, the author talks about the difference of Chinese Medicine and western Medicine, showing the different understanding about life in different cultures. According to Tan, the differences of Chinese Medicine and Western Medicine are mainly created by the different geographical environments and cultures. Chinese Medicine is one of the cultural industry, primarily based on traditional Chinese theories of *yin* and *yang*. And in general, observing, listening, asking and feeling are Chinese Medicine's basic methods. In Chinese Medicine, the human body as whole is combined with everything in the world into one, usually taking systemic measures to treat a disease site. On the contrary, Western physicians diagnose more with advanced medical equipments and laboratories to make an accurate diagnosis of the disease. Development of Western medicine is mainly dependent on the development of chemicals and equipments and it puts the body as a complex machine. The different understanding about medicine and human body surely leads to communication problems between the two cultures.

2.2 Chinese Marriage and Western Marriage

Chinese culture consists of Confucianism, which means that love cannot be expressed directly. Some Chinese women in the past days even did not know who would become their husbands before marriage, so girls like LuLing measured marriage by money. Also, fortune-telling plays an important role in deciding whether the two persons match each other or not. Therefore, marriage in traditional Chinese culture is based on match-making and fortune-telling. However, Western marriage is different from Chinese marriage. Love can be expressed directly. Also, parents or family members do not interfere in their children's choice of marriage partners. Western culture insists on liberalism, so their love is direct, enthusiastic and free between two persons. The different understanding about marriage is clearly shown in this novel through the different marriages of the mother and the daughter.

2.3 Chinese Family Education and Western Family Education

In the novel, Tan shows the different understanding about education in different cultures by describing the Luling's treatment to her daughter and Ruth's way of educating her step-daughters. In China, parents all hope their children to be the top ones. In the child's growth process, in addition to concern for the child's life, the parents are most concerned about their child's school mark. It seems that study is a panacea, so parents are even less concerned with the child's ability to live independently, social adaptation, psychological health, moral and civic awareness, etc. Chinese parents' caring for their children is mainly concentrated on the physical aspects. They do not concern or even ignore the psychological needs of children, which to a considerable extent results in that the child's mental capacity is too low, or the child cannot stand the stress and frustration of life. A trivial matter may make him frustrated, even go away from home or commit suicide.

In Western countries, parents pay more attention to cultivate children's mental health, and they focus more on emotional communication with their children, caring about their children' s psychological needs. Western parents train and exercise children's self-awareness and ability to live independently from their early ages. They do not painstakingly design children's future, but rather focus on the development of children's freedom, and strive to cultivate children to be able to adapt to the environment. Cultivating children's pioneering spirit and becoming self-reliant people are regarded as the starting point of Western parents' family education.

Through the above analysis of the three points, we can see that in the novel the conflicts of Chinese and Western cultures truly exist in the family life. When two different people from different cultures communicate with each other, the different social values from the different mother cultures can lead to huge conflicts and cause the communication failure.

3. Reconciliation of Chinese and Western Cultures

3.1 Love Between Mother and Daughter

When Chinese culture meets with Western culture, there must be existing conflicts between them. After the two cultures conflicting again and again, finally they may reach the reconciliation. In the novel, Ruth and LuLing do love each other. But due to the barriers of different cultures and age, they do not know how to express love. Sometimes they even express the opposite meaning, which often results in the serious hurt to each other between the two of the most intimate persons. However, the author designs a satisfying ending that the relationship between Ruth and LuLing becomes closer and Ruth knows her grandmother's name finally. Therefore, the relationship that has been straightened between the mother and the daughter also symbolizes two different cultures' reconciliation.

3.2 Respect and Understanding in Multicultural Society

In this novel, root and sense of belonging are the definitions they have labeled their homes with. Therefore searching for root is finding out the history. Living in America, Ruth still keeps her mother and grandmother's history. She chooses to respect and accept Chinese culture instead of abandoning it. Actually, this is the final reconciliation of Chinese and American cultures.

Ruth and LuLing, who are different from each other in different history backgrounds, define the Chinese American identity. As a Chinese American woman, Ruth receives two cultures gradually, which is a good example of cross-cultural identity. The fiction passes a piece of information that defines cultural identity eliminating opposition and achieving a global multi-ethnic cultural mutual coexistence. Multiculturalism means that different cultures should be coexistent and equally treated, which requires recognizing of differences and respecting for differences. Whether it is the mainstream culture or a one of ethnic minorities, they should be treated equally. We can see in Tan's fiction that Chinese character does not be isolated or becomes assimilated. We also know that Tan does not put the two different cultures together simply. She explores the cultural attributes of the particular ethnic groups. It is neither a pure West, nor a pure Chinese. It combines Chinese with Western together. It is given new meaning where "you belong to me and I belong to you." The reconciliation of Chinese and Western cultures reflects there are common natures between different nations and cultures. These common natures are the foundation for human beings to go to "Great Harmony." Through the mother and daughter, Tan describes the processes from conflict to reconciliation between Chinese and Western Cultures. From this novel, we can know that the reconciliation between Chinese and Western Cultures is the trend of historical development.

In summary, in *The Bonrsetter's Daughter*, through LuLing's autograph, we can know the mysteries and secrets buried in her heart. In the diary, the Ruth's happiness and bitterness are shown vividly in front of us and we know exactly what a Chinese American daughter is like. The relationship between Ruth and her mother has gone far beyond generation gap and become culture conflicts, finally reconciliation comes out on the base of mutual understanding and comprehension. Though LuLing is a Chinese mother, she also accepts American culture to some extent in fact. That is because at the beginning of her settlement on the new land, she has to learn English and keep in touch with other natives. For the second-generation of Chinese American like Amy Tan, or Ruth as Tan's fictional representative, though they are immersed in American culture since birth and have a successful career, they still experience a sense of alienation and strangeness in the American society. Therefore, this reconciliation is not only a happy ending reflecting the author's right to inherit the traditional Chinese novel, but it performs a correct attitude towards two different cultures, that is inheriting Mother culture, absorbing a new culture, and finding a balance in the cultural conflict. It is wrong to stick to our own national culture or only believe the new American culture and abandon traditional Chinese culture. Nowadays, we live in a diverse cultural society. If we abandon our national culture, we will lose its link with the traditional ties. However, if we pay more attention on ethnic cultural traditions, exaggerating the differences between cultures, it will deepen the confrontation of different cultures, and deepen racial division between different nations. Because the cultural globalization is a trend nowadays, we need to try our best to find out the common natures between different cultures and absorb excellent culture.

Bibliography

1. Chao, J. *The Diaspora Identity Construction of "The Bonesetter's Daughter"*. Unpublished PHD Dissertation. Heilongjiang University, 2010.

2. Long, J. *On Amy Tan's Cultural Identity and Construction.* Unpublished PHD Dissertation. Capital Normal University, 2009.

Use of Tense and Figurative Language in To Room Nineteen

中国科学院大学外语系　于　华

Abstract: In To Room Nineteen, Doris Lessing narrates a tragic story of a female character Susan Rowling. Many critics claim that Susan's suicide is a reflection of women's struggle in a patriarchal society, and Susan herself is the victim in the male-dominated society and culture. The purpose of this paper is to have a stylistic analysis of To Room Nineteen, and therefore to substantiate the above-mentioned literature critics' opinions on it.

Key words: Doris Lessing　To Room Nineteen　stylistic analysis

1. Introduction

1.1 Doris Lessing and To Room Nineteen

Doris May Lessing (1919–2013) was a prolific British writer, and she was best remembered as a novelist, poet and short story writer. When she was awarded the 2007 Nobel Prize in Literature, the Swedish Academy described her as "that epicist of the female experience, who with skepticism, fire and visionary power has subjected a divided civilization to scrutiny."

As a female Nobel laureate herself, notably, Doris Lessing did not like being attached with a feminist label. However, topics or stories on female experience have always been the highlighted focuses and concerns in her works, and she had successfully created many unforgettable female images in English literature, including *Mary Turner* in *The Grass Is Singing* and *Anna Wulf* in *The Golden Notebook*. In this paper, we will study a tragic female image, Susan Rawlings in *To Room Nineteen*.

To Room Nineteen, a short story written and first published in *A Man and Two Women* in 1963, later published in *To Room Nineteen: Collected Stories, Vol. 1* in 1978, helps Lessing achieve her reputation as a known short-story writer. *To Room Nineteen* starts with the Rawlings' happy marriage and family. After pregnant with the first baby, Susan Rawlings, a well-educated, intelligent woman, quitted her job to be a full-time housewife. Thereafter, in her life, to take care of the four kids, her husband and their big gardened-house had been the top priorities. And all of these were considered to be natural and sensible for any intelligent human being. However, Matthew's one-night affair with a young girl broke this happy scene and eventually destroyed it. Susan recognized that she had lost her self, and always felt she was threatened. Again and again, through different ways, Susan tried to escape from her family, from the control of her husband. In Room Nineteen of a shabby hotel, she thought she could gain her freedom and peace. Unfortunately, Matthew found this hidden place. Unable to face her husband and family, Susan committed suicide in Room Nineteen.

Lessing's fiction is commonly divided into three distinct phases: the Communist theme (1944–1956), the psychological theme (1956–1969), and the Sufi theme (after 1969). *To Room Nineteen* belongs to the second phase. That is the important reason why many critics and studies on this short story have been done from the psychological perspective. Previous literature studies on *To Room Nineteen* have revealed that the male-dominated society is the underlying root of Susan's failure and death. Many critics claim that Susan's suicide is a reflection of women's struggle in a patriarchal society, and Susan herself is the victim in the male-dominated society and culture (程坤 2012 ; 何忠宝 2011 ; 雷娟 2012).

This paper tries to explore whether their analysis and conclusion are understandable by providing a stylistic analysis, which will include the following four aspects: lexical features, syntactical features, figurative language, and cohesion, according to the four linguistic and stylistic categories by Leech and Short (Leech & Short 1981; Toolan 2008).

2. Syntactical or Grammatical Features

2.1 Past Tense/Present Tense

To Room Nineteen starts with the following sentence (Lessing 1980):

"This **is** a story, I suppose, about a failure in intelligence: the Rawlings' marriage **was** grounded in intelligence."

The shift of tense from present to past conveys several functions:

1) to suggest with the present tense that the story readers are going to read is a common story, that something that the Rawlings experienced will go to other couples or families;

2) to indicate with the past tense a sad or tragic ending—the Rawlings' marriage was a tragedy, and something unfortunate to their marriage would be expected to the end of reading.

"To Room Nineteen" is a product of Lessing's second fiction writing phase—the phase of psychological theme. Here is an example from this short novel to show how Lessing skillfully wrote Susan's thoughts and her psychological experience.

In the Paragraph 25, Lessing described the psychological influence after Susan learned her husband's (Matthew) one-night affair with a young girl.

"So either the ten years' fidelity **was** not important, so she **isn't**. (No, no, there **is** something wrong with this way of thinking, there must be.) But if she **isn't** important, presumably it **wasn't** important either when Matthew and I first **went** to bed with each other that afternoon whose delight even now (like a very long shadow at sundown) **lays** a long, wandlike finger over us."

The high frequency of the shifts between past tense and present tense shows to us:

1) Susan was intelligent enough to figure things out, no matter how complicated an event will be. Heavily struck by her husband's affair, she was still sensible mentally.

2) Susan was in a bad mood struggling psychologically, and Matthew's affair affected her and would destroy her, even though her actions or expressions didn't betray her.

3. Figurative Language or Figures of Speech

3.1. Simile

Lessing has employed two simile sentences to suggest the sad end of the Rawlings' marriage, even though it seems to be an ideal and sensible marriage from the very beginning.

Their life seemed to be like a snake biting its tail. (Para. 12)

So here was this couple, testing their marriage, looking after it, treating it like a small boat full of helpless people in a very stormy sea. (Para. 20)

The simile of "snake" is profound in meaning. Firstly, generally speaking, the image of snake is not pleasant at all. It stands for danger and threat. Secondly, "a snake biting its tail" gives readers an image of self-infliction or self-mutilation. This picture is even more painful and distressing. Something wrong and unspeaking must happen between Matthew and Susan.

The simile of "a small boat" shows us a severe challenge Matthew and Susan will face, and also suggests us they are no exceptions. Their marriage is not unique, though sensible they are. And their story is the common story many other people had experienced, are experiencing, or will experience, as long as the patriarchal society sustains.

3.2. Onomatopoeia

Onomatopoeia has been employed as a figure of speech in this short novel:

"She thought this out as she brushed her hair, watching the fine black stuff fly up to make its little clouds of electricity, hiss, hiss, hiss." (Para. 124)

In the above sentence, the repeated words, "hiss, hiss, hiss," describes the sound when Susan brushed her hair. This echoes the sound made by snakes as well, which will make any reader shiver all over though not cold at all. This sentence corresponds with the simile of snake in Paragraph 12: "Their life seemed to be like a snake biting its tail."

4. Conclusions

Through careful reading, studying and analyzing of this short story's lexical features, syntactical features, figures of speech, and cohesion and context, which can be observed and systematically described（董启明 2009；曲卫国 2009), we have drawn two conclusions: 1. a careful stylistic analysis could help readers understand and evaluate a literary works' theme; here, in this short novel, the stylistic analysis has provided evidence to illustrate why the culprit of Susan's suicide is the patriarchal society, rather than the so-called "failure in intelligence"; 2. our stylistic analysis suggests that the influence of male-dominated society and culture is universal, broad, and deep, no matter whether the impacted subjects (especially females), are well-educated or not, intelligent or not, affluent or not. Susan in "To Room Nineteen" could be considered as an epitome of millions of other women who, like Susan, suffer from the patriarchal control and who struggle to fight against it with their lives (Yu & Guo 2015).

References

1. Leech, G. & Short, M. *Style in Fiction: A Linguistic Introduction to English Fictional Prose* [M]. London: Longman, 1981.
2. Lessing D. *Stories* [M]. New York: Vintage Books, 1980, 396-428.
3. Toolan, M. *Language in Literature: An Introduction to Stylistics* [M]. 北京：外语教学与研究出版社，2008.
   Yu H & Guo J. 2015. *A Stylistic Analysis of To Room Nineteen*，Linguistics and Literature Studies[J], Vol. 3, No. 3.
4. 程坤．从二元对立来解读《到十九号房间》中的女权思想 [J]. 牡丹江教育学院学报，2012, (1).
5. 董启明．新编英语文体学教程 [M]. 北京：外语教学与研究出版社，2009.
6. 何忠宝．苏珊悲剧原因探究 —— 析《到十九号房》[J]. 文学界，2011, (1).
7. 雷娟．《到十九号房间》主人公的生存困境解读 [J]. 安徽工业大学学报（社会科学版），2012, (3).
8. 曲卫国．话语文体学导论：文本分析方法 [M]. 上海：复旦大学出版社，2009.

An Analysis of Irony and Imagery in Kate Chopin's *The Story of An Hour*

北京林业大学　张一卉

Abstract： *The Story of An Hour* depicts a story of a woman, Louise, whose husband has died in a railroad accident. She suffers from grief but is quickly distracted by the following bright future that awaits her. In the story, the author uses some rhetorical devices such as irony and imagery to show Louise' delicate but strong longing and desire for individual freedom. Chopin is a spokesperson of the 19th century female and she expresses her concern for the equality between the male and the female. This paper introduces the plot overview briefly and then analyses the irony and imagery used in the story in detail.

Key words: irony　imagery　independence　freedom

1. Introduction

Kate Chopin was born in St. Louis, Missouri, on 8 February 1850, and began to write novels in 1889. Her first novel, *At Fault*, was written in 1890. *The Awakening* is her second and the most influential novel, which was published in 1899. It depicts a married woman's adulterous love affair, shocked and unaccepted by the time and readers. It was not discovered until the 1950s. A strong sense of feminine consciousness is embodied in her works. Most of the heroines in her works are not satisfied with their family life. In contrast, they struggle with the fetters forced upon them. Instead of being traditional wives or females, they are eager to pursue their spiritual independence and individual freedom.

Chopin discussed the issue of female's self-assertion and consciousness in *The Story of An Hour,* which is now regarded as one of the feminist masterpieces. The protagonist, Louise Mallard endures a series of dramatic emotional changes after the death announcement of her husband Brently come. It is said that her husband loses his life in a railroad accident. Knowing that Mallard suffers from heart problems, her sister attempts to tell Mallard this shocking news with a calm voice. Mrs. Mallard goes to her room alone after hearing of everything. She starts to feel a sense of freedom and exhilaration after the storm of grief has gone. She believes that she would not be constrained by the power and pressure coming from the patriarchal society any more. However, the story ends with his husband's unexpected appearance in the doorway of their house. Her living husband seems fatally shocks Mrs. Mallard to death. Doctors arrive and confirm that Louise is so happy to welcome her husband, which leads to her eternal death.

2. Irony

2.1 Time

One of the most ironic parts in this story is the title which is *The Story of An Hour*. The heroine Mrs. Mallard lives under the invisible pressure of her husband for a long time ever since she got married with Mr. Mallard. She is a somewhat unconventional woman since "she did not hear the story as many women have heard the same, with a paralyzed inability to accept its significance." She wept at once in her sister's arms. To readers' surprise, it seems that she quickly recovers from the grief. She locks herself in her room without anyone's interference. Then, she notices that some horrible and fearful things await herself. Here, something means freedom that her husband's death would give her. The reason why the author uses the word "fearfully" is that the society at that time would not accept an immoral woman who is yearning for freedom instead of mourning for her husband's death. She knows that her reaction is against the moral guidance of the society. Even though she is afraid of the prejudice of the society, she can not conceal her zeal for spiritual independence and freedom. Ironically, what she gets from the death of her husband is only an hour's freedom. In that hour, she faces with her self-consciousness. She owns that hour and she lives for herself in that hour. However, she is so poor that all those fancy and triumph is disrupted by Brently Mallard's appearance. Her entire life seems to reach a climax in this hour and suddenly vanishes in the blink of an eye in dismal. She prays that her life expectancy can become longer whereas she was afraid of the long meaningless life yesterday. Here is also an irony that time exhibits us. Before her husband's death, she feels the life was so boring with the tie of freedom. Nevertheless, when she knows that she would be free, she wants to live longer, so she prays that life might be long. This dramatic mental change has formed a sharp contrast between her ideal and reality. Her dream can not come true any more. Maybe she can only realize her dream through her own death.

2.2 The Ending

The ending of this short story is full of ironic meaning. Mrs. Mallard finally opens the door forced under her sister's ceaseless calling. "There was a feverish triumph in her eyes, and she carried herself unwittingly like a goddess of Victory." It is evident that Mrs. Mallard is absolutely not immersed in sadness from readers perspective. However, people in the story are not so observant, or, in other words, Mrs. Mallard's true feeling is totally beyond their comprehension. They only know that Mrs. Mallard has a heart trouble. Richards is so considerate that he quickly hides Mr. Mallard behind his back. Unfortunately, it turns out useless in the end. Mrs. Mallard can not bear this horrible news which is more terrified than the news of his death an hour ago. Doctors diagnose that she dies of heart disease. Even though the diagnose is doubtless, no one in the present knows the true reason of her death. The doctors' conclusion that she dies of overwhelming joy is full of ironic meaning because, virtually, it is the disappointment and loss of freedom that has caused her sudden death. All the readers could understand that her death is not resulted from joy. Instead, it is the fatal announcement of her ideal freedom that kills her. The writer does not even provide a chance for Louise to state her inner voice, since the heroine would not get what she desires as a result of her confession. What is worse, she may be condemned by the whole society. It seems that her problem can not be resolved in that time. The feminine appeal is a long-term goal that generations and generations to come have to fight for it. In a sense, Louise's soul can never be free as long as females are subjected to male power.

2.3 Josephine

Josephine is Louise's sister. She is the person who should have known what her sister is thinking about. But the fact is that she does not understand what her sister really feels and does. Josephine actually plays a very important role in plot development. First of all, she attempts to reveal the sad news in a way that would not lead to extreme emotional fluctuation in Mrs. Mallard. Thus, she reveals the news in broken sentences. However, those broken sentences stir up Louise's inner consciousness deeply. Louise knows that Josephine dose not understand her real feelings at all, so she does not want Josephine to accompany her; instead, she goes to her room alone. It is quite ironic that Josephine is the person who brings Louise to stand on the top of the mountain and then let her fall from the cliff. After hearing the news, Louise realizes that maybe she finally gets rid of the pressure that marriage or her husband forces on her. A sense of monstrous joy holds her. She opens her arms and happily embraces the rosy future. Nevertheless, Louise insists on asking her sister to open the door. She thinks that Louise would make herself ill if she keeps confining herself in that room. Therefore, she was kneeling before the closed door begging her sister to open the door. She takes it for granted that the death of Mr. Mallard would be a great shock to Louise. She would not notice her sister's abnormal reaction. When Louise goes downstairs with her, she sees her husband unexpectedly and dies suddenly. To a degree, Josephine pushes her sister from the heaven of freedom into the hell of death.

3. Imagery

3.1 Room

The first time the author mentions about door is when Louise wants to be alone soon after her grief. It seems that she and her husband have their own rooms respectively. It is only a clue for whether their marriage is happy or not. We could find that her husband is a person with a good social status since Brently Mallard's name is on the the list of "killed." It is understandable to guess that their marriage is out of family bond or reputation rather than pure love between each other. However, it is not difficult to find that her husband is not a cruel person. He is kind and loving. And Louise knows that she would weep again when she saw the kind, tender hands folded in death. Even though their family life is harmonious and loving, it can not stop Louise from feeling relieved. In other words, Louise still views his death as an enormous releases from his oppression. Although Chopin does not illustrate in what ways the heroine is being oppressed, it leaves a space for readers to imagine. Maybe Mr. Mallard does not do anything. It is just the time, the society and the moral guidance oppresses this unconventional woman. In addition, there is not any other description about her crying anymore. Her room is a symbol of her private space or a place where her inner being is placed. Since once she steps out her room, there will be eyes watching her and mouths judging her. Only in her room, can she feel a possession of self-assertion and the strongest impulse of her being.

3.2 Window

Chopin mentions the open window many times. Through the open window, Louise sees trees, new spring life, delicious breath of rain, sparrows and blue sky. All these things represent the bright and fabulous world that opens to her. All these things give her a new experience that she would never notice before. Here, the open window means the freedom and opportunities in the foreseeable future. These exciting things wake her up from the reality. A person who does not enjoy the life would not find beauty of these things. Judging from Louise' s appearance, we can tell that Louise is a young and fair lady with repression. Before she finds that something subtle and elusive in her mind and life has changed, her reaction is to stare at the view through the window. It seems that she totally indulges in this window as well as her imagined future life. In fact, she goes through a great deal of emotional changes. At first, the window shows her brilliant spring of life and Louise's own bright future. Then, she senses something fearful has coming to her and begun to take control of her. "She strives to beat it back with her will as powerless as her two white slender hands would have been." After she says "free, free, free" under her breath, her eyes become acute and bright and her pulses beat fast and the accelerated blood circulation warms her body substantially. It is clear that she is not consumed with the sorrow anymore. Instead, a monstrous joy holds her. She can not help feeling hilarious. This moment may be epic for a woman like her in that time. That open window represents the elixir of life and her source of energy.

3.3 Door

The door functions as a separator between her room and the outside. In her room, she can whisper "Free!Body and soul free!." In contrast, when she goes out of her room, she is supposed to be a good and conventional wife. All characters appear in the living room at the very beginning. Since the living room is not a private zone, people can communicate with each other and they should behave themselves, which also means that Louise cannot reveal her exhilaration and excitement in front of others. In contrast, Louise's own room is not an open place. She can do and speak whatever she wants to. Therefore, when the terrible news of her husband's death reaches Louise's ears, she wept in her sister's arms because it is suitable for a wife to mourn over her husband's death in the living room. However, she leaves the living room and goes to her own room soon after without anyone following her. Her room gives her a chance to do something secretly. However, Josephine keeps asking her sister to open the door. The door can be a door to the wonderful and free world and, at the same time, it can also be a door leading to the hell. "Some one was opening the front door with a latchkey. It was Brently Mallard who entered..." Obviously, her dream is broken as long as her husband is alive. A world with pain, pressure and oppression is no doubt a hell.

4. Conclusion

Chopin is a feminine writer who is good at conveying her feminism ideas through short but powerful stories. She uses rhetorical devices such as irony and imagery frequently so as to add more meaning to this story and make it more readable. Louise enjoys a spiritual independence which is forbidden by the whole society. Being oppressed by the marriage for a long time, Louise is overwhelmed by this sudden happiness. Unfortunately, the tragedy is unavoidable. This joy disappears as quickly as it comes. She is killed by the loss of joy after only an hour long happiness. The equality that Louise looks for is hard to find at least in the 19th century. Even though her forbidden independence and spiritual freedom only exists for an hour, the idea of equality between men and women would live forever.

References

1. Li Juan. *Who Understands Her: an Analysis of Minor Characters in Kate Chopin's The Story of an Hour.* Literary Circles. 186-187.
2. Hou Yinhua. *An Hour's Freedom, Timeless Feminism: On Irony and Imagery in Kate Chopin's The Story of an Hour.* Overseas English. 2011, (3).

An Analysis of Sherwood Anderson's *The Egg* from the Perspective of Figure-Ground Theory

北京林业大学外语学院　陈新蓉　朱红梅

Abstract: Cognitive stylistics is a new branch of linguistics first developed around the 1990s and it is a combination of cognitive science (linguistics) and stylistics. It is a multi-methodological theory, and it offers a new viewing angle for analyzing and interpreting literary works. Figure-Ground theory (FG theory) is one of the most important theories in cognitive stylistics. Sherwood Anderson is regarded as the ancestor of modern American fiction, and this paper studies one of his representatives *The Egg* from the perspective of figure-ground theory to reveal its main them: the delusions of father's American dream. Firstly, the background information of *The Egg* serves as ground to make the theme prominent. And then, it analyzes "eggs" as figure to reflect its theme. Finally, it discusses the significance of figure-ground theory applying to literary analysis. It is feasible to analyze the theme through the theory of figure and ground, which means a scientific way to read the sensibility that the literary work expresses.

Key words: Figure-Ground　*The Egg*　Sherwood Anderson　American Dream

1. Introduction

Sherwood Anderson (September 13, 1876–March 8, 1941) was an American novelist and short-story writer. Anderson had experienced a serious breakdown that led him to abandon his business and family to become a writer in 1912. Throughout the 1920s, Anderson published several short-story collections, novels, memoirs, books of essays, and a book of poetry. Sherwood Anderson is also an outstanding rebel of "American Dream" from his most works. He may be most remembered for his influential effect on the next generation of young writers, as he inspired William Faulkner (September 25, 1897–July 6, 1962), Ernest Hemingway (July 21, 1899–July 2, 1961), John Steinbeck (February 27, 1902–December 20, 1968), and Thomas Wolfe (October 3, 1900–September 15, 1938). He helped gain publication for Faulkner and Hemingway.

The Egg is one of the representatives of American novelist Sherwood Anderson. It was published in 1921 and was honored the excellent short story of the year by an American famous magazine. *The Egg* is regarded as one of the masterpieces to perform the disillusion of American Dream. It describes mainly the comical and tragic life of an ordinary family in the American west. The father was bright in nature. After his marriage with mother, the father gave up the opportunity to be an assistant in factory. And then, the father started a chicken farm, but he always failed. So he opened a restaurant near to a railway station. Though the father tried his best to run it, he failed.

Until now, *The Egg* has attracted a lot of researchers to study from different perspectives, which are mostly about its styles of writing, its narrative point of view or its themes, but cognitive poetics remains to be a fresh way to analyze literary works. On the basis of it, this paper will try to discuss *The Egg* from the perspective of Figure-Ground theory for one brand new understanding. The following, firstly, falls on the details of Figure-Ground theory, and then it discusses *The Egg* from the perspective of Figure-Ground theory from the point view of "eggs" and "father" to perform its themes: the delusion of American dreams.

2. Figure-Ground Theory

2.1 The Origin of Figure-Ground Theory

Gestalt psychology is the source of theory figure and ground. The most famous is Rubin's experimental work (1915) in the field of visual perception about the figure of face or vase illusion. The face or vase illusion, one can see a vase if he / she considers the two faces as ground, or vice versa by the pattern of sensory stimulation. One's visual system can distinguish objects (figure) from their background (ground). "Figure gives an impression of solidity, closeness and density of color or shape relative to ground" (Shen Jiao 2011:31). The relationship between the figure and the ground can be parted into different kinds. You can draw support from the features of figure in order to explain the relationship between figure and ground in the process of humans' visual perception. Afterwards, psychologists, with the support of this theory, mainly focus their studies on humans' perception, and the way of how the spatial organization is being described as well. They believe that prominence principle means when people observe the circumstances and incidents surrounding them, they tend to, as a general rule, choose a certain object as a prominent figure in perception, while regard the circumstances and other secondary elements as the ground. Figure, as a perceptual scenario with highly organized structure, is the part which attracts most of people's attention while ground, compared with figure, is the undistributed part with indefinite details (Kuang Fangtao & Wen Xu 2003:24). In respect that the perception towards figure and ground is the direct embodied result, people get used to choosing one object or conception as a reference-point to explain and illustrate another. In fact, ground is the figure's reference point (Langacker 1993:26). The "face/vase illusion" reflects that in identifying objects and incidents, it is impossible for people to concentrate their attention on two or more objects, rather, they will be aided by the "Principle of Pragnanz" which means in normal circumstances, objects with highly organized structure, more moveable and much smaller properties are often considered to be figure yet those of larger and more permanently located objects are usually treated as ground.

3. Figure-Ground Theory in Literature

3.1 Selection for Attention

Figure and ground in a visual field involves selection for attention according to Gestalt psychology. In other words, attention is selective, "certain elements in a visual field are selected for attention, and these will typically be the elements that are regarded as figures. It means that the ground of a visual field deselected, or characterized by neglect " (Stockwell 2002: 18). In cognitive stylistics, any stylistic feature that draws our attention is an attractor. Short (1996:34) provides a checklist of the levels for investing stylistic deviance: phonetic, graph logical and metrical levels; morphological, lexical and semantic levels; syntactic, pragmatic and discourse levels. These are realizing levels of figure and ground in literary text according to cognitive stylistics. Furthermore, attention can also be paid to objects that are presented in topic position (first) in sentences, or has focus, emphasis, focalization or viewpoint attached to them. As far as the other levels are concerned, cognitive stylistics holds that it must relate the properties to each particular text and each individual reader. Therefore, the FG theory offers a general research framework for readers to apply and modify in literary text exploration because different readers may have different selections for attention. It also mentions that when objects are vying for attention, "the figure that is placed in the most focus, has the majority of text-space allocated to it, or is expressed with the most noticeably deviant words or phrases" (Stockwell 2002: 19).

3.2 Standard of Figure-Ground Theory

The discussions above introduce briefly how to identify figure and ground in literary text and now they are summarized as follows. Firstly, the stylistic deviance is presented at multiple levels, and they are the research fields to explore the phenomenon of figure and ground in the text. Besides, the level can also be the figure and ground itself. Secondly, different texts have different levels to study because of their different features. Thirdly, the features are varied at different levels according to different languages and cultures, so it involves specific selection for attention. Generally speaking, the most prominent elements will be the figure, such as repetition, unusual naming, innovative description, creative syntactic ordering, puns, rhyme, and the use of creative metaphor and so on. Fourthly, when these elements are vying for attention, the figure has the majority of text-space or is expressed with the most noticeably deviant words or phrases. Finally, the criteria of figure and ground in cognitive stylistics are not well developed, and they still take in criteria from other disciplines. As Stockwell did not figure out the method in identifying figure and ground, the author can identify the figure and ground according to their own understanding of the text and the need of interpreting.

3.3 Figure-Ground Theory Applied in Literature

On the basis of the above, figure has its special feature to distinguish itself with ground. Especially, reading is a process to form figure and ground, in other words, as for any kind of literary work, it is based on figure-ground theory that the features of discourses, the meaning of discourse and the associative meaning come into being. Therefore, figure-ground theory is applicable to analyze the linguistic features of literature scripts. In one novel, figure has its typical features and ground lies in a less outstanding position. However, it is because ground's foiling that figure is easier to be highlighted. Furthermore, continuous conversions of figure and the appearances of different figures have been greatly attractive to readers and call for a greater room for their imagination, which help readers to understand one literary work deeper.

In the short novel *The Egg*, "eggs have a different figure in different stages to perform its major figure of each part, and "readers are capable to master the focal figures through different description of figures in the novel" (Zhu Houmin 2005: 106). In this sense, the theme of this short novel will be easier to be caught by readers. Figure-ground theory makes the focal theme stand out, and it shows that how father's American dreams have been influenced and finally, have been destroyed, and it exposes the real reasons that cause "father's failure."

4. Analyzing *The Egg* from the Perspective of Figure-Ground

In the short novel *The Egg*, it is not limited to be just one figure. The figures of "eggs," have different functions in different circumstances. Sometimes, one of the three has one figure, and sometimes it will become as ground of the figure. Whatever the circumstances are, it is necessary to decide which one can be regarded as the focal figure, others should be the ground of the figure to make the themes prominent.

When "father" started a chicken farm, the figure of chicken, eggs has came into being. "I" is the narrator of this short novel, and has a deep feeling about the great influences of chicken and eggs that have brought to "my family." "Egg" is running through the whole story and guides the development of the story. Every time it came out, it is tightly related to the father's fate and contained different symbolized meanings.

4.1 Ground: the Background Information of *The Egg*

To begin with, it is necessary to know the background of this short story, which happened in the 1920s, and America had been an industrial superpower. After the process of industrialization, "America has been changed completely with challenges in social transformation period. Human beings pursue wealth crazily and are in danger of moral bankruptcy" (Du Xiangyi 2012: 160). Especially, "after the First World War, people were struggling for American dream in the period of agricultural society turning to industrial society "(Men Xiangliang 2011: 71). At that time, they believed that every man had equal chance and once they worked hard, they had to succeed. The above background information, obviously, helps readers' understanding to the short story. Any one text itself has no specified meaning, but it points one way to know some meaning. Background information is ground in one text for readers, which, in some degree, decides readers' understanding to the text. That is to say, readers need to choose the right information as ground, or the significance of one text will be misunderstood. Generally, we will regard acquainted contents as ground, and strange as figure, so the wanted information can be highlighted. So the above detailed background information, as ground, makes "eggs," as figure, prominent.

4.2 Figure: "Eggs" Connecting with American Dreams

On the basis of that awareness, "father" conducted two businesses which were related with eggs. Though "father" had tried his best, he finally failed. The climax of the short story was that father rocked his wits about appealing to a guest named Joe Kane. A roar of anger rose from my father's throat. He danced and shouted a string of inarticulate words. Grabbing another egg from the basket on the counter, he threw it. It reveals father collapsed after his failure. From the sentence "Father came upstairs to mother and me with an egg in his hand. I do not know what he intended to do" (Sherwood 1998:8), we can refer to that it symbolized father's surrender to the reality and his American dream disillusioned.

In a word, eggs symbolize illusory and fragile American dreams. Conducting chicken farms symbolizes the father started to pursue his American dreams. The father's caution to protect these chickens and eggs represents his defend for his dreams. Those distorted chickens in farm symbolize the distortion and alienation of the American dreams. Taking these eggs and chickens to new journey means the father has not yet realized his distorted American dreams and still on the road of perusing them. Failing to please the guest, the father wanted to destroy all eggs and chickens and it symbolizes that he felt disappointed for modern industrial civilization. Finally, "He laid the Egg gently on the table," as for an ordinary American, he had no courage to break with the absurd era. "In the distorted development of modern industrial civilization, people are always the wretched and are unable to resist it" (Hou Yanping 2005: 48).

In the whole story, all focal figures are served for eggs' reflecting meanings: father's American dreams. "Eggs" as figure come out with every fixed ground. And at the same time, because of the function of ground, figure can become prominent. According to the above analysis of "eggs" as figure, symbolized meaning and the themes of *The Egg* have been understood. In general, as for the same thing, due to different considerations and attention, readers' understanding for one text can be made for different figures.

5. Conclusion

This paper analyzes the short novel *The Egg* from the perspective of figure-ground theory, and under the circumstance of large industrial machinery production, the journey of pursuing their dreams is full of hardships, and it is rough for the ordinary people to achieve and made any success. "American dreams rooting in their minds have been distorted under the influences of the prevalence of materialistic life " (Sherwood Anderson 2007: 13). Through description of ordinary people's daily life, the feeling of confusion and struggling in those small potatoes' life has been recognized in capitalist society. They were working hard and never gave up, but the fact was that they were incapable to fight with the distorted American dreams and industrial society. The background information as ground and "eggs" as figure, we have known the symbolized meaning of "eggs" and the main themes of the short story have been demonstrated. In that way, *The Egg* creates a fresh understanding way.

The combination of the text and the theory proves that figure-ground theory supplies a new perspective for the interpretation of the text. Meanwhile, "it also helps the reader to know more about oneself with the analysis of the figure of the focus the reader perceives in the texts during the reading process" (Xu Ruifang 2013: 86-87). The theme each expresses is cognitively comprehended according to the figure stood out and the reversal of figure and ground in each one. However, figure and ground can be employed in many fields. But the Figure-Ground theory in cognitive stylistics is concerned. The Figure-Ground analysis of the text at multiple levels inspires us that it is helpful to tell learners how to process the text while they are reading.

References

1. Langacker, R.W. *Reference-point constructions.* Cognitive Linguistics [M]. London: Routledge, 1993, 1-38.
2. Sherwood, A. *The Triumph of The Egg* [M]. Maryland:Wildside Press, 1988, 8.
3. Sherwood, A. *"The Egg" in Norton Anthology of American Literature* [M]. Huawen Publishing Company, 2007, 13-21.
4. Short, M. *Exploring the Language of Poems, Plays and Prose* [M]. London: Longman, 1996, 57-60.
5. Stockwell, P. *Cognitive Poetics: An Introduction* [M]. London: Routledge, 2002, 18.
6. Stockwell, P. *Cognitive Poetics: An Introduction* [M]. London: Routledge, 2002, 19.
7. 杜向以.《鸡蛋的胜利》中美国梦的畸变与破灭 [J]. 外国文学，2012, (3): 160.
8. 侯艳萍．论舍伍德·安德森短篇小说《鸡蛋》的艺术特色 [J]. 浙江万里学院学报，2005, (3): 48.
9. 匡芳涛，文旭．图形——背景的现实化 [J]. 上海外国语大学学报，2003, (4): 24.
10. 门向亮．现代主义的生存悖论——舍伍德·安德森《鸡蛋的胜利》的现代主义解读 [J]. 河北科技师范学院报，2011, (2): 71.
11. 沈娇．图形和背景 [J]. 考试周刊，2011, (14): 31.
12. 徐瑞访．从图形——背景理论看《德伯家的苔丝》中的荒原 [J]. 阿坝师范高等专科学校学报，2013, (4): 86-87.
13. 朱厚敏．试论图形——背景理论及应用 [J]. 邵阳学院学报，2005, (3): 106.

Cultural Differences in Social Encounters Between China and English-speaking Countries for ELT①

北京林业大学外语学院　刘　真　吴增欣

Abstract: In order to enhance cultural awareness of students in ELT classroom, the perception of cultural awareness is concretized by illustrating some differences of linguistic and cultural behavior in social encounters between China and English-speaking countries in terms of four aspects: ways of address, greetings and farewells, invitations, and gratitude and compliments, hoping that it can give a hint to Chinese EFL teachers on integrating relevant culture into English language teaching.

Key words: cultural differences　social encounters　ELT classroom

1. Introduction

It is no exaggeration to say that the theme of culture has been a particular focus of attention in the field of language teaching in recent decades. The widely accepted inseparable relationships between language, culture and communication convince language teachers and researchers that no successful language learning could be achieved without the involvement of cultural aspects.

Cultural elements exist in the simplest social encounter; thus, when language patterns in social encounters are concerned in the Chinese ELT classroom, the cultural differences between China and English-speaking countries will be inevitably involved. In this essay we will demonstrate selectively some differences which may result in misunderstandings in cross-cultural communication in the light of four encounters: ways of address, greetings and farewells, invitations, and gratitude and compliments.

2. Cultural Differences in Social Encounters

2.1 Ways of Address

Different ways of addressing between Chinese and English cultures reflect in several contexts. The most evident case seems to be whether to address others by given name or by surname. For many English-speaking people, especially for Americans, it is commonplace to address others by using the given name, even when people meet for the first time. And this

① 本文由中央高校基本科研业务费专项资金资助（项目编号：TD2014-09）

applies not only to people of roughly the same age, but also of different ages and of different status (Deng and Liu 1989:30). Since calling given name is not a sign of disrespect in most cases in English culture, it is ordinary to hear a child calling a much older person—*Ann*, *Helen*, *John*, etc. And in colleges and universities, many professors would also like their students to call them by their given names, as it is an indication of being "affable" and having "a sense of equality" (ibid). However, addressing by given name in the above circumstances is hardly applicable in the Chinese custom. Influenced by the traditional Chinese moral values of "respect the old" and "respect the teachers," it is not acceptable for students to call their teachers by given name, and if a child does the same in calling a grandparent, even blame and spanking will come about by the adults.

In the Chinese custom of addressing, surname is often used and sometimes we put the word "Lao" (literally means "old") ahead of surname, such as *Lao Wang* or *Lao Li*, to address an old person respectfully, although "Lao" here doesn't carry the real meaning as "old" in English—"aged" and "useless." Nevertheless, it will sound very uneasy even rude for English-speaking people if they hear they have been addressed as "old"; and in addition, according to Hu (2002:100), surname is rarely used in addressing in English-speaking countries except in only a few encounters like when a primary teacher call a student, a coach call a team player, or a warder call a prisoner, etc.

Concerning addressing strangers, the custom in China is very different from that in the English-speaking countries. For instance, a very common Chinese form of address is the use of respectfully generalized titles which are usually used between family members or relatives to address strangers or older non-relatives, such as *Uncle* and *Aunt*. However, in English culture, such titles can only be applied to people with very close relationships, and normally the given name is used rather than the surname, like "*Uncle Don*"(Hu 1997, cited in Liang online). Deng and Liu (1989:31) point out that in English some titles like *Brother Joseph* or *Sister Mary* would be commonly understood as referring to persons belonging to a Catholic group or some religious or professional society. Another interesting case worth mentioning here is that in the U.K., some intimate titles to address young girls (e.g. *love*, *dear*, *pet*, *honey*, *sweet-heart*, etc.) are used extremely widely on some informal occasions between strangers, like between pedlars and customers, or between bus drivers and passengers (Liang, online), which is quite hard for most Chinese to imagine.

2.2 Greetings and Farewells

As an essential component of everyday encounters, greetings and farewells are expected in different ways in China and the English-speaking countries. With regard to greetings, the most widely noticed Chinese way in the literature (Platt 1989: 19; Hu 2002: 164; Deng and Liu 1989: 31), if translated literally into English, seems to be *Have you eaten yet?* around mealtimes, or *Where are you going?* or *Where have you been?* without set time limit. In the English culture where individual privacy is considered particularly important, the former greeting, however, "apart from being inappropriately interpreted by the recipients as an invitation to lunch or dinner, may also cause temporary communicative breakdown" (Platt 1989: 19); while the latter may be regarded as intruding into the others' privacy.

In relation to the varied concepts of "privacy" in different cultures, Hu (1985, cited in Platt 1989: 20) remarks that it is perfectly acceptable to ask questions about a person's age, salary or the price of an item in Chinese culture in order to show consideration for others, but it is not the same in Western culture. Therefore, some appropriate friendly Chinese-style greetings should not be carried over into English, such as *Where are you from?*, *Where are you going?*, or after an initial greeting routine, *Ah, I like your watch. How much did you pay for it?* Besides, in many cases, Chinese tend to greet with some questions according to what the others are doing at that moment, which may sound silly to the English-speaking people, such as, *You're washing your car?*, *Sweeping the floor?*, *You've back home?*, *etc.*

Another Chinese-style greeting which is hardly found in English and may results in misunderstanding among westerners is that to greet someone by simply calling his or her name. For example, when a student meets a teacher in the campus, the student may greet respectfully with *Teacher Li*! (literally translated) or just *Teacher!*; and two colleagues in a company may also greet with each other like—*Mr. Wang*!—*Yes, Mr. Li*! However, in English culture, if someone greets like *Professor Wilson!,* then Professor Wilson will respond naturally with *Yes?* and think that the one who greets wants to speak to him (Hu 2002:165).

Different from the above Chinese greetings, English-speaking people usually express good wishes or concerns to others when greet, such as *Good morning! Good afternoon! Good evening! Good day!* or *How are you? How are you doing? Are you all right?* And normally people will not take these as questions and generally answer with *Fine, thank you*. Moreover, when most English-speaking people meet for the first time, they often say something like *I'm pleased to meet you* or *It's nice to have met you* or something similar, which is seldom found in Chinese expressions (Deng and Liu 1989: 29).

In connection with farewells, almost all languages have the similar expressions like *Good-bye, Bye-bye, See you tomorrow, Come again next time*. While as Deng and Liu (ibid) observe, in the more or less fixed conversational formulas that precede Good-bye, there may be interesting differences. For example, in Chinese custom, when a distinguished guest or some visitor with whom the hosts are not very familiar leaves, the hosts are expected to see the guest to the door or gateway. Then it is customary for the guest to say to his hosts *Qing liu bu*. (literally translated: *Please stay there)* and the final words of the hosts are usually *Man zou! Zou hao!* (literally: *Walk slowly!, Mind your steps!)* Both of them would sound strange to the English-speaking people. Therefore, in Chinese ELT classroom, we should be careful about these culture-related expressions and remind students not to take it for granted that any expression in Chinese can be translated literally into the supposed equivalents in English.

2.3 Invitations

Different language patterns in the encounter of invitation between Chinese and English culture often result in not a little misunderstanding. On the one hand, many Chinese people always get confused about whether an American means seriously or not when he/she proposes a meal. For instance, for Chinese, if we hear "*We must get together soon*," it is most possibly an indication of invitation which may be followed soon by discussing suitable time and place to meet. However, in American English, such a statement is mainly common courtesy rather than a real invitation. Hu (2002:101) reports that some sociolinguists have ever conducted a research on the differences between words of courtesy and formal invitations in American English, and they concluded that the latter is more explicit than the former and usually contains time and place, such as "*Come over for dinner next Saturday night.*" In Wolfson's (1983: 73-77, cited in Hu 2002: 101) view, some statement sounds like an invitation, but it is not if without specified time and place. The following two examples are offered by Hu (ibid) to further illustrate such speech rules of American way of invitation. Although both examples here seem like invitations and start from the polite remarks, only Example 2 can be regarded as a certain invitation since the specific time of the date and place are set afterwards.

Example 1:

A: Hi, Tom.

B: Hi.

A: When are we going to get together?

B: We really should.

A: You know my office number. Just give me a call.

B: Okay.

A: Good. So long.

B: Bye.

Example 2:

A: Okay, thanks for the information. Let's get together soon.

B: I'd love to.

A: Good, I'll give you a call and we'll make a date for lunch.

B: If you want, we can make a date now. When are you free?

A: Uh, okay, let's. I'm available almost any day next week. What about you?

B: Well, Wednesday is my best day.

A: Okay, let's make it Wednesday.

B: Noon okay for you?

A: Noon is fine. Shall I pick you up at your place?

B: That would be great.

A: I'll be there at noon on Wednesday.

B: Great. See you then.

On the other hand, the Chinese way of invitation also puzzles the English-speaking people in quite a few cases, especially in the culture of table manners. In Chinese custom, offering more food and drinks to the guests during the banquet indicates the hospitality of the hosts. Accordingly, when inviting English-speaking guests, many Chinese would say something like, *John, drink more wine. Do please have another bowl of rice.* While in western culture, there are not many words on persuading guests to have either food or drinks, and the hosts would say at most *This is really good. Please taste it.* Then turn the attention to the talking again (Liu 1999: 622). Besides, different from English style of accepting offers directly on a dining table, the Chinese use of indirect language in accepting offers seems so inconceivable to the westerners that many Chinese have the experience of being left hungry at an American table. Samovar et al. (1998: 129) mention that the "contrary-to-face-value aspect of Asian verbal language behavior" influences the Chinese to "politely refuse an offer three times before they accept," which is very confusing to the North American. An interesting comment of an American hostess is given by Mark (1995:16, cite in ibid) to demonstrate such cultural difference:

Once you've learned the signals and how to respond, life becomes infinitely easier. When Chinese guests come, I know I should immediately ask if they'd like a cup of tea. They will respond, "Please don't bother," which is my signal to fetch tea.

2.4 Gratitude and Compliments

Gratitude is not expressed so often in Chinese as it is in English. Some polite expressions like *Thank you. Thanks a lot.* are often omitted by the Chinese especially among close friends and members of the family, because for many Chinese the frequent use of *thank you* in minor cases is regarded as unnecessary and distant. However, in western culture, *thank you* is used very widely in everyday life no matter among strangers or family members, such as on occasions between bus driver and passenger, sale assistant and shopper, waiter/waitress and customer; or when asking for even small favors like borrowing a pencil, passing the salt, asking directions, making a cup of tea, sending a letter, etc. In Britain, an informal form of thanks—*Cheers!* —is never excessive to be used whenever help is offered and politeness is expected to be shown.

Not only is gratitude expressed extensively in English, the way of expressing gratitude varies as well. In Britain, many people like to send a letter or a greeting card to the hosts after attending a party or a meal in order to show their thankfulness and enjoyment. And it is also customary for the hosts to express their delight and gratefulness before the guests leaving, or send a card afterwards, on which they may show their appreciation for the gifts and thank again for the guests' coming, and write something like: *Thank you so much for the chocolate and wine. It was very generous of you. It was wonderful having you with us for lunch*. Nowadays, with the more popular use of emails, it seems that the ordinary letters have been gradually replaced in interpersonal communication, nonetheless, thank-you letters and greeting cards written by hand are still preferred by quite a few people for the feeling of great sincerity, and a variety of gratitude constitute an essential component in everyday life in English culture.

Similarly, compliments and praise perform a crucial role in English culture. In America, people give compliments and praise to others not only for encouraging those satisfying behaviors, such as, *You know something, Tom. You did a good job* (teacher to student); but also for establishing and maintaining personal relations in society, sometimes even for replacing the role of apology, greeting or gratitude, such as, *It's so generous of you for forgiving me; Haven't seen you for a long time, you look so good; That's really delicious, thanks for having us* (Liang, online).

As most of the Chinese do not have any specific focus on the contents of compliments, some interesting observations on American English indicate that among all kinds of compliments, Americans usually prefer giving their compliments on the achievements which are acquired through efforts or techniques rather than the talent of someone or the hard work itself, for example, a well-done job, a high skilled competition, or a delicious meal are often the objects of compliments. And some expressions may be given like, *You do this kind of writing so well. It has just the right tone. You worked so hard that you certainly deserve the award* (Wu 1996, cited in Liang online).

Moreover, cultural differences also exist in that who can be complimented. Deng and Liu (1989:34) remark that in America it would not be unusual to hear a woman talking about how well her husband or children have done the work, about all the promotions and honors they have received; and it would be perfectly natural as well for a man to compliment the looks of another man's wife. On the contrary, for many Chinese people, to praise members of one's own family in front of others is considered bad taste and arrogant, while as to such a compliment like *You have a lovely wife*, it would be thought even indecent by a large number of Chinese, especially those beyond their youth.

3. Conclusion

As we can infer from the above four social encounters, differences of linguistic and cultural behavior between China and English-speaking countries undoubtedly influence the extent of English language learning of Chinese students. In that case, as an important motivator to language learning, such cultural differences in the practical use of English should be provided to the students in the language classroom as well as the language patterns and vocabulary. The development of awareness of cultural differences of the learners will not only facilitate their language learning process, but also increase their confidence in social encounters in intercultural communication.

References

1. Deng, Y. C. and Liu, R.Q. *Language and Culture* [M]. Beijing: Foreign Language Teaching and Research Press, 1989.
2. Hu, G. *Potential Cultural Resistance to Pedagogical Imports: the Case of Communicative Language Teaching in China* [J]. Language, Culture and Curriculum, 2002, 15 (2), 93-105.
3. Platt, J. *Some Types of Communicative Strategies Across Cultures: Sense and Sensitivity* [A]. In García, O. and Otheguy, R. (eds.) English Across Cultures, Cultures Across English: A Reader in Cross-cultural Communication [C]. Berlin, New York: Mouton de Gruyter, 1989, 13-29.
4. Samovar, L.A., Porter, R.E. and Stefani, L.A. *Communication Between Cultures.* (3rd Ed.) [M]. Belmont, CA: Wadsworth Publishing Company, 1998.
5. 胡文仲.《跨越文化的屏障》[M]. 北京：外语教学与研究出版社，2002.
6. 梁绮云. “跨文化交际教学研究大观” [OL] http://www.dytrans.com/ cultural/files/juc.htm
7. 刘洪飞. “语言能力与文化能力” [A]. 引自 全国大学英语教学研讨会学术委员会（2002 下）《中国大学英语教学论丛》[C]. 北京：外语教学与研究出版社，1999, 621-624.

如何培养学生多元文化视角

北京化工大学外语系　王梅英　周　晖

摘　要：长期以来外语师资人才的培养模式在基础阶段是英语听说读写译的训练，高级阶段是文学、语言学、教学法等专业方向的培养。随着互联网的发展，网上外语学习资料海量增加，在校大学生外语水平得到快速提高，外语教师这样的知识结构已经不能适应现阶段大学生外语学习需求。当今世界是经济全球化、高等教育全球化的时代，国际交流日益频繁，但由于政治法律因素差别和文化习俗的影响，文化差异和误解在时刻影响着国际交往的质量。外语教师需要增加的教学内容应该包含政治、经济、法律、宗教、历史、科技等跨学科和跨文化知识，这些知识更能反映某些国家和地区的国情和概况，外语教师更应该培养学生具备多元文化视角，第一可以帮助学生适应未来海外留学的生活；第二可以帮助学生适应未来企业工作环境、大型国企的海外业务；第三可以帮助学生增进国际专家同行交流。

关键词：多元文化视角　文化差异　高等教育全球化　国际视野　本土情怀

一、外语教师面临的挑战

外语教师的知识结构在很大程度上决定课堂教学内容的信息量丰富程度、对语言和文化现象解释的透彻性和对所学语言国家或地区的认识的全面性。但是长期以来，外语人才的培养模式决定了外语师资知识背景的局限性，无论综合型大学、外语院校、师范院校，还是理工类为主院校的外语专业培养模式都是相似的，基础阶段是英语听说读写译的训练，高级阶段是文学、语言学、教学法、文化的培养。随着中国改革开放程度的加深，综合国力的不断增强，高等教育对外交流日益广泛，教学水平不断提高，大学生英语水平也有了很大提高，但由于未来的不同需求，大学生对英语教学提出更高的要求。根据美国国际教育协会 (Institute of International Education) 的统计，从 2009 年到 2014 年，中国大陆学生在美国高校学习人数平均每年增加 22%，分别是 98 000、127 000、157 600、194 000、235 000、274 000，中国学生占美国国际学生总数的 25.4%，连续三年国际学生人数排名第一。根据教育部统计，中国学生在北美、西欧、日本等教育发达国家的留学数量也快速增加，这些学生希望了解所在国家的具体情况，以便他们能够尽快顺利完成学业。即使有些学生不想出国学习，他们也会参加大学英语四、六级考试、托福、雅思考试，并希望取得优异成绩，因为跨国企业如美国公司 GE、IBM、德国公司 Siemens、BASF、英国公司 British Petroleum 等都要求高级英语水平，大型国企如联想、中石油、中石化、中国工商银行等，需要开拓海外市场，也非常重视员工的英语水平。如何帮助学生适应未来学习和工作是外语教师面临的挑战。

二、文化差异与困惑

随着高等教育全球化的推进，在近几年如火如荼的留学大潮中，很多重点高中的学生申请到美国名牌大学攻读学位，很多中国大学在读本科生希望毕业后到美国深造，还有些学生想通过联合培养在美国大学学习某些课程。中国学生非常重视 TOEFL 分数、SAT 分数、GPA 成绩、课外活动等，但是他们没有重视中国和美国在某些教育思想和理念中的差异，忽视学术欺骗在美国的严重性，以致酿下大错，造成精神创伤。例如，中国谚语，“天下文章一大抄，就看你会抄不会抄。”相比之下，美国《高等教育年鉴》（2005）把抄袭看作学术界最严重的罪恶（The Chronicle of Higher Education. “Plagiarism is the gravest sin in the academic affairs, so we have been told. Stealing someone else words and passing them off as your own is the lowest of the low in a realm where scholarship is king.）。在北京化工大学研究生英语科技论文写作教学中，多次聘请美国专家 Briant Davis 教授为硕士生和博士生讲解科技论文写作规范和注意事项，Briant Davis 教授在国际著名期刊发表论文 86 篇，包括世界顶尖科技期刊《科学》，他的讲解扫清了研究生论文写作过程中的误解和困惑。

随着经济全球化的发展，跨国经营已成为企业发展的重要潮流。国际化企业拥有多国员工，他们是跨国公司最重要的生产要素，也是企业经营成败的基础。但由于多国员工身后的多国文化特征，很多时候，可能会由于文化误解和冲突造成企业经营中的信息堵塞和行动受阻。而且，如果外派员工不熟悉当地的文化背景、思维方式和表达习惯等，还会在与本地员工进行沟通时产生困惑。因此，跨文化人力资源管理已成为企业跨国经营战略的重要组成部分，可以帮助中外员工正确理解外国文化和中国文化，求同存异。例如，美国得克萨斯州以能源和石化工业著称，是美国最大的能源和化工州，石油和天然气产量分别占全美产量的 1/3 和 1/4，炼油能力占全美 1/4 强。中国石油公司在得克萨斯州和墨西哥湾也设有分支机构，北京化工大学在研究生英语教学中请来中国驻休斯顿总领事馆商务参赞和中石油国际部工作人员讲解在多元文化环境中如何顺利开展工作。

无论是去美国留学还是去美国工作，首先要了解美国的法律。当你到达美国之后就会发现生活中很多细节与我们不同，或许我们在国内习惯的生活方式、脱口而出的话语玩笑、司空见惯的举止行为，在美国可能是违法的。例如美国法律授予警察现场执法和自保的权利，不听从警察指令，警察有权紧急处置，包括立即拘捕和开枪击毙；如果有藐视法庭、贿赂法官、贿赂警察的言行，将会受到法律的严惩。扰乱公共安全秩序的商业宣传、涉及公共安全的玩笑是绝对不可以的。北京化工大学文法学院邀请美国刑法和知识产权法高级专员 Nancy Kremers 女士讲解美国法律，以及美国知识产权法协会的工作职责。应学生要求她又举例说明近几年由于对美国法律的无知，中国留学生在美国的案例。2015 年中国留学生在美国加州因以野蛮残忍方式欺凌女同学而被捕入狱，面临终身监禁，中国家长因为贿赂证人和受害人获刑 30 年，这起案件震惊中国大陆，让大家惊醒地认识到美国法律与中国法律的差异。

三、多元文化视角的培养

基于教师在学习期间的不足，以及当前他们所教授学生的需求，我们采用多元文化教学模式，使教师学生在英语学习中教学相长。

多元文化视角或者国际视角(global view),来源于经济学,能够站在全球或更广阔的角度上观察经济运行,开展市场营销,从而为企业的发展服务。在外语教学内容中,国际视野应该包含对目标语国家的历史、文化、政治、经济、法律等有较全面的认识。从浅层的社会习俗到核心价值观念,包括政治制度、人才培养、思想观念都要了解。培养多元文化视角是个漫长的过程,学生在学习外语中逐渐掌握文化差异,随着对目标语国家更多的了解,成为掌握两种文化或者多种文化的工作者。具备国际视野对学生未来学习、科研和工作的益处非常多,他们可以理性、准确地认识某个国家的现状,从不同角度看待问题,消除文化刻板印象(cultural stereotype),避免文化差异造成的误解,增进友好关系。

跨文化交际首先要具备多元文化视角,这个领域的研究无疑是为了适应这样一个日益发达的跨文化国际交往和人际交往的需要应运而生的。因为这门学科必须研究不同文化背景形成的价值取向、思维方式的差异,必须研究不同社会结构导致的角色关系、行为规范的差异,必须研究不同民族习俗所积淀的文化符号、代码系统的差异,必须研究不同交际情景制约的语言规则、交际方式的差异。

培养多元文化视角可以有多种方式方法,利用外籍教师资源,利用学生组织读书论坛,推荐报纸、期刊、电影和电视等。

方法一:利用外籍教师培养学生多元文化视角

1)学校聘请的外教来自英语国家,如美国、英国、澳大利亚、加拿大、新西兰等,他们曾经在世界各地教授英语,如中国大陆、日本、韩国、新加坡、马来西亚、泰国、印度尼西亚、法国、波兰、俄罗斯、以色列、阿联酋等。由于他们的成长环境与中国教师不同,因此他们可以成为国际视野培养中的重要组成部分。

2)外教的学科背景、知识结构多种多样,有法律、社会学、政治学、教育学、历史、语言学、文学、文化学、亚洲研究、国际贸易、工商管理等。中国英语教师在充分了解他们的学科背景、知识结构、兴趣爱好的基础上,组织讲座,帮助学生了解世界。如美国总统选举、美国校园文化、知识产权。

方法二:组织学生读书论坛(Reader's Forum),主要内容涉及:

1)教育话题(美国大学排名、德国理工大学联盟、中美高等教育比较研究、中国学生出国留学热)等;

2)文化话题(美国枪支文化、德国普鲁士文化、维多利亚时代的价值观)等;

3)社会问题(中国大城市房价、北京空气污染、伦敦空气污染、食品安全、艾滋病)等;

4)互联网时代生活(网上购物、网络交友、网络欺诈、网络游戏)等;

5)历史回顾(1929年经济危机、工业革命、古代丝绸之路、美国领土扩张史)等;

6)恋爱与婚姻(青年择偶标准、少女怀孕、婚前性行为、高离婚率)等;

方法三:推荐报纸、期刊、电影、电视节目帮助学生从外国角度看中国,推荐的报纸有《纽约时报》(*The New York Times*)、《华尔街日报》(*The Wall Street Journal*),推荐的期刊有《新闻周刊》(*Newsweek*)、《科学美国人》(*Scientific American*)、《大西洋月刊》(*The Atlantic Monthly*)、《经济学人》周刊(*The Economist*)。《大西洋月刊》是美国最受尊敬的杂志之一,一本关于文学、政治、科学和艺术的杂志,第一期出版于1857年11月。《大西洋月刊》坚持无党派、无偏见的原则,对于任何事物采取一种超然、充满智慧和幽默、有艺术感的态度。它拒绝将自己置于任何派系中,但它将永远与拥戴自由、国际进步、荣誉这种信念的人在一起。英国著名期刊《经济学人》读者定位为高收入、富有独立见解和批判精神的社会精英。从2012年1月28日的那一期杂志开始,《经济学人》

杂志开辟了中国专栏，为有关中国的文章提供更多的版面。该杂志一直在对中国进行深入报道，不过鉴于中国已经崛起成为一个拥有全球影响力的大国，应当为其开辟一个专属的栏目。这也能让该杂志有更多的空间来报道中国深刻的社会、政治和经济话题。推荐文章：

1. How Technology Promotes World Peace（《大西洋月刊》2012 年 6 月 12 日）
2. The End of Pax Americana: How Western Decline Became Inevitable（《大西洋月刊》2012 年 4 月 25 日）
3. China and the Paradox of Prosperity（《经济学人》2012 年 1 月 28 日）
4. Innovation in China: from Brawn to Brain（《经济学人》2012 年 3 月 10 日）
5. What China Wants? 天朝之心（《经济学人》2015 年 2 月 11 日）

开阔的国际视野显然更有利于学生的发展，所以我们学校要求学生不仅要精通中文，而且要能够熟练地运用一门外国语言。语言是种工具，借助外国语言学生才能够理解他国文化，学会沟通。一个拥有汲取他国文化精髓能力的人必定可以得到更加长远的发展。为此我们设计一些语言文化比较、高等教育比较、生活方式和价值观念比较题目：(1) 孔子学院、法语联盟、英国文化协会比较；(2) 中国高等教育制度与美国高等教育制度比较；(3) 第二次世界大战后德国与日本经济复苏与文化发展比较；(4) 英国绅士文化与中国新富道德规范与生活方式比较，在 Reader's Forum 中讨论。随着《大西洋月刊》《经济学人》文章的阅读，尤其是读者论坛中的问题研究，学生通过不断学习和比较，重新认识自己的文化价值观，以中国文化价值观为骄傲。他们从不同视角理解各种现象和问题，形成批判性思维方式，运用他们的智慧和才能，根据现状研究产生问题的原因，寻找解决问题的症结，从不同的角度运用各种方法，提出各种解决方案，成为国家需要的具备国际视野和本土情怀的人才。

四、培养国际视野的重要性

“世界高等教育会议”（巴黎，1998 年 10 月）发表的《面向二十一世纪高等教育宣言：观念与行动》，第一条的标题是“教育与培训的使命：培养批评性和独立的态度”。第五条“教育方式的革新：批判性思维和创造性”中指出，高等教育机构必须教育学生，使其成为具有丰富知识和强烈上进心的公民。他们能够批判地思考和分析问题，寻找社会问题的解决方案并承担社会责任；为实现这些目标，课程需要改革以超越对学科知识的简单认知性掌握，课程必须包含获得在多元文化条件下批判性和创造性分析的技能、独立思考、集体工作的技能。《国家中长期教育改革和发展规划纲要（2010—2020）》提出了“适应国家经济社会对外开放的要求，培养大批具有国际视野、通晓国际规则、能够参与国际事务和国际竞争的国际化人才”要求。培养具有“国际视野与本土情怀的现代公民”：本土情怀就是在了解中国传统文化的基础上，认同并热爱我们本民族的优秀文化，有民族自豪感，对民族伟大复兴有担当的责任感。国际视野就是了解、理解其他区域的文化，尊重文化差异，能与来自各种社会和文化背景的人和谐相处；对不同的观点和价值观念持开明态度并虚心回应；充分利用社会和文化的差异性创立新观点，并提高自身的创新水平和工作质量。

放眼当今世界，国家之间的竞争不仅是以经济与科技为主的“硬实力”竞争，更是以文化为主的“软实力”竞争，后者在当今世界体系中的作用愈来愈明显。中国作为日渐崛起的大国，它是世界第二大经济体，在世界政治与经济中有着举足轻重的地位。外语教师应该认识到高等教育国际化是一个重要趋势，建立起国内高校与海外院校，尤其是欧美院校在同一平台上的交流、切磋与共同成长，是很多中国高等教育工作者考虑的问题。多元文化视角培养离不开三个“转变”。第一，学生的思维模式要由求同转向求异，这是创新型思维建立的基础；第二，传统的课堂教育模式要变成师生互动、教学相长的模式，如此才能激发学生的积极性；第三，学生的视野要由单一的学科、文化，转向跨学科、跨文化，因为多角度解决问题才能擦出创新的火花。文化比较和对照可以帮助学生获得高级认知能力，如分析评估、理解差异、防范偏见、预计后果、自我调整等。

参考文献

1. The Chronicle of Higher Education.51, No. 17, p.A8, 2005. Special Report Section
2.《国家中长期教育改革和发展规划纲要（2010—2020）》，2010 年 3 月
3.《面向二十一世纪高等教育宣言：观念与行动》，“世界高等教育会议”巴黎，1998 年 10 月
4. 大西洋月刊网站 www.theatlantic.com
5. 华尔街日报网站 www. wallstreet.com
6. 经济学人网站 www.economist.com
7. 美国国际教育协会网站 www.iie.org

图书在版编目(CIP)数据

现代外语教学与研究. 2016 / 吴江梅，彭工，鞠方安主编. —北京：中国人民大学出版社，2016.9
ISBN 978-7-300-23342-0

Ⅰ. ①现… Ⅱ. ①吴… ②彭… ③鞠… Ⅲ. ① 英语–教学研究–研究生教育–文集 Ⅳ. ①H319.3–53

中国版本图书馆 CIP 数据核字（2016）第 212975 号

现代外语教学与研究 (2016)
北京市高等教育学会研究生英语教学研究分会
主　编　吴江梅　彭　工　鞠方安
副主编　张永萍　罗凌志　程子姝
Xiandai Waiyu Jiaoxue yu Yanjiu (2016)

出版发行 中国人民大学出版社
社　　址 北京中关村大街31号　　**邮政编码** 100080
电　　话 010-62511242（总编室）　010-62511770（质管部）
010-82501766（邮购部）　010-62514148（门市部）
010-62515195（发行公司）　010-62515275（盗版举报）
网　　址 http://www.crup.com.cn
http://www.ttrnet.com（人大教研网）
经　　销 新华书店
印　　刷 北京易丰印捷科技股份有限公司
规　　格 185 mm × 260 mm 16开本　　**版　　次** 2016 年 9 月第 1 版
印　　张 14.25　　**印　　次** 2016 年 9 月第 1 次印刷
字　　数 360 000　　**定　　价** 38.00 元

中国人民大学出版社外语出版分社读者信息反馈表

尊敬的读者：

感谢您购买和使用中国人民大学出版社外语出版分社的 ______________ 一书，我们希望通过这张小小的反馈卡来获得您更多的建议和意见，以改进我们的工作，加强我们双方的沟通和联系。我们期待着能为更多的读者提供更多的好书。

请您填妥下表后，寄回或传真回复我们，对您的支持我们不胜感激！

1. 您是从何种途径得知本书的：

□书店　□网上　□报纸杂志　□朋友推荐

2. 您为什么决定购买本书：

□工作需要　□学习参考　□对本书主题感兴趣　□随便翻翻

3. 您对本书内容的评价是：

□很好　□好　□一般　□差　□很差

4. 您在阅读本书的过程中有没有发现明显的专业及编校错误，如果有，它们是：

____

____

____

5. 您对哪些专业的图书信息比较感兴趣：

____

____

____

6. 如果方便，请提供您的个人信息，以便于我们和您联系（您的个人资料我们将严格保密）：

您供职的单位：______________________________

您教授的课程（教师填写）：______________________

您的通信地址：______________________________

您的电子邮箱：______________________________

请联系我们：黄婷　程子殊　于真妮　鞠方安

电话：010-62512737，62513265，62515037，62515576

传真：010-62514961

E-mail：huangt@crup.com.cn　chengzsh@crup.com.cn　yuzn@crup.com.cn　jufa@crup.com.cn

通信地址：北京市海淀区中关村大街甲 59 号文化大厦 15 层　邮编：100872

中国人民大学出版社外语出版分社